共生学宣言

Kyosei Studies Manifesto

志水　宏吉

河森　正人

栗本　英世

檜垣　立哉

モハーチ　ゲルゲイ　編

大阪大学出版会

はじめに

　今から4年前（2016年）に私たちは、『共生学が創る世界』という教科書を出版した。『共生学宣言』と名づけたこの本は、それに続く第二弾という性格をもつものである。

　「私たち」とは、大阪大学大学院人間科学研究科に4年前に立ち上がった「共生学系」という新しいユニットに所属している教員のことである。種々の事情から今回の出版に関わっていないメンバーもいるが、基本的には全メンバーの意思によってこの本は制作されたといってよい。

　前著『共生学が創る世界』は、私たちが構想する共生学の入門書という位置づけであった。具体的には、大阪大学人間科学部に入学してくる新入生たちが読むことを想定して編まれた。実際にその本は、当学部で開設されている1回生対象の授業のテキストとして毎年使用されている。

　それとの対比でいうなら、その4年後に出版される本書は、大学院に進学してくる、彼らの一部あるいは他大学の卒業生たちを意識してつくられたものである。すなわち、この本は大学院に進学してきた博士前期課程（修士課程）の学生たちを第一の読者として想定している。「共生学って具体的にどんなものなのだろう」、「共生学の研究を進めるとはどういうことなのだろう」、「共生学には何ができるのだろう」といった彼らの疑問に答えるために、この本はつくられた。

　もちろん、想定される読者は彼らだけではない。自分たちの学生を教育するためだけなら、わざわざ書籍をつくる必要などない。私たちはこの本を、一般の読者の皆さんにも広く読んでいただきたいと考えた。「共生」というテーマの幅広さや奥深さ、共生をめぐる諸課題の多様性や複雑性、それを解明・探究するための科学的手続きや方法、事態を改善・解決するための諸々の技法や手法等について、私たちなりの野心的な提示を試みたつもりである。

　その意味でこの本は、「テキスト」と「マニフェスト」という二つの性格を併せ持つものとご理解いただきたい。

テキストとは、いうまでもなく、ある学問を修得するための教科書のことである。それは、この通りやればよいというマニュアルとしての側面を有するものでもある。他方、マニフェスト（＝宣言）とは、最近では選挙の際の用語として認知されるようになってきているが、もともとは「個人・団体が方針や意図を多数の者に向かって知らせるための文書や演説」のことである。私たちは、この本で独自の「共生学」像を打ち出したいと考えている。書名を『共生学宣言』としたゆえんである。すなわち、この本は、それぞれの専門を持つ研究者たちが「共生」について考えた論文を単純に並べたものではなく、新たな学問としての「共生学」を打ち立てようとするものである。現実にそうなっているかどうかの判断は読者の皆さんに委ねるほかないが、少なくとも「志」のレベルにおいてはそうである。

　本書は、4部構成をとっている。
　第Ⅰ部では、この序章を受けて、私たちの共生学の土台となる二つのテーマ、すなわち共生学のミクロな基盤としての「他者との相互作用」（1章）、およびそのマクロな背景をなす「大きな物語の歴史的変化」（2章）について、掘り下げた検討を加える。1章は、序章でふれた井上の提示する「会話としての共生」、2章は、同じく花崎のいう「反差別としての共生」という切り口を展開させる内容を含んだものである。
　第Ⅱ部～第Ⅳ部には、3～4つの章が配されている。
　第Ⅱ部「今を生きる」では、現代社会におけるアクチュアルな共生の課題を4つピックアップする。すなわち、「地域における共生」「食と健康」「性暴力」「性教育」の4つである。まず、3章では、高知県の「あったかふれあいセンター」等を事例に、少子高齢化するコミュニティにおける「多世代交流・多機能型ケア」の可能性を探る。4章では、海外に目を転じ、インド・ヒマラヤ高地における食と健康という切り口から、実証的に人と環境との共生という課題に迫る。
　続く二つの章では、ジェンダーやセクシュアリティの問題が扱われる。5章では、戦時における性暴力に対して草の根の女性たちが立ち上がった諸事例を地域女性史の視点から読み解くことで、フェミニズムの理論的・実践的意義を

主張する。6 章では、イギリス・バーミンガムの小学校を舞台に生じた事件を
もとに、ユネスコ等が提唱する「包括的性教育」の日本の学校現場への導入の
可能性を論じる。

　第Ⅲ部「ともに生きる」では、3 つのトピック、「国際協力」「宗教と科学技
術をめぐる共創」「災害復興とボランティア」を素材として、人と人との関わ
り、とりわけ研究者としての筆者と現場・現地に生きる人びととの関わりに焦
点をあてた考察を行う。7 章では、ケニアのスラムでの無認可私立学校設立の
事例をベースに、国際的な支援と住民の自助との関係について自省的な考察が
展開される。8 章では、人文社会系の知と理工系の知、大学外の知との融合に
よる「共創」は可能かという問題設定のもと、宗教と科学技術の融合による減
災のアクションリサーチを事例として紹介している。そして 9 章では、2004
年中越地震の復興過程に関する長期のフィールドワークに基づいて、グルー
プ・ダイナミックスという手法の意義が論じられる。

　第Ⅳ部「さまざまな共生」の形では「人と人との共生」以外を扱う 3 つの章
を配する。具体的には、「死者との共生」「潜在的な他者との共生」「植物との
共生」について検討を加える。

　10 章では、東日本大震災で犠牲になった人たちをめぐる、さまざまな語り
を素材としつつ、「死者との共生」という新しいテーマについての理論的検討
が行われる。続く 11 章では、地域の消滅という現代日本の難問を議論の俎上
に乗せ、その未来を構想することは人以外の動物・自然物・人工物が他者とし
て立ち現れる状況で共生を考えることだという問題提起がなされる。最後の
12 章では、日本とベトナムの二つの薬草園を舞台として、人間と植物との切っ
ても切れない共生関係についての思索が展開される。

　最後に、「共生」をテーマとした先行研究・著作の文献解題「共生学はどこ
からきて、どこへむかうのか」を付した。今後の皆さんの勉学・学問的探究の
参考にしていただきたい。

　　　　　　　　　　　　　　　　　　　　　　　編者を代表して

　　　　　　　　　　　　　　　　　　　　　　　志水宏吉

目　　次

第Ⅰ部　共生学とはなにか

第II部　今を生きる

第Ⅲ部　ともに生きる

私たちが考える共生学

1. はじめに

　日本のなかに、そしておそらく世界のなかに、「共生学」なるものの体系はいまだ打ち立てられていない。「はじめに」でも述べたように、本書は、その基礎をつくる一つの試みとして編まれたものである。

　以下、次のような順序で、私たちが構想する「共生学」のアウトラインを示してみたい。まず2節では、「共生」が語られてきた歴史的な文脈を簡単にたどってみたい。そのうえで3節では、私たちが「共生」という現象をどのように捉えようとしているか、その概略を示し、続く4節で、私たちが考える「共生学」の学問的特徴について検討を加える。さらに5節では、私たちの「共生学」の骨格を、「共生のフィロソフィー」「共生のサイエンス」「共生のアート」という3つのキーワードのもとに整理してみたい。そして6節では、これから共生学を学び、自分なりの探索・研究を始めたいという人たちに向けて、具体的なアドバイスを行い、最後の7節では本章のまとめを述べる。

2. 「共生」が語られてきた歴史的文脈

ともいきとしての共生

　「共生」が「キョウセイ」と読まれるようになって、たかだか50年ほどしか経っていないということを読者の皆さんはご存じだろうか。前著（『共生学が創る社会』）でも指摘したように、この言葉はもともと仏教用語で、「ともいき」

1

と呼ばれていた（河森他 2016, p. 3）。

　使われ始めたのは、今からざっと 100 年前のことである。浄土宗の高僧であった椎尾弁匡が、浄土宗の経典である『往生礼讃』に繰り返し出てくる「願共諸衆生、往生安楽国」（願わくは諸々の衆生と友に安楽国に往生せん）というフレーズを社会運動の標語として用いたのがその起こりとされている。ややもすれば出・世間的に傾きがちな仏教を、大乗仏教の本義に立ち戻り、この世における理想社会の建設に向けて活用しようしたという（竹村・松尾 2006, p. 5-6）。

　そこでいう「ともいき」には、「今の世でのいきもの」との共生だけでなく、「過去から未来へとつながっているいのち」との共生も含まれていた。つまり、現在の「よこ」のつながりだけでなく、過去から未来へいたる「たて」のつながりが強く意識されていたのである。

キョウセイとしての共生

　では、「ともいき」としてスタートした「共生」が、「キョウセイ」として社会に流布するようになったのはどうしてなのだろうか。正確なところはよくわからない。しかしながら、共生（キョウセイ）という語を自分がつくり出したという人物がいる。建築家黒川紀章である。

　氏の主著である『新 共生の思想』には、次のように言明がなされている。

　　「いまや『共生』は時代のキーワードとなってきた。そもそも『共生』という言葉は、仏教の『ともいき』と生物学の『共棲（きょうせい）』を重ねて私がつくった概念である。しかし必ずしもそれを新しい概念としてではなく、都合のよい流行語として使われることも多い。（中略）『共生の思想』は三十五年前から提唱してきた思想であり、あらゆる分野を巻き込んで二一世紀の新しい秩序になると考えているのだが、その発端が私の中学校時代の椎尾先生の『ともいき仏教』との出会いにあり…」

　　　　　　　　　　　　　　　　　　　　　　　　　　　（黒川 1996, p. 1-2）

　世界的な建築家として名を知られた黒川は、思想面でも積極的に発言し、晩年には「共生新党」という政党を立ち上げ、東京都知事選にも出馬したことがある。上の引用によれば、氏は1960年代には「共生の思想」を提唱しはじめたということである。

　注目すべきは、前述した椎尾とのつながりである。黒川が卒業した愛知県の東海学園中学校・高校の校長を椎尾が務めた経歴があり、在校当時から強い結びつきがあったようである。いずれにせよ、「ともいき」と「共棲」から「共生」をつくった、と黒川は指摘する。これ以前に、「共生」（キョウセイ）という語が存在したかどうかを確証することはここではできないが、「共生」という語の源流の一つに彼の存在があることは間違いない。

　では、彼のいう「共生の思想」とはどのようなものだったのか。それは、「日本文化の伝統的発想や伝統的な美意識」（同前書, p. 3）をベースにしつつ、「現在の西欧的思想や欧米社会の行き詰まりを克服するもの」（p. 4）として構想されている。関心がある方は、巻末の文献リストに掲載されている彼の著作をお読みいただきたい。

　黒川のいうように、おそらく共生は「時代のキーワード」として登場したものであるが、「都合のよい流行語として使われることも多い」言葉である。世の中におびただしくある共生論のうち、初期に提出され、その後の議論に大きな影響を与えたものとして、井上達夫と花崎皋平の議論を簡単に振り返っておくことにしたい。

会話としての共生

　井上は、法哲学を専門とする思想家である。主著『共生の作法』は、1986年に出版されている。氏が32歳の時の著作ということになる。ある論者によると、井上は「現代自由学芸の騎士」とも形容される存在である（川本 1997）。『共生の作法』で主張されているのが、「会話としての正義」である。井上の議論をわかりやすくまとめると、次のようになる。

　まず、のぞましい社会を形成するには「正義」の復権が不可欠である。その正義の内実をなすのが、「会話」である。ここでいう会話とは、何らかの意図

や背後の人間関係を含意する「コミュニケーション」とは異なるものである。相互に尊重しあう、対等な関係にある二者が行うのが「会話」である。会話は、「開放的」であり、「目的独立的」である。私たちはふと出会った他者との会話を楽しむことができる。そのような会話を、よりよい社会を築くうえでの基礎とできないか。前掲著から引用しておきたい。

　　会話としての正義がコミュニケーション的共同性への思考に内在する『話せば分かる』という楽観主義や、その裏返しとしての『分かる者とだけ話そう』という排除の論理、さらには『分かればもう話す必要はない』という効率主義にコミットするものでないことは既に明らかであろう。それはまた『話し合ったのだから文句を言うな』という手続き的正義とも発想を異にする。会話としての正義の発想を標語的に表現するならば、『話し続けよう』である。それは会話を正義の問題の決定手続とするのではなく、むしろ会話という営為をパラダイムとする人間的共生の形式そのものを擁護さるべきものとし、その持続を可能にする条件として正義を構想するものである。

（井上　1986, p. 261）

　井上が理想とする共生のイメージは、「多様な生が物語られる宴としての共生（conviviality）」である。それは、「公認された善き生の構想」（「期待される人間像」）や「全体的な行動計画」（「国家の大計」）によって人びとが結びつく社会像とはほど遠いものである（同前書, p. 246）。

　リベラリズムの論客である井上の共生論はきわめて論理的、かつきれいなものである。そこでは、具体的な現場での実践や当事者の苦悩や挫折といったものはほぼ語られない。しかしながら、共生の基底に「会話」を置くという氏のアイディアは、問題の一つの出発点を与えてくれる貴重なものである。

反差別としての共生

　花崎は、90歳前にして「現役」の、草の根の社会運動に積極的に関わる「評論家」である。彼の存在をユニークなものにしているのは、1970年前後の大

学紛争の時代に学生たちの行動に賛意を表明し、北大教員の職を自ら辞し、「野」に出たという事実である。以来、水俣病などの公害問題、アイヌ民族問題、フェミニズム運動等に積極的に関わり、社会的発言を続けてきた。

　氏が「共生」という言葉を使い始めたのは、1970年代の終わりごろだったという（花崎 2002, p. 128）。『増補 アイデンティティと共生の哲学』（2001年）のなかで、次のような総括が行われている。

　　　日本の社会のなかでも、以前からの地道な努力に加えて、一九七〇年代以降、各種の反差別運動、解放運動が多発し、発展してきた。部落解放運動、障害者解放運動、女性解放運動、民族差別撤廃、被差別民族の権利回復運動など、課題別に、民衆の直接参加によって創始された諸運動が、しだいに世論形成と政治焦点化の力をつけてきている。これら諸運動は、差別の関係を目にみえるものにし、その根拠（じつは無根拠）を明らかにすることによって、あるべき共生の関係と多様性を祝福する文化へのねがいを育ててきている。

　　　これからは、生活の具体的な場で共生を実現するための生き方の流儀を運動の諸経験からみちびきだし、それを『共生のモラル』『共生の哲学』へと練り上げる作業が必要となってくるだろう。　　　（花崎 2001, p. 212）

　キーワードは「差別」（あるいは「反差別」）である。「共生」は、差別を克服したあるべき姿として想定されている。差別撤廃に向けての草の根（＝民衆）社会運動のなかから共生のモラル・共生の哲学を立ち上げていくべきであるという明確な主張を、上の引用から読み取ることができる。

　先に見た井上の議論は、「近代的個人」、すなわち個人の自由意志や個人間の自由な会話を中核にしたものであった。しかしながら、花崎の議論は個人が位置づく社会的構造をこそ問題にするものである。社会のなかに存在する差別・抑圧の構造、その内部で作動する種々の権力関係をいかに打破していくか、花崎の問題意識はそこにあった。

行政用語としての共生

　上にあげた 3 人の議論は、研究者あるいは思想家といったカテゴリーに属する、いわば「知識人」からの提案である。それ以外にも、さまざまな人びとによって、多様な観点から共生をめぐる議論が交わされてきた。ところが、21世紀に入ると、「共生」の語られ方に新たな次元が加わることになる。それは、端的にいうなら、共生が行政の用語としても使われるようになってきたということである（これについては、「補論」で詳しく解説する）。

　その代表的事例が、外国人人口の増加を背景として 2006 年に総務省が出した「多文化共生」に関わる文書である。『多文化共生の推進に関する研究会報告書—地域における多文化共生の推進に向けて』というこの文書において、政府（国）ははじめて「多文化共生」という言葉を公的用語として使用し、居住・教育・労働・医療・保健福祉等の諸領域についての外国人に対する施策推進についてふみこんだ問題提起を行った。2019 年 4 月には、在留資格をよりゆるやかなものとし、より多くの「海外人材」（＝外国人労働者）を受け入れるための法改正が行われた。今後は、ますます多くの外国人労働者およびその家族が日本に入ってくるであろう。国の「多文化共生施策」の推進は、待ったなしの状況となっている。

　さらに今日では、共生という行政用語が用いられるのは、もはや外国人に対してのみではない。現在内閣府には、政策担当官が主管する「共生社会政策担当」というセクションが置かれるようになっている。そこでは、「日系定住外国人施策」のほかにも、「子どもの貧困対策」「高齢社会対策」「障害者施策」「青少年有害環境対策」等さまざまなジャンルにわたる「共生」が課題として取り上げられるようになってきている。

　こうした行政主導の共生を「上からの共生」と呼ぶなら、花崎が提唱した草の根運動にねざす共生は「下からの共生」と名づけることができる。「上からの共生」が「下からの共生」を停滞させたり、縮小させていったりするという事態に陥ってはいけない。あくまでも前者は、後者を守り育てるものでなければならない、と私たちは考えている。

3.「共生」をどう捉えるか

さまざまな共生

2節では、日本社会において共生がどのように語られてきたかを見てきた。本節では、それをふまえた上で、本書の執筆メンバーが共生をどのように捉えようとしているかを論じてみることにしたい。

冒頭でこの本は「第2弾だ」と紹介した。私たちの「第1弾」である『共生学が創る世界』には、序論のあとに合計で21の文章（＝論文）が並んでいる。各章のキーワードを列挙すると、以下のようになる。

「〈矛盾〉を生きる」「共生のドラマトゥルギー」「格差社会と教育の公正」
「ジェンダー公正」「フェミニズムとマルチカルチュラリズム」
「国際協力とグローバル共生」「異文化接触」「『敵』との共存」
「多文化社会の心理学」「高齢者における共生」「国際協力」
「腎臓ドナーが語るもの」「中国・中央アジアの健康格差」
「日本と世界における地域創生」「霊長類のコンフリクトと共生」
「宗教のアクションリサーチ」「多文化・異文化との共生」
「被災地におけるグループ・ダイナミクス」「共生ツールとしての音楽」
「途上国の教育開発と住民自立」「ケアのコミュニティ」

よくいえば「多様性に富んでいる」、悪くいうなら「バラバラ感が強い」ということになるだろうか。利他主義から臓器移植まで、東北の被災地から中央アジアまで、子どもの学力格差から高齢者のQOL（生活の質）まで、心理学から国際協力学まで、さまざまなテーマ・素材がその中につめこまれている。「第2弾」にあたる本書では、「共生学宣言」と銘打つに値するように、この序章に続く各章の内容をできるかぎり首尾一貫したものに構成しようとした。

前著において私たちは、「4つの共生」という見方を提示した。共生という問題意識の中心には「人と人との共生」があるが、それだけではなく、共生と

いう語の射程には、「人と自然との共生」、「人と人工物との共生」、そして「人と死者との共生」といったテーマも含まれると考えるのである。「人と自然との共生」には、マクロな地球環境と人類との共生といった大きなテーマから、異なる生物種（動物や植物）間での「共棲」（symbiosis）といった問題が入る。「人と人工物との共生」に関してすぐに思いつくのは、ロボットや AI テクノロジーと人間がどう共生していけるかという、きわめて現代的・近未来的な問題群である。そして、「人と死者との共生」という設定は、ともいき仏教の伝統に連なるものであり、たとえば被災地の復興という問題を考える際にはきわめて重要なトピックとして浮かんでくる。

英語でいうと…

今から 4 年前に「共生学系」というユニットを立ち上げる際に問題になったのが、そもそも「共生」をどう英語に訳せばよいかという問題であった。直訳的なものに、coexistence や living together といった英語があるが、それらはあまりに直截的であり、上のような日本語のニュアンスを伝えることができないのは明白である。

黒川が共生の英語訳に使った symbiosis（黒川の著作『共生の思想』には、Philosophy of Symbiosis という訳語が付されている）という語は、上でもふれたように、そもそも異なる生物種間の関係を表す言葉である。お互いが利益を得る「相利共生」や片方のみが利益を得る「寄生」といったサブカテゴリーがあるようだが、やはり私たちがイメージする共生全体を表示する言葉としては、限定的な意味しか持たず、あてはまりがよくないと思われた。

また井上が使った conviviality という言葉は、「人と人との共生」の一つの理想型を示すうえでは選択肢となりうるが、「対等な関係に立つ者が楽しむ宴」を意味するその語は理念的すぎて、差別や抑圧に満ちあふれた現代社会の状況を記述する用語としては適さないように思われた。

そこで私たちが見出した答えは、そのまま共生を kyosei という語に置き換えるというものであった。「共生学」の英語は、kyosei studies ということになる。今はまだ全く見慣れない言葉であるが、20 年後、30 年後には、この語が

立派に国際語として世界に流通するようになっていることを夢見て。

共生の定義

「4つの共生」という言葉で示したように、共生という語はさまざまなコンテクストで用いられることが可能であるが、その中心に「人と人との共生」というテーマがあることには間違いない。

前著において私たちは、以下のような暫定的な定義を提示しておいた。

> 共生とは、民族、言語、宗教、国籍、地域、ジェンダー、セクシャリティ、世代、病気・障害等をふくむ、さまざまな違いを有する人々が、それぞれの文化やアイデンティティの多元性を互いに認め合い、対等な関係を築きながら、ともに生きることを指す。　　　　　　　　　（河森他 2016, p. 4）

本書でもこの定義を、継続して採用しておくことにしたい。

「文化やアイデンティティの多元性を互いに認め合い、対等な関係を築く」ことができれば、それに越したことはない。そこでは、井上のいう「会話」が共生社会をつくりあげる基本的ツールとして威力を発揮することであろう。しかし、事はそんなに簡単ではない。井上の提唱する共生は、へたをすると「お花畑的な共生」になりかねない。

今日のすべての社会において、メンバー全員が対等の関係で結びつき、互いを尊重しながら自由を謳歌するといった理想的な現実は、いまだ実現していない。実際には、社会はピラミッド型の形状をしており、必ず強者と弱者が存在する。そこにはさまざまな種類の差別や抑圧が、格差や不平等が、束縛や不自由が渦巻いている。それだけではなく、世界のグローバル化は、社会相互の競争関係や序列関係を加速度的に増大させており、人びとの間には新たな対立構造や分断状況が続々と生み出されるようになってきている。

共生の理念

そうした現状は決して楽観視できるものではない。私たちは、それに対して

ただ手をこまねいているだけではいけない。ここで、私たちが考える共生社会のモデルを提示しておこう。その社会は、次のような図式で表すことができる[1]。

$$A + B \rightarrow A' + B' + \alpha \qquad \cdots ①$$

Aは、社会のマジョリティを意味する。Bは、マイノリティである（正確にいうなら、マイノリティーズ（複数形）となるであろう）。ある社会で、マジョリティとマイノリティが出会うとする。たとえば、日本社会にニューカマー外国人がやってくるという場面を想定すればよいだろう。そのとき、Aは日本人であり、Bは外国人である。私たちが考える望ましい共生（①）とは、「Aも変わり（A'）、Bも変わり（B'）、そのプロセスにおいて新たな価値なり、制度なりが生まれる（α）」というものである。

かつては、いずれの社会においても、以下のような図式が成立していたのではないかと思われる。

$$A + B \rightarrow A \qquad \cdots ②$$

②が意味するのは、Aが支配する社会にマイノリティBが入ってきたとき、BはAがよしとする価値観や生活様式を受け入れ、それになじみ、Aのように振る舞うことを余儀なくされるということである。これを社会学では、「同化主義」と呼ぶ。

1970年代以降、そうした事態に対する反省が起こり、新たな考え方が導入される。それを図式化すると、次のようになる。

---

(1)このモデルは、2013年度から18年度にかけて大阪大学で運営された博士課程教育リーディングプログラム「未来共生」の主導者の1人、平沢安政教授（当時）の発案によるものであるが、さらに元をたどると教育学者佐藤郡衛氏の著作に行き着く（佐藤郡衛『異文化間教育』2010年、明石書店など）。なお「未来共生」プログラムは、2019年度より人間科学研究科に移管されてその活動を継続中である。

$$A + B \quad \rightarrow \quad A + B \qquad \cdots ③$$

　これは、「多文化主義」あるいは「文化多元主義」と呼ばれるものである（③）。マイノリティBは、Bであってもよい（あり続けてもよい）という考え方である。これにはかなりのバリエーションを考えることができる。もっとも望ましい状態は、Bが経済的にも文化的にも自らの主体性を維持でき、なおかつホスト社会との関係も良好なものに保つことができているというものであろう。これは、「統合主義」と名づけることができる。他方、BはBで存在することはできるものの、Aとの接続や交流は図られず、孤立したままであるという事態も考えられる。AとBの間にあるのは、最低限の相互作用のみの物理的共存の状態である。これは、「分離主義」と表現できるかもしれない。

　私たちが考える「共生」（①）は、文化多元主義（③）から一歩踏み込み、マジョリティの自己変容（A → A'）を第一の要件と考えるものである。かつて花崎が目指した共生も、各種のマイノリティの社会運動から全体社会を変えるモーメントを得ようという点で、私たちの共生と相通じるものを有していたと位置づけることができる。それに対して、今日、国および地方の行政機関が推進しようとしている共生は、よくいって③のレベル、へたをすると②のレベルにとどまるものであると指摘できよう。なぜならそれらは、おしなべて共生施策の対象となる弱い立場にある人びとの社会的適応を促す目的で策定されるものであり、おおよそ日本社会のあり方自体の変革をその視野に収めているとはいいがたいものだからである。

　弱い立場にある人びと（近年では「当事者」と称されることも多い）が声をあげられない状況が続くなら、それは共生社会とはいえない。私たちが目指すのは、さまざまな立場にあるすべての人びとが等しく大切にされ、自由にモノをいえるような社会である。

4. 共生学のアウトライン

学問とは

　ここで、私たちの構想する共生学のアウトラインを示しておこう。まず考えておきたいのは、共生学をそもそもどのような学問だと位置づけるかという点である。

　学問とは、「一定の理論に基づいて体系化された知識と方法」とされる。哲学や歴史学・文学のような人文学、政治学や経済学・社会学などの社会科学、物理学や化学のような自然科学などに一般的には分けられる。それぞれの学問は、その学問が扱う「対象」およびその対象にアプローチする「方法」によって基本的には特徴づけられる。自然科学が対象とするのは各種の自然現象であり、仮説検証を柱とする実証主義的方法が伝統的に採用されてきた。他方、本書の執筆者たちが所属する大阪大学大学院人間科学研究科で対象とするのは、読んで字のごとく「人間」であり、人間にまつわる諸現象に肉薄するために伝統的な実証主義的方法のみならず、ここ半世紀にわたって発展してきた各種の質的アプローチ（参与観察法や解釈的方法）をも積極的に採用してきた。これから共生学を構築していくにあたっても、そうしたスタンスが継承されることになる。

　学問という日本語を英語に訳すと、代表的な訳語は science や study となるだろう。しかしながら、学問のなかには、ある作家の生涯にわたる作品を吟味したり（文学）、一つの文明の盛衰を丹念に記述したり（歴史学）するジャンルもある。古い言葉では、そういう学問のことを「個性記述」型学問と呼んだりしていた。それらは、「法則定立」（一般化や普遍化）を目標とする通常の意味での科学（science）には収まらない。それに対して、study という語は、「勉強する」という意味の動詞形もあるように、学問をする側の主体的側面をも含み込んだ言葉である。そこで私たちは、私たちが構想する「共生学」を、Kyosei studies という英語で表現したいと思う。「共生に向けて学問的営為を積み重ねていくこと」、Kyosei studies の志はそこにある。

課題解決の学として

　では、私たちの共生学（Kyosei studies）の最大の特徴はどのようなものだと表現できるであろうか。それをここでは、「課題解決の学」という言葉で表しておきたい。

　社会学の対象は社会、環境学の対象は環境、情報学の対象は情報である。社会にせよ、環境にせよ、情報にせよ、それ自体は価値中立的な概念である。科学の対象は、そうしたものであることが一般的である。しかしながら、共生学が対象とする「共生」は、そもそも価値的な概念であるということができる。「よい共生」と「悪い共生」があるというよりは、「共生」自体がよりよいものであることを含意している。先ほどの図式を引いていうなら、Ａという集団とＢという集団が存在するとき、その両者がのぞましい関係にある時（A ＋ B → A' ＋ B' ＋ αという図式がある程度成立している時）に、それを「共生」と呼ぶことができる。そうでない時には、その関係はよくて「共存」や「併存」、悪いと「対立」や「抗争」といった言葉で表現されることになるだろう。

　そうすると、共生学のねらいは、「のぞましい関係性構築という目標の達成を導く」ということになる。世界には、その目標達成を妨げる状況が満ちあふれている。たとえば、安価な労働力としての海外移民の増大による社会の不安定化、家族の関係や形態の多様化に対応するような法や制度の未整備、被災地の復興における持てる者と持たざる者の利害対立、AI技術やロボット工学の進展に伴う労働環境の激変などなど。

　上のような状況をすべてまとめて、「共生の諸課題」と呼んでおくこととしよう。共生学の役割は、私たちの日々の生活のなかにある、大小とりまぜてさまざまな形やタイプの共生の諸課題を一つひとつ解きほぐし、進むべき方向を見定め、さまざまな人びとの協働の中でその解決・改善を目指していくことにある。

　かつて、学問の役割として「真理の探究」なるものが強調された時代があった。自然科学が学問の代表であるとみなされていた時代である。とはいうものの、それはそんなに遠い昔のことでない。筆者の学生時代（今から40年ほど前の1970年末から80年代にかけての時期）においても、そうした考え方が支

配的であった。学問の意義は、真理を見つけ出すことにあると。

　しかしながらそれ以降、社会科学の分野では、大きなパラダイムシフトが生じた。端的にいうなら、今日の社会科学においては、「真理（真実）は一つではない」という考え方が主流である。マジョリティが「真理」だと主張することが、マイノリティにとっては「真理」でも何でもないということがありうる。たとえば、「女性は数学が苦手である」という言説がある。これはかつての日本では「常識」として流通していた。しかしながら今日では、そうした主張を相対化するデータや論拠が提出され、「女性は必ずしも数学が苦手というわけではない」という見方が力を得るようになってきている。伝統的な社会秩序を維持したい人たちにとっては、前者の見方が「真理」とみなされやすい。片や社会を変えたいと思う人にとっては、当然後者の見方が「真理」となるだろう。

　「真理の探究」という学問像は、ある意味実社会からの距離感、現実に対するデタッチメント（非関与）を含意していた。浮世離れした科学者のイメージを思い浮かべていただければよいだろう。科学者が核融合や遺伝子操作の技術を開発したとき、彼らはそれが社会に及ぼす影響を本気で考えただろうか。テクノロジーの進歩こそを自らの任務と捉え、その社会的帰結に思いを致すことが少なかったのではないか。哲学のないテクノロジーの進展は危険きわまりない。社会科学においても同様である。私の学生時代には、たとえばアンケート結果の統計的分析による結果が科学的知見として提出され、一種の「真理」として流通するという事態が一般的であった。そして「科学」に従事する研究者たちは、自らが産出する「知見」の社会的影響についてはほぼ無頓着であった。

　私たちが目標とするのは、そうした学者的視点に限定された「真理の探究」ではない。それとは対照的に、私たちは共生を実現するという価値にコミットし、社会的課題の解決を志向する。かつてカール・マルクスは、問題なのは「世界を解釈することではなく、変革することだ」といったという。私たちの志も、それに近い。ただし、私たちは単純な理想主義者ではない。そもそもほとんどの社会的課題は100％解決可能であるといった類いのものではない。さらに、解決しようという努力がさらなる課題を生むといった事態も十分考えられる。「課題解決」は究極の目標ではあるが、共生学にとって真に重要なのは、課題

解決に向けて努力をし続ける、その「プロセス」にあるといってよい。

3つのアスペクト

ここまで見てきたように、私たちが構想する共生学とは、「共生に向かう力を喚起する知の体系」と形容することができる。現代社会には、共生の諸課題が山積している。それらの課題解決に資するのが共生学たるべきである。

私たちは、前著（『共生学が創る世界』）において、共生学を構成する3つのアスペクトという考え方を提示した。すなわち、共生の「フィロソフィー」、共生の「サイエンス」、共生の「アート」という三者である。

　　　フィロソフィー：共生とは何かを追究する
　　　サイエンス　　：共生に向けて社会の現実を理解する
　　　アート　　　　：共生を実現するための手立てを考える

共生のフィロソフィー

第一に、フィロソフィー。共生の「哲学」である。私たちが思い描く共生社会を現実のものとするためには、私たちが有する理念や価値観を磨いていかなければならない。そのためには、古今東西の哲学・倫理学や歴史学・文学といった人文学の知を広く学ぶだけでなく、自然科学や社会科学の新たな潮流にも目配りする必要がある。「共生とはなにか」「何のために共生をめざすのか」「本当に共生は実現しうるのか」「だれとだれの共生が問題となるのか」「どのような共生がのぞましいか」、そうした基本的な問いを探究し続けることなく、私たちはあるべき道を構想することはできない。その答えは、常に暫定的なものになるだろうが。

2節で見た「ともいきとしての共生」（黒川）、「反差別としての共生」（花崎）、「会話としての共生」（井上）は、いずれも先行する思想家が残した共生の哲学の先例ということができる。

また近年、「共生」という語を冠したいくつかの学会やさまざまなアカデミック・ジャーナルが刊行されるようになっている。たとえば、共生社会システム

学会は、今から十数年前に結成された草分け的な学会である。その理念は、「農」の摂理を基盤に、「人と自然の共生、人と人との共生を考える『持続可能な社会』の理論と実践を考える」というものである。当学会は理系的色彩が強いが、その理念は私たちが構想するものと多くの関わりを有するように思われる。

　それに対して、3節で私たちが示した「A + B → A' + B' + α」という図式は、私たち自身の共生モデルである。同時に私たちは、共生を「縦のつながり」、すなわち「世代間・いのちの継承」と、「横のつながり」、すなわち「空間的・共時的な事象」という両側面から把握しようとしている。前者を私たちは「未来共生」、後者を「グローバル共生」という用語で区別している。すでに述べたように、私たちが考える共生の中心は、「人と人との共生」にあるが、前者の「未来共生」には「死者との共生」といったテーマが、後者の「グローバル共生」には「人と自然との共生」や「人と人工物との共生」といったテーマが含まれると考えてよいだろう。

共生のサイエンス

　第二に、サイエンス。「共生の科学」、現状の分析と把握を担当する部分である。人類学・社会学・心理学・教育学といった既存の個別的な学問分野・研究領域において、多種多様な共生のサイエンスが展開されるべきである。共生という目標の達成に向けて、サーベイやフィールドワーク、実験や統計的手法など多様な研究方法を用いて、さまざまなタイプの知が創出されなければならない。問題の状況を俯瞰的・体系的に把握し、それに関わる諸要因の関連性や課題・問題の固有性をうまく記述・説明すること、そうした科学的営為なくして、共生の諸課題の十分な解決を導くことはむずかしい。

　ただし、共生のサイエンスはあくまでも共生の実現という目的に向けての必要条件に過ぎない、というのが私たちの見解である。共生学を狭い意味で捉えるなら、それは共生のサイエンスだといえるかもしれない。しかしながら、それでは不十分である。共生のサイエンスは、共生学の三つの側面の一つである、というのが私たちの考えである。すなわち、共生のサイエンスは、共生を

どう捉えるかというフィロソフィー、共生をどう実現するのかに関わるアート
と三位一体となって初めてその効力を十全に発揮しうると位置づけているので
ある。

共生のアート

　第三に、アート。「共生の技法」、体系的な知識の構築を目指すサイエンスに
対して、あることを成し遂げるために用いられるやり方や手法全般を指すのが
アートという語である。理屈や数字で表される前者に対して、感覚や身体性が
重要となる後者。合理的・分析的な前者に対して、情緒的・属人的な後者。近
代以降の学問においては、後者、すなわちアートの部分が総体的に弱かったと
いわざるをえない。

　アートは、さまざまなレベルで考えることができる。たとえば、近年いくつ
もの学問分野で広がりつつある、アクションリサーチという研究方法がある。
研究者が、特定の現場において当事者たちと課題解決に向けての計画を練り、
それを実施・検討するプロセスを通じて、よりよい状態を実現していくという
ものだが、これは、サイエンスとアートの両方の性質を兼ね備えたものだと位
置づけることできる。その際、事の成否を握るのは、後者（アート）の側面で
あると思われる。すなわち、そのプロセスにおいて、いかに研究者と当事者が
対等な関係で実質的な協働作業を築いていくことができるかがポイントとなる
からである。

　よりミクロな対人関係のレベルでは、カウンセリングやファシリテーション
の技法が、よりよいコミュニケーションを切り拓くものとして今日注目を集め
ている。またコミュニティレベルにおいては、地域の自治組織や住民間での自
助組織といったものをどううまく形成していけるかが、共生のアートの重要な
課題として浮かび上がってきているように思われる。また国レベルにおいて
は、マイノリティのさまざまな権利を保障するための法や制度をいかに整備し
ていけるかが喫緊の課題となっている。さらには、スポーツや音楽・芸術と
いったものがいかに人と人との共生に寄与しうるかというトピックは、まさに
共生のアート的なテーマだと考えることができるだろう。

建物にたとえると…

共生学を家にたとえて考えてみよう。

まず、共生のフィロソフィーは、家の土台である。そもそも建造物は、土台部分がしっかりしていないと建てられない。軟弱な地盤では、杭を打って土台部分を形成することがある。土を入れ替えたり、コンクリートを流し込んだりすることもある。土台がなければ家が建てにくいことは明らかである。共生のフィロソフィーが、共生学という家の基盤をなす。その部分がなければ、いつ建物が傾いたり、倒壊したりするかわからない。フィロソフィーのない学問はあやうい。

そのうえで、共生のサイエンスは、家の構造部分（柱や梁）にたとえることができるだろう。家の枠組みや骨格である。その構造部分が、家全体の大きさや強さや形を決定づける。共生学の中枢をなす部分と考えてよい。綿密なサンプリング計画と精緻なデータ分析を中身とする量的研究は、いわば鉄骨・鉄筋で構成された強固な枠組みである。他方で、経験豊かなフィールドワーカーによるエスノグラフィックな研究は、釘一本使わない伝統的な和風建造物になぞらえることができるかもしれない。

第三の要素である共生のアートは、気温の上がり下がりや風雨といった外的環境の変化から住民を守る外壁や屋根の役割を果たす部分だといえる。あるいは、その家での暮らしを快適なものとする内装・インテリアも、そのなかに含めて考えることができる。土台と骨格だけでは、当然家は完成しない。生活の技法としてのアートという要素が、最後の、不可欠な部分としてそこに加えられなければならない。

5. 共生学にチャレンジしようという人のために

研究をスタートする前に

冒頭に、この本は、大学院の博士前期課程（修士課程）に入ってきた人を第一の読者として想定していると述べた。大学院に入ってきた人たちは、自分が志す学問分野を学びたいと思っている人びとである。しかし、その「学び」が

「勉強」にとどまってはいけない。自らの「研究」を行うことが、すべての大学院生（以下「院生」）にとってのミッションとなる。

　では、「勉強」と「研究」はどこが違うのか？　単刀直入にいうなら、「勉強」とは、外にある既存の知識を自分のなかに取り入れることであり、「研究」とは、いまだ存在しない、新たな知識を自らが生み出すことを指す。当然前者は後者の必要条件となるが、前者に終始しているかぎり、その人を本物の院生と呼ぶことはできない。

　上で述べたことは、すべての学問領域における院生に共通して設定されているハードルである。しかしながら、共生学を学ぼうとする人たちには、さらにもう一段高いハードルが課される。それは、いわば「生き方」に関するハードルだといってよい。具体的には、現実の社会問題に対する鋭い問題意識であり、さらには自らのフィールドに対する強いコミットメントである。

　まず、「社会問題に対する鋭い問題意識」について。アメリカの社会学者 C. W. ミルズは、かつて「私的な問題（problems）を公的な課題（issues）に高めるのが社会学だ」と主張した（ミルズ 1959）。自らの個人的問題にすぎないと思う事柄の多くは、共通の歴史的基盤や社会的文脈に根ざしているとミルズはいう。たとえば「勉強が不得意なこと」「交通事故に遭ったこと」「離婚したこと」などを、ふつうの人びとは不運な出来事、あるいは自分の過失として位置づけがちである。しかしながらそれらの事象は、さまざまな社会的要因の連鎖によって必然的に引き起こされるのだとも解釈可能である。そうした解釈を導く道具立てを用意してくれるのが社会学の理論と方法だというのである。

　「私的な問題を公的な課題に高める」というミルズの見方は、共生学の研究にこそ必要なものだ、と改めて私たちは感じる。世の中には、改めて見直してみると、おかしなことや理不尽なことがたくさんある。社会の現実を見抜き、それを是正したいという志を持つ人にこそ共生学を実践してほしい。

　次に、「自らのフィールドに対する強いコミットメント」について。ここでいう「フィールド」とは、一般的には地域コミュニティや学校や各種団体・組織といった、国内外におけるさまざまな「現場」のことである。しかしながら、それだけにとどまるものではない。場合によると、図書館の膨大な所蔵本やあ

る個人の思想体系の全体が研究の「フィールド」となることもあるだろう。フィールドにどれだけ深く関わることができるかどうかが、共生学の試金石となる。大学院に入りたてのころは、自分のフィールドがまだないという場合もあろうが、修士論文を作成する過程のなかでおのずと自分のフィールドが定まっていくはずである。

　自らのフィールド、より限定的にいうなら自分の「現場」、に深く関わりたいという気持ちがない人、あるいはその心構えができていない人に共生学的研究はおすすめできない。私たちは「現場」でさまざまな人と出会う。その出会いのなかで、私たちは自らのあり方を問い直し、自らの問いを鍛えていく。

　以下では、共生学的研究を進めていきたいと思う人たちが知っておくべき、研究の諸段階についてのガイドラインを簡単にまとめておきたい。ここでは、共生学的研究を、以下の9つのステップを持つものと捉える。

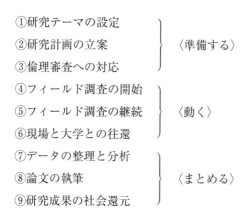

①研究テーマの設定
②研究計画の立案　　　〈準備する〉
③倫理審査への対応
④フィールド調査の開始
⑤フィールド調査の継続　〈動く〉
⑥現場と大学との往還
⑦データの整理と分析
⑧論文の執筆　　　　　〈まとめる〉
⑨研究成果の社会還元

〈研究を準備する〉

　上記の9項目のうち、①〜③の3つは研究の準備段階に相当する。

①研究テーマの設定

　理科系の研究室（ラボ）に入ると、自分が行う研究のテーマがほぼ自動的に決まるということが多いと聞く。先生がやっている研究の補助的テーマを探究

したり、研究室の共同研究の一翼を担ったり、である。もちろん共生学の研究でも、同じようなことは起こりうる。しかしながら、ここで強調しておきたいのは、研究テーマの設定こそが研究のオリジナリティーの最大の源となるということであり、そこにこそ皆さんの自分らしさを生かしてほしいということである。端的にいうなら、自分自身がこだわりたい「共生の課題」を見出し、ユニークな研究テーマの設定をしていこうということだ。

　その際、大事にしたい二つの視点がある。一つは、そもそもなぜその問題を扱うのかという視点である。先生がやっているから、あるいは本を読んでいいなと思ったから、では不十分である。自分が共生というものをどう捉えているのか。その上で、その問題を扱うことがなぜ重要なのかを、しっかりと説明できるようになってほしい。

　二つめには、誰にとっての研究かという視点である。この視点は、共生学にとってきわめて重要である。先にも述べたように、研究のための研究であってはならない。自分が論文を書かなければならないから研究を行うという動機は、ナンセンスである。その研究は、当事者のためにあるのか。あるいは、政府や政策立案者に向けてなされるのか。はたまた、一般市民を主たるオーディエンスとしているのか。私たちは、誰のための研究かという問いに対して常に敏感でなければならない。

②研究計画の立案

　研究計画をつくるにあたって最も重要な作業は、関連分野の先行研究・文献を精査し、明確なリサーチ・クエスチョン（RQ）を設定することである。RQは、単に「現代の若者のスマホ利用の実情を明らかにする（調べる）」といった実態把握レベルのものでもなければ、「人間はなぜ老いるのだろう」といった素朴な疑問レベルにとどまるものではない。

　RQ は、上述した「自分が徹底的にこだわりたい問題」と「関連分野での先行研究」との絶えざる対話のなかから生まれてくる、あるいは浮かび上がってくるものである。初学者には、RQ なるものが一体どのようなものなのか、最初はよくわからないというのが一般的である。研究室の先生や先輩にアドバイ

スを受けるなかで、適切な RQ を設定できるようになっていただきたい。

　具体的な研究計画の設定に当たっては、その RQ のもとで、いつ・どこで・何を・どこまでやるのかを明確にしていかなければならない。研究計画が絵に描いた餅にならないためにも、できるだけ早期に対象とする場所（機関や組織）やそこで生活する人びと（キーパーソンや当事者）にコンタクトをとり、了解・内諾を得る必要がある。

③倫理審査を受ける

　今日「人」を対象とする学問分野では、とりわけ共生学の分野では、所属大学・機関で実施される倫理審査を事前に受け、自己の研究計画についての承認を受けることが必須となっている。研究計画の立案に際しては、関連学会や所属機関の倫理規定やガイドラインを遵守して、被調査者のプライバシーの保護や人権侵害の可能性の除去に向けて配慮する必要がある。

　共生学は、本来的に「人」を対象とする学問である。最大限の、倫理面での配慮が求められる。

〈研究を行う〉
④フィールド調査の開始

　大別すると二つのケースが想定される。一つめは、自分の指導教員や先輩がすでにそのフィールド（現場）で研究活動を進めているケースである。その際は、比較的スムーズに自己のフィールド研究に着手することができるだろう。その場合には、すでに現場の人びととの間に築かれている信頼関係を損なわないように振る舞うことが大切である。

　今一つは、自らが新たなフィールドを開拓していくケースである。この場合には、計画通りに事が進まない場合も多々あるだろう。重要だと思われるのは、信頼関係を結べるキーパーソンを見つけることである。これは偶然に左右される部分も多いが、フィールドにおいて誠実に自分の役割を果たし、着実に現場の人びととの人間関係を築こうとしていれば、助けてくれる人が現れるに違いない。フィールド調査を経験してきた者であれば、皆そうした出会いの経

験を持つ。

⑤フィールド調査の継続

　修士論文を書くと考えた場合、自己のフィールドとの関係は1年間あるいはそれ以上続くことになる。良好な関係を築くことができれば、フィールドとの関係はもっと続いていく場合も多い。

　現場の人たちと関わり、フィールドでさまざまな活動に従事するわけであるが、忘れてはいけないのはフィールドノーツをとることである。そこが、通常のボランティアとの違いである。たとえば、ある被災地で活動するという状況を考えた場合、ボランティアなら朝から夕方まで働いて、それで終わりである。しかし、大学院生の場合は、働いたあとに、現場でつけたメモ（走り書き）をもとに夜PCに向かってフィールドノーツ（記録）を残す必要がある。それをデータとし、論文を作成しなければならないからである。これはつらい作業ではあるが、研究を進めるうえでは不可欠な部分である。

　その他、各種の文書資料を集めたり、さまざまな人びととの会話・インタビューの記録を残したりという作業も必要となっていく。現場での関わりは、研究の視点から見ると、「参与観察を行う」ことと同義である。場に参加するのと同時に、観察者としての記録を残していく。いわば「二足のわらじ」を履いて行うのが院生としての生活である。

　フィールドとの関係が深まってくると、最初の問題関心や初発のRQが変化を遂げていくことがある。というか、ほぼ必ずそうなるといってよいぐらいである。ぼんやりしていた問題意識がだんだんシャープになっていく場合もあれば、当初の予想や仮説とは異なる現実に直面し大幅な作戦変更を迫られる場合もある。それがフィールド調査の醍醐味だといってよい。

⑥現場と大学との往還

　フィールド調査を継続している間、大学院生は、現場と大学の間を行ったり来たりすることになる。たとえば海外のフィールドで長期の調査・実践を行う研究の場合は、その間合いは大きなものになるだろうが、週1〜2回身近なと

ころにあるフィールドにおもむく形の研究では、その往還は日常的なものとなる。いずれにしても、研究者およびその卵としての院生は、研究の世界（研究者コミュニティ）と現場の世界（実践コミュニティ）を往復する存在である。

前著（『共生学が創る世界』）でも指摘したことだが、それは「鳥の眼」と「虫の眼」の両方を持つというふうに表現することができる。

> 学問によって獲得される広い視野（＝鳥の眼）と人びとに寄り添う現場の視点（虫の眼）の両方が、共生学の展開には必要だということである。『木を見て、森をも見る』という複眼的な志向性のなかから、共生の諸課題の克服をもたらす豊富なアイディアやイメージが産みだされるはずである。
>
> （河森他 2016, 13 頁）

〈研究をまとめる〉

⑦データの整理と分析

フィールドワーク型の研究の場合、先にも述べたように、フィールドノーツやインタビューの記録といったものが主要な「データ」となる。期間が長くなればなるほど、その量は膨大なものとなっていく。また、それにプラスして、サーベイ（アンケート）調査や各種統計データの解析が必要となってくる場合もあるだろう。

それらをどう分析するかについては、それぞれの学問分野のなかでさまざまな議論・検討がなされ、多くの分析手法・メソッドの蓄積がある。それぞれのサイエンス（○○学）には、それぞれ主流あるいは定番の「作法」があるだろうから、それらを参照しながら皆さんもデータの整理と分析を行っていくことになる。

⑧論文の執筆

いよいよ目標とする論文の執筆という段階がやってくる。分野によっても異なるが、およそ修士論文では、A4 で 50〜150 枚程度のアウトプットが要求される。その前段階、あるいは執筆後に書く、通常の論文は A4 で十数枚から 20

枚程度のものとなる。

　従来のフィロソフィーあるいはサイエンスの諸分野では、主として研究者コミュニティの関心に即して「学術」論文を書けばよかった。主な読者は、学会に所属する研究者や院生だったからである。しかしながら、共生学の論文は、それとは異なる性格をもつ。それは、研究者の関心に即しているだけでなく、現場の人びとの関心や要求にもある程度応えなければならないということである。

　通常の学術論文は、現場の人びとにとってはピンと来ない、小むずかしいものであることが多い。共生学の論文は、そもそも「共生の諸課題」の解決・改善を志向するものであり、現場の人びとにも一定程度納得してもらえるものであるべきだ。もちろん、このハードルはかなり高いが、その課題をクリアすることを努力目標としたい。

　自らの論文をその方向性に持っていく工夫としてぜひ実践していただきたいのは、論文の草稿を、自らの研究の対象となる人びとに読んでもらい、コメント・意見を得ることである。インタビューからの引用や個人の行動の描写を論文が含む場合には、研究倫理上からも当人の合意を得ることが常識となっている。現場からのフィードバックを得ることを、論文作成上の不可欠な要素と考えていただきたい。

⑨研究成果の社会還元

　通常の学問では、研究結果は関連学会で発表し、それを学術論文に仕上げるのが通例となっている。共生学でもその基本は変わらないが、共生学においてはさらに、研究成果の活用、すなわち結果の社会還元が積極的に図られるべきだと考える。簡単にいうなら、論文の中身を現場の人びと、あるいはその周囲にいる同じ志をもつ人びとと共有し、よりより共生の実現に向けて動きをつくりだすのである。そもそも共生学の場合、研究活動を行うこと自体が、共生の実現に向けての第一歩とみなすことができる。

　この本を出版したメンバーが所属する大阪大学大学院人間科学研究科では、4年前に附属未来共創センターを創設した。キーワードは「未来共創」。未来

に向けて何を「共創」するのか。筆者はそれを、次の三つの言葉で考えている。すなわち、さまざまな現場の人びととの間で「活動」をともにつくり、その協働作業によって新たな「知識」を産出し、その結果として社会に新たな「価値」を生み出すこと。

　現場の人びとと大学の人間（研究者・院生・学生）がともにつくりだす知識のことを、私たちは「共創知」と呼んでいる。大学の「専門知」と現場の「実践知」を組み合わせて創り出されるのが「共創知」である。共生学的研究によって今後産み出されていく多様な研究成果が、「共創知」と呼ぶにふさわしい内実を備えるものとなっているか。その成否は、ひとえに私たちのあとに続く皆さん自身の学問的営為にかかっている。

6. まとめとして ―― 生き方に関わる学問

　さまざまな現場において、人びとが固有の生活を送っている。その日々の生活が、いわば当事者たちの実践である。他方、私たちが志すのは研究である。研究するということ自体もひとつの実践であり、それが研究者の日常を形づくっている。旧来型の研究は、大学という「象牙の塔」にこもって行われることが多かった。現場の人びとの実践と私たち研究者の実践とは、いわば空間的に切り離されていたのである。

　共生学的研究においては、その壁が打ち崩される。ここまで縷々述べてきたように、人びとの日常の暮らしと私たちの研究実践は不即不離の関係にある。課題解決というミッションを胸に、私たちは現場に飛び込む。そこには、それまで知らなかったさまざまな人びととの関わりや予想もつかないような諸々の出来事との遭遇がある。しかもそれは、フィールド研究を継続するかぎり、不断に続いていく。現場の人びととの対話は、あなた自身に新たに自己と向かい合う機会を提供し（＝自己との対話）、研究室内外の研究者や友人との交流を促し（＝仲間との対話）、先行するさまざまな学問的業績を学ぶ（学び直す）モチベーションを与える（＝先人との対話）。

　先にも述べたように、共生学は、あなたの生き方に直接関わる学問である。

自分と「研究対象」とは別のものではない。共生学においては、「研究対象」という語自体が不適切なものと思える。そこには、客観性・中立性といった「冷たい」科学の視線が感じられるからである。私たちが関わる人びとは、皆自分が生きる場における「当事者」であり、そこに参入する私たちも立派な「当事者」である。というか、「当事者」としての覚悟をもち、現場で責任ある行動をとらねばならない。「当事者」の反対語は、おそらく「傍観者」である。共生学に「傍観者」はいらない。

　学問が生み出す知は、それだけで物事を動かす大きな力を持っている。さらに制度としての大学は、現代社会において強い権威や権限を有している。そのなかに位置づく私たちは、そうした力や権威を誰のため、何のために使えばよいのか。

　その問いに対する答えは、この本をお読みになる皆さん自身に考えていただきたい。

（志水宏吉）

【参考文献】
　井上達夫（1986）『共生の作法――会話としての正義』創文社
　川本隆史（1997）「『共生』の事実と規範」栗原彬『共生の方へ』弘文堂
　河森正人・栗本英世・志水宏吉編著（2016）『共生学が創る世界』大阪大学出版会
　黒川紀章（1996）『新　共生の思想』徳間書店
　志水宏吉（2014）「未来共生学の構築に向けて」、大阪大学未来戦略機構第五部門
　　未来共生イノベーター博士課程プログラム『未来共生学』Vol. 1
　竹村牧男・松尾知矩（2006）『共生のかたち』誠信書房
　花崎皋平（2001）『アイデンティティと共生の哲学』平凡社
　――――（2002）『〈共生〉への触発』みすず書房
　C. W. ミルズ（1965、原著 1959）『社会学的想像力』（鈴木広訳）紀伊國屋書店

■第Ⅰ部■
共生学とはなにか

■ 第1章 ■

違和感、不快感と不断の交渉
── 共生の相互作用的基盤について

【共生学のミクロな基盤】

1. 「私たち」と「他者たち」のあいだ
── 対面的相互作用と共生

社会は、「私たち」と「他者たち」から構成されている。共生とは、結局の
ところ、私たちと他者たちとの関係性の問題である。「私たち」という社会的
カテゴリー[(1)]は状況依存的であり、伸縮自在である。同時に、「他者たち」も
多種多様である。

現在の日本を例にとって考えてみよう。最大のカテゴリーとしては、国籍や
出自に関係なく、国内に居住している人びと全体を私たちと捉えることもでき
る。さらに、現在は国外に居住しているが、元々は国内に居住していた人びと
とその子孫たちも私たちに含めることができる。日本語を母語とし、日本で生
まれ育ち、「日本文化」を身に付けた人たちを私たちにすると、それ以外の国
外からの移民やその子孫たちが他者になる。この下のレベルになると、ジェン
ダー、地域、職業、職場などを単位にした、さまざまな私たちがあることを、
私たちは日常経験に基づいて知っている。あるときは同心円状（たとえば、吹
田キャンパス－吹田市－北摂－大阪府－関西）に、ときにはその同心円的カテ
ゴリー化を横断するかたちで（男性、学生、大学教員など）、私たちは、状況
依存的、伸縮自在に、その時々に想定されている他者との関係において定位さ
れる。

---

(1)本章では、意図的に「集団」ではなく「社会的カテゴリー」という用語を用いる。

　本章では、共生について以下のように仮説的に定義する。つまり、共生とは、私たちと他者たちとのあいだの関係性に関わる問題である。そして、社会的カテゴリー間の関係性とは、1人の私と1人の他者との関係の総体であり、その個別の関係が形成される基礎にあるのは、個人間の対面的な相互作用である。対面的相互作用とはなにか。これは難しく考える必要はない。私たちのすべてが日常的に実践していることである。つまり、それは他者と関わりあいを持つことであり、まず、他者と視線を交わし、あいさつ行動をし、言葉を交わすことからはじまる。出会いは1回限りかもしれないし、長期間にわたって会い続ける場合もあるだろう。また相互作用は、たんに話すだけでなく、さまざまな共同の行為に発展していく場合もあるだろう。

　とりわけ問題になるのは、私たちとは心理的に距離のある、つまり「遠い」存在である他者との関係である。典型的には、マジョリティとマイノリティとの関係が注目される。ここでも、この二元的なカテゴリーは固定されたものではないことを、再度強調しておく。つまり、ある個人はある状況ではマジョリティかもしれないが、別の状況ではマイノリティになりうるということである。多くの場合、マジョリティは、さまざまなマイノリティの社会的カテゴリーの存在じたいを認知していないことがある。つまり、マジョリティにとって、マイノリティは「見えない存在」である場合がある。これは「共生以前」の状態であり、まずマイノリティが「見える化」される、つまりそういうカテゴリーに属する人びとが社会のなかに存在することが認知されなければならない。

　ところで、個人間の対面的相互作用と社会カテゴリー間の関係性に注目して共生を捉えようとするアプローチには、以下のような背景がある。共生社会を実現するうえで、国家による法や制度の整備が不可欠であることはいうまでもない。中央と地方、両方の政府が多様性と包摂を尊重する政策を立案して実施し、弱者やマイノリティが国民あるいは市民としてふつうに生活していくための、保護や支援の制度を構築し運営していくことは、共生社会が実現するための必要条件である。しかし、いかに法や制度が整備されても、共生社会が実現するとは限らない。法や制度は、共生のための必要条件ではあっても、必要十分条件ではない。

　社会を構成している多様な社会的カテゴリーに属する人びととのあいだに、対面的相互作用を基盤にした関係性が成立しておらず、相互依存と相互理解も達成されていないと、おなじ空間のなかに共存はしていても共生していない状況であると考えられる。こうした状況下では、マイノリティの人びとは全体社会のなかで、自律的な小さな島を形成して生きていくことになる。これは、隔離や分離に近い状態である。

　大阪大学で 2013 年度から開始された「未来共生イノベーター博士課程プログラム」（通称は RESPECT）では、あるべき共生の姿が以下のように定義されている。つまり同化主義に基づく第 1 モデル〈A + B → A〉から、統合主義（多文化主義や日本の多文化共生）の第 2 モデル〈A + B → A + B〉を経て、創造的共生と社会的包摂に基づく第 3 モデルに至る道筋が構想されている。第 3 モデルとは、A と B の共存によって、A も B も変化し、さらに新しいものが創造される過程を意味し、〈A + B → A' + B' + α〉と定式化される（志水 2014；平沢 2014）。

　本論は、あるべき共生の姿として、未来共生プログラムで構想されたモデルを踏襲している。つまり、第 3 モデルを理想と位置づけている。さまざまな社会的カテゴリーに属する個人間の対面的相互作用は、モデルが第 1 から第 3 へと発展していく過程で、決定的に重要な役割を果たす。十分な相互作用がない限り、創発的共生も社会的包摂もありえない。第 3 モデルへと至るその過程で私たちも他者たちも変容していく。その結果、なにか新しいもの（つまり、+ α）が創造されるのである。

2.「日本的コミュニケーション」の限界

　「話さなくてもわかる」。「以心伝心」。こうした慣用句は、日本の社会におけるコミュニケーションのあり方の特徴を表している。「沈黙は金」や「巧言令色鮮し仁」（『論語』）といった格言にあるように、多弁であることは、否定的な評価の対象になる。これは、集団の成員が規範や価値を共有している場合にのみ成立する。共有されているのだから、いちいち言葉で説明しなくてもいい

だろう、というわけだ。こうした状況においては、相手の心中を推しはかること、つまり忖度することや、他者に気配りすること、そして場の雰囲気を読んで、それに行動を同調させることが重要とされる。

　こうした言語的相互作用のあり方を、「日本的コミュニケーション」と呼んでおこう。これは、うまく機能しているときには、それなりに洗練されたコミュニケーションのあり方なのだろう。しかし、現在の日本では機能不全が生じている。つまり、対面的相互作用の場でさまざまな齟齬や葛藤が生じるのは、コミュニケーションが機能不全を起こしていることの結果であると考えられる。かつては「あたりまえ」の言動や行為が、現在ではハラスメントと認識されることは、こうした現象の典型例である。

　こうした問題が生じているのは、かつては共有されていた、あるいは多数の人びとが共有されていると思っていた規範や価値が変容しているからである。あるいは規範や価値の、共有の度合いが減少しつつある。規範と価値は、社会的属性の優劣に関連している。女性に対する男性の、年少者に対する年長者の、後輩に対する先輩の、組織の中で地位が低い人に対する高い人の優越が、かつてのように自明ではなくなっている。とはいえ、すべての人間は社会的属性にかかわらず平等であるという認識が、かつての優劣関係の認識に完全にとって代わったわけではない。そして優越や上下の関係は依然として存在し続けている。コミュニケーションのあり方に関する現在の混乱の背景には、こうした状況がある。

　以上のことは、共生の問題を考えるうえで示唆的である。共生は、社会のなかで規範や価値が共有されていない状況を前提としている。この社会は、同質的ではなく、異質的なものであり、マジョリティと多種多様なマイノリティの人びとから構成されている。そして、ある個人は、複数の社会的カテゴリーに同時に所属しており、文脈によってマジョリティであったり、マイノリティであったりする。そこでは、他者は自分と同じではなく、他者は自分とは異なることが当然であり、話さなくてもわかるではなく、話さないとわからないが前提となっている。

　「日本的コミュニケーション」の世界に安住することができるのなら、そこ

にある種の抑圧が内包されているにしても、楽に生きていくことができるだろう。しかし、現在の日本に生きている私たちは、意識的にこの安住を捨てて、1 人の人間として、規範や価値を共有していない他者と向き合っていかねばならない。これが本発表の基本的立場である。結論を先取りすると、規範や価値は、他者との相互作用を可能にする所与の前提なのではなく、しばしば違和感や不快感を伴い、離齬や葛藤が生じる、他者との相互作用の過程——それは不断の交渉の過程でもある——で、共有されるべき規範や価値は生成してくるのである。違和感や不快感を回避し、離齬や葛藤を怖れていては、共生は実現しない。

　本章の目的は、共生の基盤となる他者との対面的相互作用のあり方を考察することである。先に述べたように、共生の実現のためには、国や地方自治体のレベルにおける政策と法律や条例の整備が必要であることはいうまでもない。こうした介入を「上からの共生」と呼ぶことにしよう。「上からの共生」だけでは共生を実現することはできない。「下からの共生」[2] との組み合わせが必須である。ここでの「下からの共生」とは、共生すべきさまざまな社会的カテゴリーに属する個人間の対面的相互作用に基づくものであると定義しておく。

　本章は、社会から出発するのではなく、個人から出発するという立場をとっている。所与の前提として社会が存在するのではなく、個人間の社会的関係の総体として社会が立ち現れてくる。したがって、個人間の社会関係が変わらない限り、社会は変わらない。

　さて、以下で論じるのは、「日本的コミュニケーション」の、いわば対極にある極端な事例である。遠慮や謙遜、謙譲といったことが美徳ではない、相手の心情を無視して、個人のプライバシーに土足で入りこんでくるようなコミュ

---

(2)20 年ほど前に、私は平和構築に関して「上からの平和」と「下からの平和」を対置して論じたことがある。それ以来、「下からの平和」の重要性を強調し続けているのだが、この「上からの共生」と「下からの共生」は、平和構築に関する 2 類型のアナロジーである。「上から」と「下から」は、どちらか片方だけでは十分ではない。平和や共生の実現のためには、両方が必要である。

ニケーションのあり方である。具体的には、他者の持ち物に対する欲望を露わにして、あらゆる理屈を述べ立ててそれを獲得しようとする、それに対して自己はなんとか手段を尽くして抵抗しようとする、その攻防をめぐる相互作用のあり方を検討する。この相互作用は、「物乞い」、「ねだり」あるいは "begging" の場面で典型的に顕現する。

　こうした「剥き出しのコミュニケーション」が実践されているのは、ケニア北西部に居住するトゥルカナの社会である。以下は、遠く離れた他者の話しで始まり、自分自身に戻ってくるという人類学者の常套手段の一例である。ただし、使用する民族誌的データは、私自身によるものではなく、私の先輩や長年の友人である人類学者たちのものに依拠している。

3.　トゥルカナという人びと

　ケニア北東部の乾燥地域に、トゥルカナ（Turkana）と呼ばれる牧畜民が居住している。トゥルカナランドは、南スーダン、エチオピア、ウガンダと国境を接している。トゥルカナ語は、東ナイル系に分類される言語で、ウガンダのカリモジョン（Karimojong）語、ジエ（Jie）語、ドドス（Dodoth）語、南スーダンのトポサ（Toposa）語、南スーダンとエチオピアのニャンガトム（Nyangatom）語と近縁関係にある。これらの言語を話す諸民族集団は、カリモジョン・クラスター、あるいはアテケル（Ateker）と総称されている。もともと現在のウガンダ北東部に居住する、ひとつであった集団が、数百年かけて分裂し、移動していった結果が、今の民族集団の分布であると考えられている。カリモジョン・クラスター（アテケル）は、1950 年代から、人類学者、歴史学者、言語学者による調査の対象となっており、豊かな研究の蓄積がある（P. H. Gulliver, N. Dyson-Hudson, J. Lamphear, etc.）。

　これらの人びとは、農耕にも従事しているが、家畜である牛に高い価値を置いている。また、家畜の掠奪をめぐる暴力的な紛争が生じることでも知られている。紛争は、ときには戦争と呼んでさしつかえないような、大規模なものに発展することがある。紛争は、カリモジョン・クラスター内部の民族集団同士

でも生じるし、隣接する他民族集団とのあいだでも生じる。これらの人びとは自動小銃による武装の度合いが高い。

　カリモジョン・クラスターの諸民族集団は、それぞれの国家——ケニア、ウガンダ、南スーダン、エチオピア——の辺境に位置し、国家の体制のなかで周辺化されてきた。現在でも国家による包摂の度合いは相対的に低く、ときには国家と敵対的関係に陥ることもある。

　トゥルカナの人口は、1979 年の政府による人口統計では約 14 万人であったが（太田 1986：185）、最近の統計（2009）では、約 85 万人の人口を擁している[3]。カリモジョン・クラスターのなかでも、もっとも乾燥した苛酷な自然環境で暮らしているため、牧畜への依存度が高く、遊動性も高い。

　1978 年、霊長類学者・生態人類学者の伊谷純一郎（1926〜2001）は、若き大学院生であった太田至とともにトゥルカナのフィールドワークを開始した。太田はそれ以来、現在に至るまでトゥルカナの生態人類学的調査研究を継続している。調査チームには、後に霊長類学者である北村光二や心理学者の作道信介が加わった。

4. 呵責なき人びとと「ナキナイ」

　1978 年当時で、20 年にわたって、タンザニアやウガンダで調査を実施してきた、卓越したフィールドワーカーである伊谷にとっても、トゥルカナは強烈な印象を受けた特異な人びとだった。「これまで長年にわたって歩きまわったアフリカで、トゥルカナほど強烈な印象を私に与えた部族はほかになかった」（1980：283）。1980 年に出版された『トゥルカナの自然誌』の副題は、「呵責なき人々」である。この副題は、容赦ない、いわば剥き出しの人びとという意味であろう。人間関係やコミュニケーションのあり方が、日本人とも、他のアフリカの人びととも異なっていた。とりわけ、伊谷を驚かせ、かつ悩ませたのは、執拗な「ナキナイ」（なになにをくれという意味のトゥルカナ語）であった。

---

(3) https://www.citypopulation.de/php/kenya-admin.php?adm2id=23（2020 年 1 月 14 日アクセス）

　ナキナイ攻勢には、本当に手を焼いた。彼らは、全く天真爛漫にこのナキ
　ナイを繰り返すのだが、こうも執拗にやられるとこっちが泣きたくなる。
　私のそばで寝そべっているロッカウオが、「マム（ない）」といってやれ、
　「アワウンドリ（いやだ）」といってやれと指図する。しかし、こんなこと
　でひるんで引き下がるようなトゥルカナは少数例に属する。（195）

　なお、1940 年代末にトゥルカナを調査した P.H. ガリバーも、同様のコメン
トを残しているので（太田 1986：190-191）、これは彼らの文化的特性と考え
てよい。
　物乞い、ねだり、ベッギング（begging）などと訳されることになるナキナ
イのような行為は、トゥルカナに固有のものではない。一般にアフリカの諸社
会では、相互扶助の精神が息づいており、「持てる者」が「持たざる者」を助
けるのは当然であるという規範が強固に存在している。そして「持たざる者」
は「持てる者」に対して遠慮や躊躇なく、援助を要求する。私自身も、南スー
ダンやエチオピア西部でのフィールドワークで付き合いのある人びとから、教
育費、医療費、葬式代、交通費、そしてたんに空腹であるので食べ物を買う金
をくれなど、さまざまな要求を受けてきた（栗本 2019）。しかし、トゥルカナ
におけるナキナイは、そのいわば率直さと過剰さにおいて群を抜いている。
　トゥルカナと同じく、カリモジョン・クラスター（アテケル）に属するウガ
ンダ北東部のドドスで長期間のフィールドワークを実施し、ドドスにおけるナ
キナイには慣れている河合香吏にとっても、トゥルカナにおけるナキナイは特
別な経験であった。

　私もまた、トゥルカナの地に滞在中は来る日も来る日も飽くことのないナ
　キナイ攻勢にあって心底疲弊したが、なかでも最も強烈で、どうにもかわ
　しようのないナキナイが「集団ナキナイ」だった。これは 10 人から数十
　人という大人数でやってきて、私のテントの前に座り込み、そのなかのひ
　とりないし数人が代る代る要求内容を演説するというものである。座り込
　みを決めこんだ人びとはみな、要求が受け入れられるまで断固として立ち

去ろうとはしない確信犯的な態度をとり、要求された者にとっては逃げ場のない厳しいナキナイであった（河合 2019：206-207）。

この記述ではっきりわかることは、トゥルカナの人たちは、物乞いをするときにへりくだった態度や卑屈な態度は決してとらないということだ。堂々とあけっぴろげに物乞いする。そこには、「恥ずかしい」という観念は一切存在しないように思える。これは、日本人的な常識ともっとも先鋭的に異なる点だ。

トゥルカナでフィールドワークを行った日本人研究者たちにとって、ナキナイはまず、日々対応しなければならない切実な課題として立ち現れた。それは、トゥルカナの人びとと付き合い続ける限り逃れる術のない、おおげさにいえば地獄のような毎日であった。

長くなるが、作道信介によるある日の記述をみてみよう（2001：82-83）。これは事実そのままではなく、フィールドノートをもとに再構成した、いわば典型的な一日であり、ナキナイの実際が生き生きと描かれている。

あなたはトゥルカナにキャンプを張る。朝は 5 時半になれば人の声が聞こえ、6 時過ぎには日が昇り、家畜囲いの戸が開け放たれる。牧童たちが杖を肩にとおして、身体にまとった布をなびかせ、小舟のように家畜たちと出ていく。そのころには、もう客人がやってくる。なかには前日から泊まっている者もいる。7 時のチャイ［甘いミルクティ］になれば、すでに 30 人ほどがテントのまわりにいて、入り口を注視している。チャイをかれらにふるまう間は何も起こらない。にこやかに挨拶を交わしては人々は座りこむ。だが、チャイが終わると、彼らはあなたを囲む輪を縮めてねだりだす。病院に子供を連れて行きたい、ロドワ[4]の友人を訪ねたい、家畜を失ったのでどうにかして欲しい、家畜の薬を買ってくれ、子供の学費を払わなければ、身分証明書を無くした、訴訟をおこされた、腹が減った、食物を買ってくれ、この身にまとう布を見てくれ、こんな穴があいている、

---

(4) トゥルカナ地方の行政の中心地。作道の調査地から 100 km 以上離れている。

雨よけのシートがほしい、酒をつくる材料を買ってくれ、このぶちヤギを買ってくれ。彼らは要求がかなえられるまで帰らない。その間にも近隣の人々がやって来る。対応に追われているうちに、あなたはイライラしてくる。なぜ、おまえたちの面倒をみなければならないのか。あなたはトイレに行く。トイレといっても、屋敷の外の茂みである。さすがにトイレについてくる者はいない。しかし、屋敷をぬけてトイレまでの角々には人々が座っていて、砂糖をくれ、薬をくれと声をかける。動線を読まれたのがとてもくやしい。子供たちはものおじせずついてくるが、小さな子供までがシリンギ［ケニアシリングのこと、お金］といって手を出すので、思わずどやしつけたくなる。子供のかわいらしいねだりも攻勢のなかではとてもこたえる。このままキャンプにいれば、ナキナイの攻勢に曝されるだけだ。あなたは近くの家を訪問することを思いつく。調査のため来たはずだ。訪問しようと道を行けば、あなたにねだろうとやって来た人々に出会う。彼らはあなたに付いてきて、ねだり続けるだろう。訪問先の主人はたいてい留守である。家人に質問をする。やっと調査らしくなる。さて、立ち上がって帰ろうとすると、彼（彼女）は窮状を訴えねだりはじめる。いま、帰るところだからというと、明日お前の家に客として行くぞと言われる。断る理由がないあなたは承諾する。正式のねだりは相手の家で行うこと、迎えた主人は客へ「おまえはなにが欲しいのか」と尋ねるのが礼儀であること、だから、ナキナイをさけるため主人は不在がちで、友人を訪ねたり木陰で過ごすことなどは後で知ることになる。ナキナイは個人単位で行われるだけではない。家族でやって来て、メンバーを紹介しながら、娘にはビーズ、妻には布を、息子には鉄砲の弾を、私にはお金をと言う。先に訪問した家族も明朝には楽しげにやって来るだろう。気がつくと、低い歌声が聞こえる。キャンプの端に男たちが三角形の布陣をとって、各自携帯した小さなイスに座り密集して集まっている。そのうち密集はとけて馬が跳ねるようにこちらに走り出し、頭をこすりつけるような独特な動作をしまた去っていく。片膝をつき、杖を鉄砲のように構え発射する。あたりは砂埃と叫声で騒然とする。レイディング行［家畜の略奪］を再現してい

るのだ。そのうち、頃合いをみはからって代表者がやって来る。私たちに
ヤギと酒を出してくれと。簡単な昼食をとると、気温は40度を超えてい
る。木陰で昼寝をする。さすがに、このときは誰も寄ってこない。だが、
夕方少し目覚め薄目をあけると、寝ているむしろの四隅にはしっかり、ね
だりのおばちゃんたちが、おしゃべりをしながら座っている。涼しくなり
水くみもおわった頃、歌声とともに大勢の女たちが踊りながらやってく
る。「お父さん、ちょうだい、食べ物を、子供たちに」など歌いながらキャ
ンプになだれ込み、そのままあなたをとり囲んで踊る。もう砂塵と汗、そ
れにスカートや肌にぬったヤギの脂がたちのぼる。あなたは意外と、陽気
なナキナイは悪くないなと思うかもしれない。家畜たちが帰る頃、仕事を
終えた牧童や付近の男たちが三々五々訪ねてくる。酒をねだる。かなりの
量を買っても足りない。酔いが回れば、お互いに喧嘩を始めるグループも
ある。とっぷり日が暮れ、食事をすませる。小さな牧童たちが集まるので
食事をふるまう。すると、あなたがお世話になっている家族がそっと足下
にすわり、低い声で相談をもちかけるだろう。ほろ酔いのあなたはつい肯
いてしまう。テントに戻り寝床を整えていると、雇っている青年たちがテ
ントの入り口から家畜や食べ物を要求する。昼間は、来客の対応に追われ
てねだれなかった。遠くでダンスの歌をききならがら、あなたはウトウト
する。寝入った頃、逆子でなかなか出てこない、蛇に嚙まれた、けんかで
血まみれになったと起こされることもあるだろう。遠くから死にそうに喘
ぐ老人が運ばれてくる。その都度、車を出すかどうか迷う。そこへダンス
帰りの若者たちが水を求めてなだれこむ。冷気と共にまた朝が来る。昨晩
の酒代を小娘がとりにきている。昨日うっかり約束した金品をとりにきた
者が待っている。1日は1000シル［1シル約2円］ほどの支払いで始まる。
予算的にはどう考えても、日割り3000シルに抑えなければならないのに。
まだ8時だ。

ナキナイに始まり、ナキナイに終わる毎日。まさに違和感と不快感の連続
であり、与えるか与えないか、どれだけ与えるのかをめぐる不断の交渉が果てし

なく続く。それを生き抜いていくのが、いかに大変かは容易に想像がつく。

5.　ナキナイの文脈化と考察

　ケニアの牧畜民トゥルカナの人たちが日常的に実践している執拗な、「私たちの常識的理解」の範囲外である「物乞い」。1970年代末に伊谷純一郎を驚かせて以来、フィールドワークを継続した、太田至や北村光二、作道信介は、それに対応する術をなんとか身に付けつつ、ナキナイを理解しようとする努力を続けてきた。

　一見すると理解しがたい行為を理解するとは、それを社会や文化、あるいは歴史のなかに位置づけること、つまり文脈化すること（to contextualize）である。それには、いくつかのアプローチが想定できる。すぐに思い浮かぶのは、ある種の環境決定論である。トゥルカナの人たちは、ほとんど砂漠にちかい厳しい自然環境の中で、自分の力で生きていかなければならない。町に行けば、現金で必要な物資を購入することはできる。しかし、たとえば毎月給料をもらうといった、安定した現金収入がある者はごく少数である。こうした日常的な厳しさに加えて、この地域は1980年代からたびたび深刻な干ばつに見舞われ、牧畜民にとって生きていくために不可欠の財産である家畜の多くを失った。他民族集団による襲撃によって、武力で家畜を掠奪されるという危険にも晒されている。今日明日食べるものをいかに確保するかが最大の関心事であるような、「その日暮らし」を続けていることと、執拗な物乞いを因果論的に関連づける説明には、一定の説得力がある。しかし、こうした環境決定論は、ものごとの一面しか説明しない。世界中でトゥルカナのような「その日暮らし」を送っている人びとのすべてが執拗な物乞いをするわけではないこと、そして家畜が増え、雨が十分に降って農耕で生産した食糧もあるときには物乞いをしなくなるという証拠もないことを考えると、環境決定論の一面性はすぐに理解できる。

　国家という政治・社会的文脈のなかに、物乞いを位置づけることも可能である。先に述べたように、トゥルカナの人びとは、ケニアという国家のなかで周

辺化されており、日常生活のレベルでは国家の存在は希薄である。困窮者に対する社会保障の制度は存在しない。公立の病院に行けば診療は無料である。しかし、病院のある地方の中心地は数十 km から 100 km 以上離れたところにあり、そこに行くには交通費が必要だ。かつ、公立の病院には薬がほとんどないため、診療は無料であっても、薬は私営の薬局で購入しなければならない。こうした状況下では、人びとは基本的に自助と相互扶助に頼って、困難な状態を切り抜けていくしかない[5]。物乞いは、こうした状況下で発達した、相互扶助のあり方のひとつであると理解できる。この理解が正か否かと尋ねられたら、この分析枠組みは正しいと答えるだろう。しかし、この理解は、数ある相互扶助の手段のなかで、なぜ物乞いが選択されるのかを説明できない。

　社会全体を位置付けられている大きな枠組みではなく、人びとの日常生活に立脚して、物乞いを理解しようとするアプローチもありえる。本章で扱うのはこのアプローチである、具体的には、コミュニケーション論、言語行為論、互酬性と贈与論などの枠組みのなかで、あるいは社会関係のあり方や社会構造と関連づけて、物乞いを捉えようとする立場である。フィールドワークの現場で、日常的に物乞いに悩まされていた人類学者たちは、このアプローチを採用した。また、トゥルカナにはじまった物乞いの考察は、周辺の他の牧畜民社会にも拡大されることになった。たとえば佐藤俊はレンディーレ人の、内藤直樹はアリアール人の物乞いについて考察している（佐藤 2002；内藤 2019）。

　太田至の「トゥルカナ族の互酬性——ベッギング（物乞い）の場面の分析から」（1986）は、物乞いを文脈化して理解しようとする初期の試みのひとつだ。太田はまず、トゥルカナの人たちの強い「個人主義的」な傾向を指摘する。トゥルカナの社会には、もちろん社会の単位としての家族や世帯は存在するし、地縁と血縁に基づくつながりもある。しかし、こうした紐帯は、その内部での相互扶助が自明であるような共同体を構成してはいない。つまり「おなじ

---

(5) 他のアフリカ地域と同様、トゥルカナ地方も 1980 年代からたびたび旱魃と飢餓に見舞われ、国際的な人道支援の対象となってきた。したがって、現在では国家というレベルを飛び越えて、グローバルなレベルでの救援と支援が行われるようになっている。

ムラの住民だから、困ったときは助け合うのが当たり前」といった規範は存在
しない。したがって、自分を助けてくれる可能性のある相手との関係は、自分
で構築していかねばならない。そして、そうした関係が構築された個人間の助
け合いは、社会の規範ではなく、個人間の関係に基づくと理解される。これが、
太田のいうところの「個人主義」である（1986：209-213）。そして、「トゥル
カナの社会関係の基盤は、個々人によって行われる具体的な援助のやりとりの
交渉におかれている」（1986：213）のである。つまり、物乞いという対面的相
互作用は、社会関係を創り出す基盤となっているのである。

　太田は同時に、トゥルカナの個人主義的傾向は、困ったときに他人に助けを
求めるべきではなく、自分で解決すべきだという「自助の精神」を発達させな
かったと指摘する。そして、「ベッギングの場面で物が授受されるためには、
それに関与する二者の間で、自分たちは『親しい関係』にあるということを現
実のものとして承認するというコンセンサスが、一時的にではあれつくり出さ
れなければならない」（1986：213）と指摘する。つまり、「物の授受を介した
トゥルカナの社会関係は、ベッギングという対面的な交渉の場でつくり出され
る『親しい関係』のコンセンサスと、個人主義的な傾向との微妙な平衡の上で
維持されていると考えられるのである」（1986：214）と結論づけている。

　太田によるこの解釈は、以降の「ナキナイ論」の基底となった。しかし、考
察がより洗練され、いわば最終的な結論に達するには、さらに30年以上を要
することになった。

　北村光二は、1986年からトゥルカナの調査チームに加わった。太田より年
長で、すでにベテランのフィールドワーカーであった北村も、ナキナイへの対
応には、とても苦労した。フィールドワークを開始した当時の様子を、33年
後に以下のように回想している。

　　ところが、問題のトゥルカナのナキナイ（物乞い）の迫力と圧迫感は予想
　　をはるかに超えるものであった。それまでのアフリカの他の調査地でも、
　　当たり前のように人々の物乞いに晒されてきたこともあって、高を括って
　　いたところがあったのだが、思い付きであれこれ工夫しようとしてもまっ

たく葉がたたないことがすぐ明らかになった。とくに、基本的に要求には
応じないという、他の場所では問題のなかったやり方が、ここでは人々と
の関係を台無しにするものに成り下がってしまうことを思い知らされて、
いよいよ自分の殻に閉じこもりたいという気分になっていた（北村
2019a：7）。

　ここでは、物乞いを断ると、「人々との関係を台無しにしてしまう」という
指摘に注目しておこう。物乞いを拒否するという行為は、その人と社会的関係
を持つことを拒否することに等しいのである。北村は、相互行為論の視点か
ら、ナキナイを含むトゥルカナ的なコミュニケーションのあり方について考察
を進めてきた（1991；2001）。その集大成というべき論考が、2019 年に公刊さ
れた「自己肯定的な生き方を支えているもの——トゥルカナ社会における『物
乞い』のコミュニケーション」（北村 2019b）である。これは、この論文が所
収されている論文集『遊牧の思想——人類学からみる激動のアフリカ』の基底
となるべき第 1 章であり、「物乞い」という特異な対面的コミュニケーション
のあり方の考察が、普遍性を備えたレベルにまで昇華されている。
　北村は、「私たち」との対比で、トゥルカナ的なコミュニケーションのあり
方を定位する。

　　すなわち私たちは、特定の認識を他者と共有したり他者とのコミュニケー
　　ションの接続に秩序を作り出そうとしたりするときに、規則や制度のよう
　　な、対面コミュニケーションがおこなわれるその場所の外部からもたらさ
　　れるもので、そのときのコミュニケーションに時間的に先立って用意され
　　ているものに依存したり、そのときのコミュニケーションとは独立に成立
　　している「組織」における地位・役割関係に依存したりする。それに対し
　　てトゥルカナは、その手がかりを基本的に、対面コミュニケーションその
　　ものと、その接続によってもたらされる相互行為の経験そのものから調達
　　しようとするのである。したがって、トゥルカナにとっての生命線は、対
　　面コミュニケーションの再生産とその接続を安定的に確保することであ

　り、その先に、仲間との共通理解の生成と、「われわれの選択」としての集団的な問題対処の実現が目指されることになる（2019b：33）。

　トゥルカナは、環境にある「もの」や周囲の仲間と直接向き合って身体を使った相互行為を生成しながら、個々の相互行為を超え出るより大きな世界に秩序を生み出すことに結びつく選択を、自らの動機づけにもとづく「私の選択」として経験しつつ、同時に、仲間と今日共有する「われわれの選択」としても経験しているのである。すなわち、彼らは、そのような大きな世界の秩序に関わる選択に当事者として直接関与するという経験を手がかりにすることによって、日々の相互行為の繰り返しを肯定的に生きているのだと考えられるのである（2019b：34）。

　こうみてくると、一見すると理解しがたい物乞いは、深い意味合いを持っていることがよくわかる。それは、「対面コミュニケーションの再生産とその接続を安定的に確保する」ための手段であり、それによって「仲間との共通理解の生成と、『われわれの選択』としての集団的な問題対処の実現」が目指されることになる。この解釈が示しているのは、個人主義的なトゥルカナの人びとも、生きていくためには、個別の相互行為を超えたレベルの「大きな世界の秩序」を必要としていること、そしてその秩序は所与のものとして存在しているわけではなく、その時々の相互作用によっていわば即興的に生成するということである。

　また、北村の議論に基づくと、なぜトゥルカナのひとたちが、日本の人類学者たちに対して、毎日のように執拗に物乞いを繰り返したのかもよく理解できる。トゥルカナの人たちにとって、彼らといっしょに居住することを選択した日本の人類学者たちは、「われわれ」に含まれる可能性を持った、いっしょに問題に対応する仲間になれるかもしれない他者であり、それゆえに対面的相互作用の相手としてふさわしいのである。彼らがそのために社会・文化的に持っている手段が、面と向かってモノや現金を要求する物乞いなのである。

　ところで、こうした執拗な物乞いへの対応策のひとつとして、私たちが「常

識的」に思い浮かべるのは、それに一切応じないという方法だろう。これは可能かどうか、太田至さんに尋ねたことがある。彼の答えは、そうした対応をする人は、「人でなし」「人間以下のケモノと同等」とみなされるだろうということであった。トゥルカナの人たちにとって、物乞いをめぐる対面的相互作用は、「われわれ」の範囲を確認する、あるいは拡大するための営為であることが、ここからもうかがい知ることができる。

　この北村論文は、ローカルで微細な現象から出発して、ある種の普遍性に至るという、人類学的方法論と認識論の好例である。「私たち」の社会において、「コミュニケーションがおこなわれるその場所の外部からもたらされる」規則や制度が、あやふやになりつつあり、揺らいでいる現在、他者との対面的コミュニケーションに徹底的にこだわり、試行錯誤のなかから自己肯定と「われわれ意識」を獲得するというトゥルカナ的あり方が示唆するところは大きい。

6. 対面的相互作用から出発する共生を目指して

　法哲学者の井上達夫が 1986 年に出版した『共生の作法——会話としての正義』は、日本語で書かれた共生に関する文献のなかで、すでに古典としての地位を獲得している。この本の副題となっている「会話」は、本章における「対面的コミュニケーション」と重なるところが大きいと考えられる。ただし、井上は会話とコミュニケーションを峻別しており、かつ彼の議論の総体は、容易に要約できるものではないのだが。本書の会話に関する議論を概観してみよう。井上は、イギリスの政治哲学者、マイケル・オークショットの研究を援用しつつ、国家内における人間同士の結合のあり方を、統一体と社交体の 2 類型として捉える。私なりに要約すれば、統一体とは国家の観点から見た理想的社会のことであり、社交体とは上意下達や国民の共通の目標とはまったく関係のない、自由で自発的な人びと同士の結合のことである。「人間的生の一つの基底的な形式」(250) である会話は、社交体のパラダイムである (255-256) と位置づけられる。本論の第 2 節で論じた「日本的コミュニケーション」とは、統一体のコミュニケーションのあり方であり、トゥルカナ的な物乞いをめぐる

対面的コミュニケーションは、社交体にふさわしい人びととの結合の一形態ということができる。

ところで、会話はコミュニケーションではなく、言語行為（speech act）でもない。コミュニケーションと言語行為が「行動」（action）であるのに対して、会話は営為（conduct）である（250-252）。「コミュニケーション的共同性や言語ゲーム的共同性がこのように閉鎖性を免れないのに対して、会話は形式的・目的独立的であるというまさにそのことによって、開放的である」（253）。「会話とは異質な諸個人が異質性を保持しながら結合する基本的な形式である。利害・関心・趣味・愛着・感性・信念・信仰・人生観・世界観等々を共有することなく我々は他者と会話できる」。「会話が異質者の結合を可能にするのは、それがコミュニケーションや言語ゲームとは異なり、共通の目的のための共通の行動計画の共同遂行ではないからである」（254）。「要するに、会話とは行動を共にする人間の結合ではなく、行動を異にしながら同じ共生の営為を営み続ける人間の結合である」（255）。

こうみてくると、井上が共生の営為として決定的重要性を付与する会話は、トゥルカナにおける物乞いをめぐる「対面的コミュニケーション」とうまく重なることがわかる。後者は、まさに「異質な諸個人が異質性を保持しながら結合する基本的な形式」である。それは、「行動を共にする人間の結合ではなく、行動を異にしながら同じ共生の営為を営み続ける人間の結合」を促す営為であるといえる。

ただし、井上の議論は、近代国民国家の枠内に限定されたものであることに注意しておく必要がある。トゥルカナの人たちと日本の人類学者のような、所属する国家が異なる人びととのあいだの相互作用や、国家の存在が希薄なトゥルカナ地方のような空間は、彼の議論の想定外である。その意味で本論の射程のほうが、井上のものより広い。言い換えれば、より普遍性があるということでもある。

しかし、物乞いをめぐる対面的コミュニケーションに普遍的意義を見出そうとする立場と、井上の論点のあいだには重要な共通点がある。それはトゥルカナ的な対面的コミュニケーションを理解することが、現代日本のわれわれが

「よりよく生きること」の手がかりとなると認識されているのと同様に、井上は会話の再生と復権を訴えているからである。井上によれば、現代社会では「人と人との共生の営為としての会話は後退し、代わって情報採取・承諾調達などの手段としてのコミュニケーションが幅をきかす」（263）ようになっている。この状況を克服するためには、会話の再生と復権が必要なのである。

　トゥルカナの物乞いは、たしかに極端な事例である。毎日、ナキナイ攻勢にあうことを想像すると、悪夢のように思える。南スーダンやエチオピア西部で合計数年間にわたってフィールドワークを実施してきた私でも、トゥルカナの人たちといっしょに暮らすことはとてもできないと感じるほどだ。もし、現在の日本に、トゥルカナ的に振舞う人たちがいたら、「異常な」人たちとして排除されるだろう。それでも、トゥルカナ的な対面的相互作用のあり方が、とりわけ現在の日本において共生を実現していくうえで重要な意味合いを持っていると、なぜ私が考えるかについて、最後に少し議論したい。

　曽我亨と太田至は、『遊牧の思想』の序章において、東アフリカの牧畜社会の人びとの行動様式の特性として、「いさぎよさ・しぶとさ・柔軟さ」を挙げている。彼らは、「徹底的に個人の自主性を尊重」しつつ、自らの生を脅かす予測不能な事態に遭遇してときは、「柔軟で融通無碍な精神を発揮」し、「臨機応変に決断し対処する」。ここに著者たちは、「牧畜民の強靱な精神やしぶとい気骨」を見い出すのである。そして、東アフリカの牧畜民は、「自己肯定的で確信に満ちた誇り高い生き方」を実践していると主張する（2019：9-10）。そして序章は、以下の、北村光二に捧げられた段落で締めくくられている。

　　牧畜社会の人びとの生き方を理解することは、私たち自身の「生」をよりよく生きるための手がかりとなる——北村は、このことを常に念頭に置いて牧畜社会の研究を進めてきた。私たちがアフリカのサバンナで学んできた牧畜民の考え方や生き方——遊牧の思想——は、日本人が直面している困難な社会状況をかえりみるとき、それを乗り越えたいという切実な要請に応える方途のひとつとなるに違いない。（12-13）

　曽我や太田、それに北村の議論は、現代の日本の状況に照らして発展させるという観点からすると、示唆的なレベルにとどまっている。まず、「日本人が直面している困難な社会状況」とはなにかを特定する必要がある。「それはあえていわなくてもおわかりでしょう」というのが、著者たちの立場なのかもしれない。しかし、あえて明瞭に言語化しなければならないだろう。

　本論との関わりでは、共生社会の十全な実現、つまり第3モデルである〈A＋ B → A' + B' + α〉の実現が妨げられているような状況を「困難な社会状況」であると規定しておく。

　この問題を理解するには、曽我と太田によって「遊牧の思想」の特性とされているものを、裏返しにして現代日本にあてはめるとよい。つまり、現代日本に生きている私たちは、徹底的に個人の自主性を尊重し、自らの生を脅かす予測不能な事態に遭遇してときに、柔軟で融通無碍な精神を発揮し、臨機応変に決断し対処しているのかということである。東日本大震災、そしてフクシマの危機に対する対応を自省的に想起してみよう。私たちは、自らの生を脅かす予測不能な事態にいかに対応してきたのか。

　最初に述べたように、「話さなくてもわかる」や「以心伝心」に依存した日本的コミュニケーションは、今の日本ではその効用を失っている。今、求められているのは、物乞いの対面的相互作用のような、そのときのコミュニケーションに時間的に先立って用意されているものに依存したり、そのときのコミュニケーションとは独立に存在する「組織」における地位・役割関係を前提とするのではない、他者とのコミュニケーションである。

　ふたたび井上の議論に戻れば、「日本国民」や「日本社会」といった統一体、あるいは想像の共同体が実在することが、大多数の人びとにとって自明である場合、日本的コミュニケーションはそれなりにうまく機能していたのだろう。統一体の自明性が大きく揺らいでいる現在、求められているのは「行動を共にする人間の結合ではなく、行動を異にしながら同じ共生の営為を営み続ける人間の結合」のあり方、すなわち社交体という人びととの結びつきであり、それを実現するための会話という不断の営為である。

　こうした対面的相互作用は、そのひとつひとつが、ルールのない真剣勝負の

ような様相を呈する。それには全人格をもって臨まなければならない。この、違和感と不快感に満ちた、不断の交渉を要求される過程を、日常的に経験することは、とても大変だ。できれば、こうしたことはしたくないというのが、大多数の人びとの本音だろう。

　太田や北村は人類学者であり、自ら望んで遠隔の地に赴き、トゥルカナとの生活を共にした。彼らはそもそも、他者たちと相互作用すること、それによって他者たちを理解することを前提としていた。その彼らにしても、特異な対面的相互作用である物乞いについて、おおきな違和感と不快感を抱き、ある理論的理解に到達するのに、30年や40年といった長い年月を要したのであった。

　私の本章における主張は、すべての人に人類学者になれといっているに等しい、という意見があるだろう。たしかにそうかもしれない。それは無理な注文である。しかし他方で、すべての人は、日常生活において他者と付き合ううえで、無意識的であれ日々人類学的フィールドワークを実践し、それによって他者に関するある種の理解を得ている。その意味で、すべての人は人類学者なのであり、私の主張はまったく無理な注文なのではないと考えている。

　こう主張する私自身が、創造的で構築的な他者との対面的相互作用を、日々実践できているわけではない。ある種の他者とは関わりたくないと思うこともしばしばある。しかし、多数の人たちが、十分には実践できないにしても、1人の個人として他の個人と向かいあう姿勢が必要であると認識し、違和感や不快感を乗り越えて他者との不断の相互作用に従事するという構えを身につけるようになれば、さまざまな社会的カテゴリーに属する人びとのあいだで共生が実現する道が開けるだろう。相互作用は、会話からはじまる。会話のとっかかりは、「○○をくれ」という物乞いかもしれない。しかし、そこでひるんではならない。重要なのは、合意や共通理解に達することではなく、会話を継続することである。それは、ふたたび曽我と太田の言葉を借りると、私たち自身の「生」をよりよく生きるための手がかりになると考えられる。

（栗本英世）

【参考文献】

伊谷純一郎（1980）『トゥルカナの自然誌──呵責なき人びと』雄山閣

──────（1982）『大旱魃──トゥルカナ日記』新潮選書

井上達夫（1986）『共生の作法──会話としての正義』創文社

太田至（1986）「トゥルカナ族の互酬性──ベッギング（物乞い）の場面の分析から」伊谷純一郎・田中二郎編『自然社会の人類学──アフリカに生きる』アカデミア出版会

河合香吏（2019）「敵と友のはざまで──ドドスと隣接民族トゥルカナとの関係」太田至・曽我亨編『遊牧の思想』昭和堂　197-214 頁

北村光二（1991）「『深い関与』を要求する社会──トゥルカナにおける相互作用の『形式』と『力』」田中二郎・掛谷誠編『ヒトの自然誌』平凡社

──────（2002）「牧畜民の認識論的特異性──北ケニア牧畜民トゥルカナにおける『生存の技法』」佐藤俊編『遊牧民の世界』京都大学学術出版会

──────（2019a）「太田さんがくれた言葉」『太田さん退職記念論文集』「太田さんとヤギを食べる会」実行委員会文集編集部　7-8 頁

──────（2019b）「自己肯定的な生き方を支えているもの──トゥルカナ社会における『物乞い』のコミュニケーション」太田至・曽我亨編『遊牧の思想』昭和堂　17-35 頁

栗本英世（2016）「日本的多文化共生の限界と可能性」『未来共生学』3 号　69-88 頁

──────（2019）「調査研究の中立性から『かかわりあい』へ──フィールドにおける助ける、助けられる関係から考える」渥美公秀・稲場圭信編『助ける』大阪大学出版会　23-46 頁

作道信介（2001）「"つらさ" を手がかりにしたフィールド理解の試み──北西ケニア・トゥルカナにおけるフィールドワークから」『人文社会論叢人文科学篇』5 号、弘前大学人文学部　77-109 頁

佐藤俊（2002）「レンディーレ社会におけるねだりの社会的統御」佐藤俊編『遊牧民の世界』京都大学学術出版会

志水宏吉（2014）「未来共生学の構築に向けて」『未来共生学』1 号　27-50 頁

曽我亨・太田至（2019）「遊牧の思想とは何か──困難な時代を生き抜くために」太田至・曽我亨編『遊牧の思想』昭和堂、1-14 頁

内藤直樹（2019）「ねだられることを許す──アリアールにおけるねだりの経験からみた社会」太田至・曽我亨編『遊牧の思想』昭和堂　37-54 頁

平沢安政（2014）「未来共生学の可能性と課題」『未来共生学』1 号　51-79 頁

■ 第2章 ■

「共生」の位相を巡る思想史
—— 小さな物語の横溢？大きな物語の欺瞞？

【共生学のマクロな背景】

1. 大きな物語の終焉

　ジャン＝フランソワ・リオタール（1924-1998）というフランスの哲学者がいた。『ポストモダンの条件』（1979）などにおいて、現代的な動向をポスト・モダン（ポスト近代）と名指したことはあまりに有名である。

　彼はその書物のなかで、「大きな物語」の終焉という有名なテーゼを残した。ポスト・モダン（ポスト近代）が語られる時代とは、「近代」という「大きな物語」が終焉を迎えた時期のことであるという。それは大まかに述べれば、1968年に勃発した、先進国における世界的な「学生運動」の終焉と軌を一にしている[1]。実をいえば「共生」を巡る思想的状況も、そこに深く関わっているといえる。

　「近代」という大きな物語には数多くの事象が含まれるので、それらを一括りにすることは適切ではないかもしれない。また「近代」の内実は、けっして現在も色あせているわけではない。現在われわれが依拠する民主主義の多くの部分は（ギリシア由来の部分があるとはいえ）近代に整備されたものだからだ。

（1）もちろん、「共生」という言葉の起源には、序章の志水論文で描かれているようにさまざまな捉え方がある。ただしここは、「共生」という運動の個別性が、時代のなかでどうあらわれたのかに焦点を当てたい。ちなみに1968年の運動については小熊英二の著作『1968』上・下（新曜社、2009年）、京大人文研での共同研究『〈ポスト68年〉と私たち』（市田良彦・王寺賢太編、平凡社、2017年）など、歴史的研究が進んでいる。

だが 1968 年というのは、確かにある決定的な断絶を記しづける年なのである。

「共産主義」と「自由主義」という「二つの陣営」が、今はなきソビエト連邦と、アメリカ合衆国という超大国に代表されるかたちで覇権を争っていた時代が第 2 次世界大戦後にあった。「共産主義」を現実的なものとしたロシア革命（1917）は、ヨーロッパ近代化の時代の政治的黎明を告げたフランス革命（1789-1799）やパリコミューン（1871）の末裔であり、「近代化」のひとつの行き着く先と捉えうる。だが、1968 年の段階において、すでに左派でさえ、プロレタリア独裁政党が支配するソビエト連邦や中華人民共和国が「夢の国」であり、それが唱える「インターナショナル」な平等世界が可能になるなどとは、ほぼ誰もが信じなくなっていた。（時代は前後するが、東欧諸国への弾圧——1956 年のハンガリー動乱など——、ソ連の作家ソルジェニーツイン（1918-2008）の『収容所群島』（1973-1975）、中国における「文化大革命」（1966-1976）の失敗はそれを自明なものにした）。西側諸国でも、民主主義と名乗る政府の横暴——日本での大きな運動の原因は二度の日米安保条約を巡ってであった——は、そこかしこにみられた。

こうした事態に対し、世界同時的に発生したのが、1968 年の学生運動・大学闘争である。それは、既成左翼や、あるいは良識的民主主義者自身の隠れた「封建的」「権威的」姿勢に根底的な疑義を叩きつけ、鋭い批判を展開した。そこでは「党」やその前衛性の真理が疑われると同時に、西側のリベラル社会・民主主義社会に対しても、フランスでは大規模なコミューン的状況があらわれ、ドイツでは反ファシズムの代表的人物テオドール・アドルノ（1903-1969）が嘲りさらされ、日本では東京大学の安田講堂を占拠して戦後民主主義におけるスターであった東大法学部教授丸山真男（1914-1996）の研究室を破壊し、1969 年の東大入試は実力で「粉砕」された。

とはいえ、暴力性に傾倒していくこれらの運動は、結局は、ほぼ何の成果を得ることもなく、1970 年代になると急速に力を失っていく。よど号ハイジャック事件（1970）、浅間山荘事件（1972）、日本赤軍テルアビブ乱射事件（1972）など先鋭化したテロリズムの出現は、この運動の「終焉」を示すだけのものとなった（よくいわれることであるが、これらの事件は、「テレビ」というメディ

アの出現によって報じられたため、より一層の緊迫感をもって伝えられた。リ
アルタイムで、事態の進行をみられるという時代に入ったのである。こうした
メディア性と運動のあり方との連関は無視できない）。また右派もこの時代に、
戦後民主主義への反発を高めていたことは、民族右翼を標榜する文化人三島由
紀夫（1925-1970）の事件[2]などからもよくわかる。東大全共闘と三島由紀夫
という、極端な左派と右派の両者が「奇妙な連帯感」をもって対峙した東京大
学教養学部 900 番教室での歴史的「シンポジウム」（1969 年 5 月）は、ちょう
ど 50 年後の 2019 年 5 月に、TBS が映像を修復したが、この時代の「鬱屈」
をよく物語っているものでもある。

　フランスでもアメリカでも状況は似たようなものであった。これにつづく時
代が、いわゆる「無力感」にとらわれた世代であることは、さまざまな文化史
的状況において語られてもいる。ヒッピー文化の流行から村上春樹（1949-）
まで続く一連の文化的事象、さらに J-POP の先駆である井上陽水（1948-）や
荒井由実（1954-）の出現はこの時代をよく表している（村上春樹の『1973 年
のピンボール』（1980）、井上陽水「傘がない」（1972）、荒井由実「『いちご白書』
をもう一度」（1975）（歌はバンバン）等を参照のこと）。

　リオタールの言説に即するならば、1968 年を契機として変容したのは、共
産主義陣営においてであれ、自由主義陣営においてであれ、近代的「理念」（自
由・平等・博愛）を極限化すれば、人間社会に「輝かしい未来」が達成できる
はずだという想念が消滅したことにある。「大きな物語」としての近代化とい
うプロジェクトは、左派にも右派にも共有されていた。だがそれが、「夢物語」
としか語りえない時代が 1970 年代以降に始まっていく。その後を、リオター
ルのようにポスト・モダンと呼ぼうが、フランスの科学人類学者ブルーノ・ラ
トゥール（1947-）のように「近代人であったことなど一度もない」と逆説的
に述べようが、それはどうでもいいことと思われる。だが、一連のこれらの事
象は「共生」の運動にとってみのがしえないものである。

────────────

(2)1970 年 11 月に三島由紀夫は自衛隊市ヶ谷駐屯地に「楯の会」のメンバーと乗り込
　み、右派からの革命決起を演説し、自決した。戦後文化人の代表とみられていた三
　島の一連の行動は相当な衝撃を与え、この時代の「雰囲気」をよく示している。

2. 共生という主題の登場

「共生」という主題は、この時代的「以降」、大きくクローズアップされることになる。

もちろん、現在「共生」の運動とされるものが、これ以前の時代に見出せなかったわけではない。植民地問題や公民権問題という「人種」「国籍差別」を巡る主題は、第二次世界大戦直後から、現在のポストコロニアルのような洗練された姿をとらずとも、すでに顕在化していた。

だが、環境を巡る言説が大きく浮上するのはこの時期である。そしてフェミニズム運動にしても、全共闘運動がある種の平等的な社会を目指していたにも関わらず、その内部での男女役割分担は相変わらずのものであったことはよく批判される[3]。フェミニズムが提起する問いかけはここにおいても抑圧されていたのである。だがこの時期を境にして、何かが変わっていった。

少し個人的な挿話を挟む。1976年より断続的にNHKの土曜ドラマ『男たちの旅路』が放映されていた。個人的には小学生から中学生であったが、このドラマの、とりわけ「死に損ないの戦中派」として主演を務めた鶴田浩二（1924-1987）や、駆け出しの若手であった水谷豊（1952-）、そしてまだメジャーになる前のゴダイゴの主題歌などを実にはっきりと覚えている。個人的感慨という域を超え、このドラマは、脚本家山田太一（1934-）の代表作でもあるが、そのなかでもとりわけ1979年に放映された「車輪の一歩」は、障害者問題を正面からあつかったという点でよくとりあげられる（他に初回の桃井かおり（1951-）演じる若者の自殺騒動、高齢者問題をテーマとする「シルバー・シー

---

(3)のちにもとりあげる田中美津（1943-）などにより、1968年の運動主体であった全共闘・全学連が、性の問題も含めほぼ、男女役割分担に対して疑念をもっていなかったことは各所で指摘され、その後の運動につながっている。『いのちの女たちへ　とり乱しウーマンリブ論』（1992、河出文庫版）を参照のこと。「便所からの開放」（1970）という文章（パンフレット）で、全共闘運動においてさえ女性が「性欲処理係」か「炊事係」でしかなかったことへの痛烈な批判を行ったことはあまりにも有名。

ト」も大きな反響を呼んだ。青少年や高齢者など、近代「後期」にさしかかって顕在化した、今でもリアルな問題が主題化され始めたのである）。斉藤とも子（1961-）演じる、家に閉じこもった車椅子の少女が、障害者の青年たちに説得されて街に出るが、尿失禁をして逆に心を閉ざしていく。鬱屈し、わざとデパートの入り口で妨害行為を働く障害者の若者たちや、自分たちのことは、黙ってほっておいてくれればいいという斉藤とも子役の母親（赤木春恵（1924-2018））に対し、警備員役の鶴田浩二が、心を割って話しあい説得するというのが、その大まかなストーリーであった。そこでは、障害者の若者が「トルコ風呂」（当時の表記、いわゆる風俗産業）にいきたい、どうすればいいか、どうして障害者はそうした行動もとれないのかという、「障害者と性」をめぐるタブー視されがちな問題にも触れている（最近の E テレの「バリバラ」にいたってようやく公然とこの問題はとりあげられる）。私はリアルタイムでこのドラマをみているが、やはりここで提起されている数々の問題にある種の衝撃を受けたことは事実である。当時は、車椅子は公共交通機関であるバスでも乗車を拒否された[4]（まったくの余談だが、私にとっての中年男性のモデルは、戦争の死に損ないであり、正論を吐きつづけ、自己の利害や保身では動かず、いつも孤独に追いやられるここでの鶴田浩二の姿である）。

　このドラマが「1979 年」に放映されたということにある種の時代の変化を感じざるをえない。それは大学闘争のちょうど「10 年後」でもある。障害者問題に、ここで特権的な仕方で「光」が当てられたのは象徴的とも思えるのである。もちろん、日本における障害者団体である「青い芝の会」[5] などは 1950 年代から活動していた。とはいえ、こうした「運動」がある意味で誰にとっても近いものになってくるのは 1970 年代以降なのではないだろうか。

　だがここで、これが「障害者運動」という「ひとつの枠組み」として語られ

---

(4)川崎バス闘争（1977）など、障害者を乗せない公共交通機関に対する異論は、この頃から顕在化して提起されている。下記注5の青い芝の会はその運動の主体であった。

(5)1957 年に発足した障害者団体であるが、数々の、そして一面では過激と思われる問題提起をおこなったことで有名。映画『さようなら CP』（1972）。障害者運動史のなかでも、ある意味での先鋭的な問題提起のあり方は特筆される。

ることには、特定の「意義」を感じざるをえない。おそらくこれと並ぶ諸運動（フェミニズム運動、民族差別運動の反対運動、公害反対運動、そこでのさまざまなボランティアの組織化）は、数多くとりあげられうる。そしてこれらは、現在の「共生」の諸問題のそのものでもある。だがそれらは、いってみればリオタールのいう「大きな物語」、つまり「近代の平等社会の実現」のように語られる何かを目指すのではない。また、そうした「大きな物語」を掲げ、横につながる理念を共有するものでもないようにも見える。それはもちろんネガティヴなことではない。「大きな物語」が支配していた時代には、いわばこうした運動は、「それ自身」として姿を現さない可能性があったからだ。「大きな物語」が消えたからこそ、社会の片隅のマイナーといえる領域が、そのマイノリティということを武器として、際だちえたともいえるのである。いわば大きな物語の圧迫を逃れた小さな物語が、横溢し、はじけるかのように。

3. 花崎皋平というひと

　この問題を考えるときに、花崎皋平（1931-）という人物の思考やその「生き方」は、きわめて象徴的に思える。いまだ存命で活動を続けているが、花崎自身が 1970 年代以降に「共生」ということをテーマに掲げだし、さまざまな領域にそれを押し広げていったことは、ここまでの議論とかさなりあう。

　花崎は、もともとは北海道大学の哲学の教員であった。そして自らが共産党員であり革命という「大きな物語」をある時代において信じていたことを明言している。だが花崎は、1968 年を巡る一連の流れのなかで、さまざまな運動を実践しつつ、自ら大学教員であることを辞する。大学という場所への花崎自身の抗議であり、なによりもそこで働くということへの自己懐疑が根底にあることはよくわかる。さらにある時期に共産党も辞め、当時の新左翼組織（共産「党」と対立する運動体）にも、上述したような激しい内部崩壊（内ゲバ、テロ）を目の当たりにして批判的に振る舞い、そこからも離れていく[(6)]。その後に花崎に残ったものは、自らが住む土地である「北海道」であった。花崎が「共生」をある種のテーマとして言明し出すのは、職を辞しつつもそこに居住する

「生きる場」を問うことによってである。

　その後の花崎の活動は多岐にわたるが、花崎の著作に一貫して見出せるのは、「北海道」という自らが「生きる場」に対する花崎の固執である。まず花崎は、ここに住む「日本人」としての自らを考える。そのときに、北海道という土地の原住民であるアイヌ民族のことが最初のテーマとなる。アイヌとは何か、そうした先住民族を、ある意味では「抑圧」し「見えないもの」にさせるなかで、いわば世界闘争をつづけてきた自身のあり方への深い反省がそこにある。花崎はさまざまなアイヌの運動に関与するとともに、日本がいかにアイヌの土地を侵略し、どのような歴史的経緯を辿ってここに自らがいるのを掘り下げる（花崎 1988）。だがそれだけではない。花崎は同時に、リアルタイムで生じる開発の問題（伊達発電所建設の反対運動）にも関わっていく。のちに花崎は、在日朝鮮・韓国系の論者をよくとりあげ、まさに多文化共生に言及しだす。しかしながら花崎が多文化共生を語る原点は、まずはアイヌ民族との共生であり、ある意味で侵略者の末裔に他ならない自分がここに住む意味である。これは花崎の「生きる場」という主張に即応している。

　もちろん「共生」を主題化したあとの花崎は、さまざまなテーマをとりあげる。多文化共生にかんしては、上記のように在日朝鮮韓国人の問題があった。日本の歴史の負の遺産とでもいうべき「部落差別」はいまだに現存している。水俣はすでに大きな問題であったが、公害や、自然開発にかんする問題系は現在にもつながる主題である。原子力発電への疑義や、ボランティア運動などは次第に大きな意味をもってくる（花崎 2001）。

　そのなかで花崎は、1970 年代頃まではウーマン・リブという名で語られて

---

(6)「私は一九五二年から一九六〇年代前半まで共産党員だった。私が共産党の中で経験したのは（それ以前にキリスト教の制度教会で経験したこととも重なることがあるが）唯一の正しい答えがあらかじめ用意されていて、それとちがった意見や批判を表明する者は、あるいは階級の敵を利する者、あるいは背教者、倫理的にも誠実でない者、とする思想方法だった……この思想方法はレーニン・スターリン主義的な共産党という組織に限られる特殊な方法ではない。一九七〇年代の新左翼諸党派運動も同様の思想方法におちいった」。このあとで花崎は「反差別運動」に対しても同様の批判を展開している（花崎 2002、108-109）。

いたフェミニズムの問題にも接近する。すでに注でとりあげた田中美津や森崎和江（1927-）の議論など、いわば「大きな物語」のなかでは、それを問うこと自身が抑圧されていた「女性」の問題が、1970年代以降、重要な運動になっていくことに共鳴する。のちに「フェミニズムと軍隊」という論考や、それをもとにした、日本のフェミニズム史の中心人物である上野千鶴子との対話（花崎 2002）はきわめて啓発的である。しかしこの場面においても、なお花崎は、「札幌」での自らの「生きる場」における「対話」を重視する姿勢を崩さない。花崎は、もはや普遍的に語られる「世界」や「問題」から離れ、ローカルではあれ小さな自分の生きる位相から、可能なかぎり問題を押し広げていくことに固執する。これは「共生」をスローガンとして掲げる花崎の、揺るぎない姿勢であるといってよい。そしてこれが「共生」を考えるときのひとつのモデルであることはいうまでもない。

4. 花崎と共生のフラストレーション

　花崎の活動が、現在「共生」の運動として語られる多くの部分をカヴァーしていることは重々考慮すべきであろう。われわれは、いつから「共生」ということを主題として掲げだしたのか、そしてそれはどのような内容をもつべきものなのか、これについて、花崎の活動は多くのことを教えてくれる。

　ただ、この論考は花崎論ではない。したがって彼の多岐にわたる活動や思想自身を詳細に検討することはできない。ここでは、この原稿の流れに沿うかたちで、二つのことをとりだして大きたい。

　ひとつは、先にもとりあげた、彼自身が「共産党」を離れ、新左翼運動にも幻滅し、それに対して、（注6で記したように）そこに「キリスト教の制度教会」と重なるものを感じたということである。この点は重要である。

　まさに共産党やキリスト教は、西洋を覆う「大きな物語」の体現者であることはいうをまたない。それは、人間の生き方にせよ、その振る舞いにせよ、それに対して「解決」を押しつける。そして「共生」にとっての「普遍」、それは「平等」でも「正義」でもよいが、それもまたこうした「大きな物語」が用

意してくれるものである。西洋近代の「大きな物語」は確かにこの意味で意義深いものではあったとはいえ、それは西洋的「普遍」にすぎない。西洋化にともなう「植民地問題」は、この「普遍」から形成されているともいえる（現在のイスラムや中国の問題は、むしろこの無謬の西洋的「普遍」に対する当然の反発であるともいえる）。そして花崎が、自分の住まう地域のアイヌの問題を考え、日本人の侵略を捉えなおすとき、当時の情勢のなかで西洋列強化していった日本の政治的位相を踏まえるならば、日本もまたこの「普遍」の体現者としての側面をもつ（衰退しつつあるとはいえ、かくも巨大な資本主義国家であるのだから）。ただこの「普遍」は、当然のことながらそのまま受け入れられるものではない。花崎の「共生」は、これをどう捉えなおすのか。

　この点において、花崎は、とりわけフェミニズム運動との関わりにおいて相当多くのことを考えている。花崎の論考「フェミニズムと軍隊」は、1990年代の湾岸戦争時に書かれたものだが、その執筆はアメリカのフェミニズム団体が「女性を軍隊にいれないのは職業差別である」という主張に対する花崎の困惑に動機づけられている。そこでは、女性と男性に平等な権利を求めるならば、女性もまた軍人になり戦闘をする「権利」をもつべきだ、と主張するアメリやドイツのフェミニストに対する違和感（ある種の「傲慢さ」）が明確に述べられている。花崎は、沖縄戦やそのほかの反戦運動を念頭に、いささか素朴に女性と平和というあり方を結びつける。それも、（一部の）アメリカ的な見方からすると差別的だということになるだろう。だがここでのアメリカのフェミニストの議論は、それこそ「西洋的正義」の、決定的な押しつけのようなものではないのか。

　花崎はここでの一種の困惑を、かつての発電所開発闘争における挿話（火力発電所建設反対運動であり、そこでは環境問題と大気汚染がおもなテーマになっていた）とともに語っている。それは、「「あなたがビフテキを食べているのなら、私にもビフテキを！」の平等論と「スモッグの下でビフテキを食べるよりは、青空の下でおにぎりを！」」か、のあいだでの「困惑」にかんするものである（花崎 2002、185）。乱開発は許されるべきではない。だが開発は確実に富をもたらすだろう。そのなかで「生きる場」に固執する思想は何がいえ

るのか。これに対する答えはない。同じことをこの問題に感じているというのである（この問題は現在の福島の原子力発電所問題にも、沖縄の基地問題にも直結する。反対運動を「富」＝すなわち金で押し込めた側が、重大事故が起きたときどのように振る舞えるのか。ただそこでの「迷い」を、「現場」の思想は隠さないだろう。「迷う」のが現場であるともいえる）。

　この論考には、先にも述べたように上野千鶴子との対談が付加されている（「マイノリティの思想としてのフェミニズム」）。そこで上野は、アメリカの当該フェミニズム団体が決して「主流」ではないこと、またドイツのフェミニストにしても戦略的二重性があること（「良心的徴兵拒否」が男性には可能だが女性には不可能であるので、これを可能にするという戦略が上記の女性の徴兵への賛成の裏にはある）を述べた後でも、やはり西洋的な、とりわけアメリカのフェミニズムが、「白人女性」である自らの特権性や、第三世界の抑圧の上に成りたっていることへの看過があると主張しつつ、「人権」についてさえ、西洋的な普遍を軸に考えることに疑いを述べる。そして、むしろ普遍主義を唱えることは、運動の主体であるべきマイノリティを見えなくする点が強調される。

　その上で注目したいのは、「共生」という言葉に対して、「理解にはカタルシス」があるが「共生」には「フラストレーション」があるという上野の言葉に「ああ、よくいってくれた（笑）」と花崎が述べている部分があることである（花崎 2002、271）。これはきわめて重要な、花崎の感慨と思える。花崎は、「共生」がもつ「生きる場」そのものの問題を、本質的によくわかっていると思う。この「フラストレーション」は、実は「共生」が、現場の小さな物語に固執するかぎり、そこから逃れることができないものである。花崎の議論をもう少し追おう。

5.　花崎を超えて

　花崎の思想は、ある種の弱点を抱えていると思う。花崎自身の生き方、あるいは生きる場からの発言というスローガンは、きわめて「共生」にとって大事

な視点である。ただし、「生きる場」の多種多様さは、やはりそれ自身、あるものを見えて、あるものを見えなくさせてしまう。

たとえば花崎は、『生きる場の哲学』（花崎 1981、66）では「共感・共鳴」ということをしきりに強調する。また花崎は、ある時期より「三人称の私」という言葉をもちいだし、他者との立場を共有する自己について語り始める。もちろん『生きる場の哲学』では、単純な目の前の他者との共生が述べられるわけではない。そこではある種の世界史的動向が無視されているわけでもない。だがそうではあれ、韓国・光州の反政府動乱（1980）（当時は全斗煥の軍事政権下であった）や成田闘争（1966-）にかんして語り、その正当性と戦う民衆への共鳴を表明するとき、その共鳴自身は理解できるにせよ、そうした運動や、そもそもその状況を支えている世界史的な動きへの関わりは弱くなる。もちろん「大学教授」という「公的立場」を自ら放棄し、地域に生きる一民衆として思考する決然たる態度をとった以上、公的な制度性や、イデオロギーへの議論は表層的にならざるをえない。どこか何かに届かないという気がしてならない文章になる。

こうした事情が端的に表れるのは、先の発電所闘争における二者択一において「戸惑う」花崎の姿であると思う。誰もがビフテキが食べられる社会が平等なのか、ビフテキを食べることを捨てて青空を守ることが勝利か、これはわからない。このところはさまざまな意味で大変重要だと思う。

これは花崎が、先の注 3 でもとりあげたフェミニズムの議論のなかで田中美津を高く評価するのと同じことであるだろう。田中美津の「とりみだし」フェミニズム論は、男性と女性との平等を求める運動そのものなかで、好きな男の前ではふと居住まいを正してしまい、そのこと自身に「とりみだす」自分自身の自己矛盾や感情の錯綜を原点としている。フェニミズムが振りかざす「西洋的正義」こそ、田中美津にとって縁遠いものはない。その通りで、現場にたつ以上、いずれに与したところで、何かをえて何かを失うのは当然のことである。生活者の知見を保持することは、それを覆っている世界的なあるいはイデオロギー的な事情について、何かをいうことを塞いでしまう。

共生にはフラストレーションしかない、という上野の言葉に「よくいってく

れた」という花崎は、一面では生活者の立場から発言することの限界性をよく感じていると思われる。そこではまさに「軍隊とフェミニズム」で彼自身が論じていた、男女平等の実現には女性が兵士になるのは当然だという主張への「踏み込めなさ」を、花崎はどこかで感じてしまっている。ビフテキか青空かの議論と同様に。これは多重的な批判が必要なため詳細な議論は避けるが、花崎がいかに「共感」や「三人称の私」について語っても、さまざまな意味で絶対に「共感」できない他者がでてくる。それに対してもなお「共感」をするのは個人の心情的倫理として理解できても、それ以上のものにはなりえない。ましてそこでの「ある他者」を支えている世界史的・経済的・階級社会的な位相には踏み込めない。ここは花崎の共生の議論の弱さを認めるべきではないかと思う。

　ただし、誤解して欲しくないのは、花崎の議論の弱さを述べたてることは、けっして花崎を批判し、それではダメだといいたいからでない。それは実は、「共生」が他者理解のカタルシスをもたず、つねにフラストレーションだという上野の言葉に、まさにそうだと同意する、花崎自身が示していることでもある。

　対話、共感、共鳴、ある地域性、生きる場、そこからの発信、これは花崎が、それまでの共産主義やあるいはキリスト教の教条主義への懐疑を経たうえで行き着いたものであり、共生にとってポイントとなる論点を含んでいる。しかし、それであるからこそ、花崎は、そこでの共生に「満足」することはしない。そうした「共生」は、何かに届きえないフラストレーションの山なのである。このことを実直に述べる花崎の姿にそれこそ私は共鳴する。

　花崎のフラストレーションは、けっして悪いことではないのである。むしろ他者を「理解」してしまう「カタルシス」に浸ることこそ、「共生」にとって危険極まりないともいえる。あらゆる意味での「共生」には、当然理解しがたいことが含まれる。ある生活のミクロな場面に軸足をおくならば、そもそもまったく異なった他者と「フラストレーション」をもたずに「共生」することそのものが欺瞞である。そして「共生」はそうであるがゆえに、強い限界性をもつ。しかしその場合、「フラストレーション」は何かを動かすものでもあり、

何かを（もちろん自分自身をも）変えざるをえず、対話が往々にして仲間内の駄話で自己満足してしまわないことへと突き動かす。遠い異国の「正義」や「平等」を、その言葉のもつ重みを知りつつも、受け入れがたく感じる。その矛盾を突き詰める。それは大切なことだ。そしてそのことを一番わかっていたのはもちろん当の花崎であると思う(7)。

6.　グローバリゼーションという「別の大きな物語」の進行

　これまでについてまとめてみる。例としてあげた花崎の生き方は「共生」という主題が浮かび上がってきた時代そのものと重なっている。そして花崎の述べる「生きる場」からの思想は、その後の「共生」で論じられるさまざまなテーマを包括し、現在にもつながる諸主題、すなわち、反差別、公害の告発、多文化共生、ボランティア活動、フェミニズムから LGBT の諸運動、そして環境保護活動にいたるまで数多くのものを含んでいる。さらにいえば、それが「大きな物語」としての近代化の射程を疑義に付すものであるがゆえに、まさに「共生」と寄り添ったものであるといえる。生きる場からの声を重視する発想は、そもそも大きな物語を拒絶するだろう。それは、その欺瞞を暴くことを一面では含むがゆえに、小さな物語が溢れかえるようにあらわれることを誘発する。そこには横の連帯はあるだろう。だがそれがひとつの方向をとる危険性も十分意識されている。このことは、「共生」とはつねにフラストレーションであるということの一面を構成するかもしれない。正しい解などはないのである。それぞれの現場からの発言において、収斂していく大きな正義はいかにしても設定できない。

---

(7)この節以降の問題であるが、「現場」に固執する「共生」という発想が、ある意味でイデオロギー闘争への批判であるかぎり、イデオロギー闘争において重視されていた「階級闘争」的側面は消えてしまう。もちろん、「共生」のもち分は、階級闘争で押していった運動が抑圧したマイノリティを見えさせることにある点は明らかであるが、同時にそれが、再び「格差社会」「格差の継承」が（ネオリベラリズムの浸透とともに）叫ばれる現在、かつての階級闘争に陥らない仕方で何をいえるのかを考えることは重要である。

　ただし、別の方向から考えなければならないこともある。それは、1970年代以降の一連の動きでは、「大きな物語」がまったく消え去ったわけではないことである。

　リオタールの述べる「大きな物語」は近代の理念そのものであり、それが1970年代を軸に転換がなされたことは事実である。だがそのあとに大きな別の流れが現れたことにも注目しなければならない。

　それはまずはグローバリゼーションであり、それと共同歩調をとったネオリベラリズムであるともいえる。

　グローバリゼーションの「グローバル」というのは、まさに「地球」のことである（ちなみにフランス語ではモンディアリザシオン（mondialisation）である）。

　それは世界全体が多国籍企業の経済的紐帯によって支配され、経済的に均質化される時代のことだといってもよい。リオタールの述べる「近代の夢」としての「大きな物語」が、最終的に「共産主義」とその破綻に帰着するならば、その破綻が明確なかたちをとってあらわれた1970年代において、それにとってかわって別の大きな経済的自由主義の極限が進行してきたともいえる。

　このことは二つの点において着目すべき内容をもっているだろう。

　第一に、それはある側面において確実に、近代の「大きな物語」を引き継いでいるということである。

　「共産主義」は、階級における「労働者」の位相を横につなぐことによって、最終的には「国家」の撤廃を目指していた。共産主義を象徴するのが、「インターナショナル」という「革命歌」にあったことはやはり重要である。いかに問題を秘めていたとはいえ、旧ソ連は「多民族国家」であり、「多文化共生」国家であったことには着目してもよい[8]。初期ソビエトを代表するスターリ

---

(8) この観点からいえば、かつての日本の植民地侵略の標語が傀儡政権「満州国」を形成するときに「五族協和」という「多民族国家」を指向していたことも考えるべきである。多民族・多文化社会の実現というアイデアは、一面ソビエト連邦や大日本帝国など、ファシズム的色彩の強い場面でまずは利用されていたということは、系譜学系に現在の「多文化共生」を考えるときにも、着目すべき論点であると思う。足下をすくわれないためにも。

ン（1878-1953）はグルジア（現表記ではジョージア）出身であったし、長期政権を築いたブレジネフ（1906-1982）はロシア系でありながらウクライナ出身であった。ソビエト連邦はロシアと同一視されがちであるが、ソビエトという名称はそれ自身「評議会」を意味するものであり、各国に存在するソビエトをまさに「インターナショナル」につなぐことによって世界革命を成就する指向をそなえていたのである。

　もちろん現実の「ソビエト連邦」はさまざまな問題を内包していた。とはいえ、それは確実に「国家の撤廃」というプログラムと、そこでの多民族・多文化の「労働者階級」という方向からの連携を模索した動きでもあった。その意味でこれは、グローバルな運動体でもあったのである。

　こうしたことは 1970 年代以降、確実に多国籍企業や、それによる経済活動のグローバル性に引きつがれていく。もちろんネオリベラルな動きは、労働者の連帯とはほど遠く、それ自身かつて「第三世界」と呼ばれていた後進国の「搾取」を公然となすものである（かつての共産主義諸国でも、実体はもちろん褒められたものではないが、さまざまな模索がなされていたことは確かである）。とはいえ、「インターナショナル」が夢と消えた後に「グローバリゼーション」が出現したことには、何かが連関していることは確かなのである（これは、アップルの創業者スティーヴ・ジョブズ（1955-2011）がシリア系アラブ人の息子であるように、日本の現状での最大の経済的成功者であるソフトバンクの孫正義（1957-）が在日韓国系の出自をもつように、ネオリベラリズムは国籍を問わないことからも主張できるかもしれない。それ自身が「出自など問わない」「成り上がり者」の歴史という側面をもつし、それも否定できないことである）。

　だが第二に、もちろん「グローバリゼーション」は「インターナショナル」とまったく内実を異にする。「グローバリゼーション」は実際のところ、経済の世界均質化を目指しつつも、そこで「国家」が撤廃される動きはない。それどころか、「グローバリゼーション」やそこでの多国籍企業、あるいはさまざまな国際組織は、その戦略性のなかで「国家」を絶対に手放さないだろう。そして国家も、GAFA（Google, Amazon, Facebook, Apple）に代表される多国籍企業

に対抗することもあるとはいえ（莫大な税金の徴収を目指す各国の動きなど）、総じて多国籍企業を「利用」している。つまりそれらは相互依存の関係にある。いやそれどころか、グローバリゼーションは「新国家主義」としてのナショナリズムの再度の台頭と関連するともいえる。

　これは1968年以降、ソ連や共産圏が消滅したこととも関わりがあるだろう。けっして空想とはいえなかった「第三次世界大戦」とそこでの核兵器の利用による「世界消滅」の危機は回避されている。だがそのあとに残されたのは、ナショナルな国家意識の世界各地における高まりである（民族独立の動きや、それにともなう内戦は、むしろ冷戦期より激しくなる）。つまり「グローバリゼーション」は主題を経済におき、同時に国家の政治的権限を「利用」するがゆえに、「ナショナリズム」自身と共存する以上に、「新国家主義」と親和的なのである。

　無論、この間ヨーロッパではEU統合の動きなどはあった。そうした仕方で地域統合を企てる運動は今後も続くだろう。だが近年（2019年時点）のアメリカやイギリスの、あるいは少数民族の権利主張的な動きをみても、「国家」が「グローバル社会」のなかで消え去る方向は見えず、それどころか国家への執着は激化しているとさえいえるのである。

　花崎はこうした動きをもちろん敏感に察知している。彼自身、「新国家主義」に対して懸念を隠すことはない。だが巨額な経済の動きがともなった動きに「現場」へと密着する運動が抵抗したところで、そこでの脆弱さは明らかである。そしてこうした経済格差や、それを武器とした国家的な横暴さについての議論が、「共生」のテーマに関わらないわけはない。

7. ミクロな運動体は何をなしうるのか

　ただ確実にいえることは、現在われわれが考える「共生」も、おそらくはこの「グローバリゼーション」の上でしか実在できないことである。歴史的経済的な現実とは、そういうものだ。花崎が大学から距離をとって以降、グローバリゼーションは大学をものみこみ、1970年代以前の「産学協同反対」から、

その真逆のあり方である「産学民」協同へと大きく舵を切ってしまっている。それのみならず、21 世紀以降、ほぼいかなる場所でもインターネット網が整備され、ネオリベラル産業が「イノベート」した情報を利用しうる状況が現出した以上、それを土台としないかぎりさまざまな共生の運動はなしえない。インターネットは、情報を全世界につなぎ、民衆とやりとりできる武器でもある。だがそのなかで進行しているのは、アメリカと中国という「国家」を中心とした、情報の基盤集約を巡る覇権争いという、きわめてナショナルな事態なのである。

　「共生」が、1968 年を機会に、障害者運動、フェミニズム運動、ボランティア運動、現在の LGBT 運動に展開していったことは何度も述べた。こうした実践は、すでに「インターナショナル」という大きな夢が消えたあとでのミクロでマイナーな領域に光を当てたものであり、それとしての成果は十分にあがっている。だが、こうした運動は「グローバリゼーション」の動きと微妙な関係をもたざるをえないのである。

　過去の民族移動や植民地主義とは明確に異なったグローバルな労働力の供給という経済的事情を背景とする移民問題や、日本のように極度に先鋭化された資本主義国家における都市集中型の産業構造による少子高齢化問題および限界集落問題は、グローバル化という背景とともに思考する以外にはない。「共生」はそこで、さまざまな現場を「新たに」見出すことにより問題を増大させ、対応してきた。だがそれが、花田の議論の弱さを論じたのと同様に、「グローバリゼーション」と、それと結託する「新国家主義」に対して、以前のような「大きな主題」によって対抗することは原理的にできなくなっている。またこれらの問題の解決には、いかんともしがたく、ネオリベ産業が提示する「イノベーション」なるものと結託するよりほかはない。

　だが、こうした状況のなかで、「共生」が「グローバルリゼーション」や「ネオリベラルな経済」に対して、どのような「歴史的展望」をもつべきなのかを、「共生」の運動自身の自己吟味・自己批判を含めて行わないわけにもいかないのではないか。率直にいえば「現場性」のみを重視する「反対運動」は、その意義がいかにあるとはいえ、こうした「大きな流れ」に対して無力であるどこ

ろか、巧妙に「利用」されもする。だが、大学が1970年を境として、「産学協同」に対して180度態度を変えたこと自身も含め、その関連を「問わない」ことはありえない。いまの時代の「共生」の問題は、「グローバリゼーション」との距離を推し量りながらでしか思考することはできない。それが「共生」にとって、共存する相手にもなり「共生」的な理念を消し去る敵にもなるという「両面性」を抱えているという錯綜とともに、この問題は考え抜かれなければならない。

8. 環境と生態系・大きな物語の回帰？

　さて、21世紀を10年あたりすぎた頃から、人文科学の分野においても政治においても、さらに異なった視角の広さから、別の問題が生じ始めていることにも留意しなければならない。それは自然科学の知と強く結びついた「環境」にかんする問題系である。

　そこで重要なのは、人類学・哲学・社会学などが、これまでとは異なった仕方で「自然総体」としての「地球」を問題視し始めたことだ。ここには人類学でいえばブルーノ・ラトゥールのアクターネットワークセオリーなどに代表される、自然と人間とを同じエージェント（行為主）性のもとにおき、さまざまな事態を捉えるという発想からの展開がみられる（ブルーノ・ラトゥールの仕事は基本的には科学人類学とされるだろうが、その多岐におよぶ活動は、その後の人類学全体の「存在論的転回」を準備し、哲学的知見（「物そのもの」の独自な実在を「人間なしに」考える思弁的実在論など）とも連動し、大きな動きになっている）。近年それは「人新世」[9] といった仕方で示されるように、人間が（おおもとは農業の開始以降であるとはいえ、大きくは産業革命による石化燃料の大量消費の帰結として）地球に回復不可能と思える影響を与えたこと、そしてそれ自身が、きわめて多様なかたちで（たとえば地球温暖化は、海

---

[9] 人新世とは、もともと化学者パウル・クルッツェン（1933-）によって提唱された概念であるが数多くの人文学者の仕事を誘発している。日本語のものとしては篠原雅武（1975-）の『人新世の哲学』（人文書院 2018）などを参照のこと。

面上昇を招き、人間の居住地を減少させるとともに、他面では予測不可能な異常気象の原因にもなり、巨大ハリケーンを招来する）人間に降りかかってきている事態が問題視されていることがある。そしてこれもまた現代における「共生」の、「自然」を相手にしたひとつの位相であるということはいうまでもない。

　気象変動は人間と人間の共生にももちろん多大な影響を与える。同時にそれは人間と自然との共生という新しい主題を提示する。これは 1970 年代以降の公害を原点とした環境運動とは「桁」が違う問題である。このことを可能にしたのは自然科学の観測および予測の進展である。

　実は同じことは、地震予知や災害の予知にかんしてもいえるであろう。防災から減災へという近年の災害への対応は、大規模地震や火山噴火はそもそも人間に防げるものではなく、なおかつその予知データが「ある程度の」信頼性を持って提示されたとき、防災の観点からも人間の振る舞いが自ずと変化せざるをえないことを示している。われわれはいまだ精度の低い地震予知や台風予知に振り回されるが、それがついこの間までは「運にまかせる」領域であったことを想起すればよい。そしてそのことによって、かつては問われなかった、あるいは問うても仕方がなかった人間の「責任」が新たに生じていること（「予測できなかった責任」「予測できたのに見過ごした責任」）が生じていることに、改めて注目すべきだろう。

　ここで「共生」のあり方も、自然をある圧倒的なものとして「勘定」に入れることを余儀なくされる。これは、見事なまでの、そしてリオタールも意識しえなかった「より巨大な物語」の再回帰ではないだろうか。インターナショナルからグローバリゼーションへという流れを超えて、もはや地球というよりプラネタリー（惑星的）な位相で巨大な物語が提示され、人間なるものの運命もそこに委ねられることになるからだ。

　着目すべきことは、そこでは自然科学との混合形態であるような知が重視される要素になっていることである。それは「共生」の運動に対しても、実際に政治的なイデオロギーよりもはるかに強烈な「道徳的」「強迫的」言説になりうるということである。大規模な気候変動による人類すべての死滅という事態

さえもが想像されるからである。

　繰り返すが、もちろん以前にも核兵器の問題があった。1970年代以前の冷戦時代も、それ以降も、核の問題は、いまでは原発の是非という問いに姿を変えて、人間の「共生」に重大なテーマとなっていた。しかしながらそれは、科学技術によって開発された技術の「使用」という意味で、あくまでも「人間の側」の問題にすぎなかった。そこでの「共生」は、人間相互の「争い」の調停の問題であったといえる。しかし、現今盛んに喧伝される言説はもはや人間の間の問題ではない。たとえその発端が人間にあったとしても、それはすでに人間の手を離れたエージェント（気象であれ、生態系であれ）との関連の問題である。「共生」を考える位相もここで相当なズレを被るはずである。

　ではこれらは「さらに巨大な物語」を形成すると考えるべきなのだろうか。これについては現在の時点で、明確な解答を述べることはできないだろう。だが今後「共生」を問う際に、たんなる環境問題というだけではなく、経済全体をも巻き込み、またあらゆる意味での「現場性」とも関わるこの問題を考慮するならば、そのフェーズが相当変質することは確かであるといえるだろう。

9.　より巨大な「物語」と「共生」とはいかなる関係性をもちうるのか

　ただこの点について、二つのことは留意すべきである。

　ひとつは、科学技術の知と、人間そのものの知との連関という問いが、ここで前面に出てくることである。

　あまりに当たり前のことであるが、いかに科学技術が進歩し、地球とそれをとりまく宇宙のあり方、あるいは生態系の知を明示したとしても、それは人間に認識可能な知であるにほかならない。もちろんそこでは、アクターネットワークセオリーや人新世以降喧伝されるように、人間の範囲に収まらず、人間「外」のものを「エージェント」として認めることがターニングポイントとなっていることは確かである。それは現今よく述べられるように、「共生」が、非人間的なもの（植生・環境・大気・宇宙）との「共生」をも視野に入れなければならないという要請を正当化しもする。だがそうではあれ、人新世やそれに

ともなう予測という科学の知は、やはり「人間の知」にほかならない。それは予測の精度を激変させることにより、自然という対象が人間と関わりつつもそれを超えた独自の運動をなすこと（生態系や大気、とりわけ地球温暖化を考えればわかりやすい）を実証する。とはいえ、それが人間に了解可能な知であるなら、その限界もまた検討されるべきである。自然との「共生」については、「自然」のエージェント性とともに、それでもなおそこでの「自然」は、どこまでいっても人間にとっての自然ではないかという吟味は欠かせないだろう。

もうひとつは、そうした限界にもかかわらず、こうした知が、人間同士の合意でない何かを導くがゆえに、反論を許さない「道徳」的に強要する言説になってしまうことである。いわばいかなる反論をも許さない西洋的「普遍」の、かたちを変えた復活である。

地球温暖化と、それにともなう先進国の責任についてはさまざまなことがいわれている。もちろん、そのすべてが誤りということはないはずだ。だが、先にも述べたように、そこで観測しているのは人間にほかならない。そしてそれが故に、そこでの「予測」がどれほどのものかはわからない。また、自然は人間を嘲笑うように人間の「予測」を跳ね返すものでありうる。それこそが「共生」の相手としての「自然」の「エージェント性」そのものである（温暖化にかんしては太陽黒点の増減周期との関係を指摘する意見もある。いずれにせよ太陽黒点が若干増大するだけで地球は一気に寒冷化する。それは人間の予測外の出来事であるし、コントロールなど到底不可能である。そして寒冷化すると一気に多くの生物も人間も死に絶える）。

「道徳的」強要の正義は、グローバル世界に住まう人間がいかにも真理のように受け止める。現在 SDGs[10] など、「持続可能な開発」を述べる言説が跳梁

---

(10) SDGs とは「持続可能な開発目標」のことであり、国連がグローバル世界におけるある種の努力目標として掲げているものである。2016 年を機に大きく広まり、いまやその 17 の目標はあまりにも有名である。だが繰り返すまでもなく、これが西洋的正義の形をかえた、しかも「開発」のための方途であることには変わりはない。反「開発」という立場からの検討や、反西洋的正義ということへの懐疑はきちんとなされるべきである。ましてその言説が「巨大な物語」を伴うがゆえに、まさにそうであるといえる。

跋扈している。「開発」に対して「持続可能な」という形容詞をつけたところ
で、それはかつての「共生」の運動の一部がそれと戦ってきた「開発」のより
巨大な側面にほかならない。現状の SDGs が、政府やグローバルな機関、そし
てまさにネオリベラルな資本主義によって強く主張されていることは、「小さ
な物語」を紡ぎ続けた「共生」の運動の「向こう側」を再び考え直すことにつ
ながる。それはかつての公害反対運動などの質を超え、ある決定的にパターナ
リスティックな道徳を、経済的な強要とともに、あたかも万古普遍の真理のよ
うに押しつけてくる。まさしく花崎の嫌った「西洋的」な「正義」の、拡大版
であるかのように。「共生」を唱え、現場にたつことの意義がここで相当問わ
れることは確かだろう。

　だがいまや、自然環境や地球総体という、まさに「生きる場」をなぎ倒すよ
うな「巨大」な場面が迫ってくること、そしてそれに対して「共生」は何がで
きるのかを思考することが原理的に要請されること、これは確かだろう。

　上野千鶴子の言葉を借りた花崎が深くうなずいたように、「共生」とはフラ
ストレーションであること、矛盾を矛盾のまま受けいれる苦悩を経ないかぎり
そこでは何もなしえないこと、これがここでは、人間の間ではなく、自分に手
の届かない知見（科学的予測という知）とともに提示されるがゆえに、「共生」
の現場性はもっとも鋭い形態で問いに付されるともいえる。グローバル経済を
超えて、まさに地球や宇宙規模の環境への対応は、「共生」の今後の原理性を
も揺るがせる可能性をもち、われわれ自身がある種の運動の岐路にたたせられ
ているともいえる。

（檜垣立哉）

【参考文献】

田中美津（1992、河出文庫版）『いのちの女たちへ　とり乱しウーマンリブ論』
　　河出書房新社
花崎皋平（1981）『生きる場の哲学』岩波新書
――――（2001）『アイデンティティと共生の哲学』平凡社ライブラリー
――――（2002）『〈共生〉への触発』みすず書房

————（2008、岩波現代文庫版）『静かな大地　松浦武四郎とアイヌ民族』岩
　波書店

J-F. リオタール（1979/1989）『ポストモダンの条件』（小林康夫訳）水声社

第Ⅱ部

今を生きる

■ 第3章 ■

「地域共生社会」の再検討
── 高齢者を起点とする多世代共生の実践

【地域における共生】

1.「地域共生社会」の政治的含意

「地域共生社会」の登場

　福祉国家の縮減（公的福祉サービスの縮小化）という状況下で、それを穴埋めすべく、ある意味消去法的に着目されつつあるのが地域社会である。とりわけ東日本大震災以降、行政が別名地域共生ケアという呼び名で強調するようになってきている「地域共生社会」とは、「制度・分野ごとの『縦割り』や『支え手』『受け手』という関係を超えて、地域住民や地域の多様な主体が『我が事』として参画し、人と人、人と資源が世代や分野を超えて『丸ごと』つながることで、住民ひとりひとりの暮らしと生きがい、地域をともに創っていく社会」のことである（厚生労働省ホームページ）。ここでいう「支え手」「受け手」という関係を超えるとは、たとえば生活保護を受けている者が学童保育で子どもの勉強をみるといった具合に、従来「受け手」とされていた者が場合によっては「支え手」にもなりうるのだという考え方であり、「我が事」とは、人間の根源的社会性に訴えかけつつ、個人・家族・地域の責任を前面に登場させることであろうと考えられる。他方、制度・分野ごとの「縦割り」を超える、「丸ごと」つながるとは、近代の特徴のひとつである専門化・分業化とは逆方向の流れ、つまり総合化の流れである。具体的には、医療、介護、福祉の専門資格における共通の基礎課程の検討・業務独占資格の対象範囲の見直しを行い、たとえば保育士と介護福祉士など複数の資格を取りやすくし、ひとつの施設の中

で1人の職員が子どもと高齢者の双方をみることを可能にするものである。

　ここで福祉国家の縮減について補足しておくと、たとえば介護保険では、要支援1・2のサービス、すなわち掃除、調理、買い物支援などのホームヘルプサービスが介護保険から切り離されて市町村の自主事業になり、公費の入った比較的安価な特別養護老人ホームの入居基準が要介護3以上と厳格化されるようになってきている。念のため確認しておくと、要支援1・2のサービスが市町村の自主事業になるとは、当該サービスの必要性については市町村が独自に判断し、必要となればNPOや自治会などに委託してサービスを提供するということである。こうして福祉国家の縮減が顕著になるなか、その隙間を埋めるべく個人やコミュニティの自助が強調されるようになってきているのである。よくコミュニティのなかでの助け合いを共助というが、むしろ「コミュニティの自助」といったほうがよい。

　アカデミズムのほうでの議論も、少なくとも見かけ上は、「支え手」「受け手」という関係を超えるということが必要であるという点で上記のような行政の動きと一致をみせている。すなわちそれは、「弱い個人の掛け算」という発想である。すなわち、明治以降の近代をささえた「自立した個人」（インディペンデンス）あるいは「強い個人」という理念はいまや非現実的であるが、かといって他者にもたれかかる（ディペンデンス）にはその数が多すぎる。そこでは、「他からささえられ、他をささえていく」ことで自己を確認していくことができる、そういうインターディペンデンスという考え方から日常生活を捉えなおすことが必要とされる（鷲田 2016、森岡 1994）。

　それでは、「人と人、人と資源が世代や分野を超えて『丸ごと』つながる」とは具体的にどのようなことを指すのか、平成28年（2016年）版の『厚生労働白書』によって確認しておこう。まず、2014年9月に決定された、政府の「まち・ひと・しごと創生本部」基本方針のなかに次のような言及がある。すなわち、「中山間地域等において、地域の絆の中で高齢者をはじめ全ての人々が心豊かに生活できるよう、小さな拠点における制度縦割りを排除した『多世代交流・多機能型』の生活サービス支援を推進する」。ここでいう小さな拠点とは、小学校区など、複数の集落が散在する地域（集落生活圏）において、商

店、診療所などの日常生活に不可欠な施設・機能や地域活動を行う場所をコンパクトに集約することであり、この小さな拠点は周辺集落とコミュニティバス等の交通ネットワークで結ばれる。さらに、2016 年に政府が発表した「経済財政運営と改革の基本方針 2016 〜600 兆円経済への道筋〜（骨太方針）」の第2 章「成長と分配の好循環の実現」の 1 節 (6)「障害者等の活躍支援、地域共生社会の実現」のなかで、障害者、難病患者、がん患者等への就労支援、職場定着支援、治療と職業生活の両立支援、障害者の文化芸術活動の振興、社会参加や自立の促進を図る一方で、すべての人びとが地域、暮らし、生きがいを共に創り高め合う地域共生社会を実現するとされた。そしてすでに述べたように、支え手側と受け手側に分かれるのではなく、あらゆる住民が役割を持ち、支え合いながら、自分らしく活躍できる地域コミュニティを育成し、福祉などの公的サービスと協働して助け合いながら暮らすことのできる仕組みを構築するとした。同時期に発表された「ニッポン一億総活躍プラン」でも同様の方針が示されている。

　こうした大きな目標のもとに、厚生労働省によって 2015 年度から 2026 年度までの工程が策定された。子どもと高齢者や障害者との関わりについては、子どもの健全育成だけでなく、高齢者や障害者の自立や自己実現につながるという「好循環」が指摘されている。「ニッポン一億総活躍プラン」ではこのことに着目して、今後、支え手と受け手とに二分するのではなく、あらゆる住民が支え合いながら自分らしく活躍できる地域コミュニティを育成する方針を明確に示している。こうした地域共生社会を実現させるために、2016 年 7 月に「我が事・丸ごと」地域共生社会実現本部が設置された。そして、2017 年の介護保険法改正、2018 年度および 2021 年度の介護・障害福祉の報酬改定、さらには 2018 年の生活困窮者自立支援制度の見直しにおいて、こうした流れが反映された。

「地域共生社会」と「補完性・近接性原則」

　こうした潮流は、より政治学に寄せて考えるならば、「補完性・近接性原則」の徹底化というふうに捉えなおすことができよう。このことは、最近の先進国

における福祉国家の縮減傾向においても当てはまりつつあるし、福祉国家にまだまだ参入できない途上国・新興国ではすでに当てはまる。「補完性・近接性原則」とは、古くはローマ教皇が1931年に出した「社会回勅」にその源流を見出すことができるといわれるが、その要点は、個人の自助努力が最優先であって、次いで家族やコミュニティといった小さな共同体が重視され、それでも不十分な場合に国家という大きな共同体の介入を容認するということであり（国家の補完性）、さまざまな課題は住民のもっとも身近なところで解決されねばならないとする原則である。

　具体的にいうと、近年の福祉関連法のなかで「補完性・近接性原則」が頭をもたげはじめていることが指摘できる。例を挙げると、介護保険法等改正法の中の社会福祉法改正法では、4条（地域福祉の推進）に新たに2項が加えられた。同項は、「地域住民等は、地域福祉の推進に当たっては、福祉サービスを必要とする地域住民及びその世帯が抱える福祉、介護、介護予防、保健医療、住まい、就労及び教育に関する課題、福祉サービスを必要とする地域住民が日常生活を営み、あらゆる分野の活動に参加する機会が確保される上での各般の課題（地域生活課題）を把握し、地域生活課題の解決に資する支援を行う関係機関との連携等によりその解決を図るよう特に留意するものとする」としている。要は、福祉、介護、介護予防、保健医療以外に、住まい、就労及び教育といったきわめて幅広い分野で地域住民同士が互いにニーズを把握し、関連機関と連携して解決にあたるということである（2017年2月に厚生労働省から都道府県知事等宛てに発出された「地域共生社会の実現に向けた地域福祉の推進について」）。ここでいう関連機関とは、地区社協、市町村社協の地区担当、地域包括支援センター、相談支援事業所、地域子育て支援拠点、利用者支援事業、社会福祉法人、NPO法人等であり、よって行政は、地域福祉の主要部分において補完的な役回りに徹するという体制が整備されることになったのである。

　こうした状況を近年の地方分権の文脈のなかで理解すると以下のようになる。すなわち、公的な事務事業を住民に最も身近な基礎自治体に優先的に配分し、中央政府の権限を限定するということになる。その過程を具体的にみると、1980年代後半以降、介護や福祉分野を中心とする事務事業が基礎自治体

すなわち市町村へと矢継ぎ早に移譲された。しかし、重要なのは地方税財源の拡充は進まず、人員配置も手薄のままとなったことである。いわゆる三位一体の改革では、むしろ補助金、地方交付税が大幅に削減されており、こうした負担に耐え切れない市町村にとって、容易に想像される帰結が市町村合併である。こうした大状況のもとで、介護保険事業の広域化と地域共生社会の推進がセットとなって進行しているのである。

　さらに、このことを2014年から開始された「地方創生」の文脈に沿ってさらに語りなおすとすれば、個人およびコミュニティ（その延長としての市町村）の「自助」こそがその核心なのであって、そこにおいては、衰退地域への国土計画、国家財政による格差是正といったケインズ主義的方向性はもはや放棄され、あらゆる規制を緩和しつつ、個人およびコミュニティ（その延長としての市町村）が主体的に参加しながら地域経済社会を「創生」するという「内発的発展」に向けたイデオロギー転換を看取することができるのである。

2.「地域共生社会」の成り立ち

「地域共生社会」の成立過程

　それでは、「地域共生社会」はどのような経緯で発展してきたのだろうか。簡単にいうと、それは、高齢者は介護保険サービス事業所、障害者は障害福祉サービス事業所、子どもは保育所といういわば縦割り体制のもとにあったものを、民家などを利用しながらこれらを小さな拠点に集約しようとする流れであり、近代化の特徴のひとつである専門化・分業化とは逆方向の流れ、つまり総合化の流れであるといえる。近年では、人口減少で施設福祉の維持が困難な中山間地・離島あるいは東日本大震災の被災地で、こうした動きが広がり、徐々に都市部にまで波及しつつある。以下、こうした「総合化」にむかう流れを1980年代にさかのぼって整理しておこう。

　まず、日本では1980年代末以降、在宅でもない、大規模施設でもない、その中間形態として、あるいはもうひとつの選択肢として宅老所やグループホームが導入された。なかには、宮城県や長野県などのように、多機能型（共生型）

の宅老所すなわち宅幼老所の設置に踏み切るところもあった。さらに、1993年には富山県のNPO法人「このゆびとーまれ」が高齢者、子ども、障害者の区分を設けない「富山型デイサービス」を開始した。当初は公的支援の対象とならなかったが、1997年から県の助成を受けるようになり、2003年には国から構造改革特区の一環として「富山型デイサービス推進特区」の認定を受けた。さらに富山型デイサービスの試みは、熊本県の「地域の縁側事業」や後に述べる高知県の「あったかふれあいセンター事業」などへと波及をみせた。

　こうした宅老所やグループホームの実践を契機とする一連の改革を土台に、2005年の介護保険法の改正によって導入されたのが小規模多機能型居宅介護サービスであり、それは「通い」「泊まり」「訪問」の3サービスを一か所で提供するものであった。見逃してはいけないのは宅老所の運動に端を発する共生を中心に据えたケアの存在である。共生を中心に据えたケアとは、高齢者、障害者、子どもにたいして、縦割りではない包括的なケアを提供するとともに、相互交流をとおしてまったくあらたな精神的・身体的効果をえることを意味する。こうした共生型ケアの試みは、その後、東日本大震災の被災地における共生型福祉施設や複合型共生施設（社会的居場所）へと発展をみせている。

　そして、小規模多機能型のケア拠点に地域交流サロンなどを付設することで一般住民も参画することが可能となる。この小規模多機能型のケア拠点を、多様な人びとをつなぐ結節点とし、元気な高齢者のみならず、要支援の高齢者も、地域において役割を見出し、残った能力を最大限活かしながら生き生きと生活していくことを可能にするのが共生ケアである。要するに、共生ケアとは、小規模多機能ケア拠点を中核としながらさまざまな（多機能な）ケアが生起する場であるということができる。このさまざまなケアは、政府のいう「多世代交流・多機能型ケア」と内容的に一致するものである。「多世代交流・多機能型ケア」では、介護施設（通いをふくむ）と保育施設などをひとつにまとめて運営できるようにすることにはじまり、そこから元気な高齢者による送迎のサービス、シングルマザーの子どもの一時預かりや弁当準備などの多様な実践が派生することが期待されている。

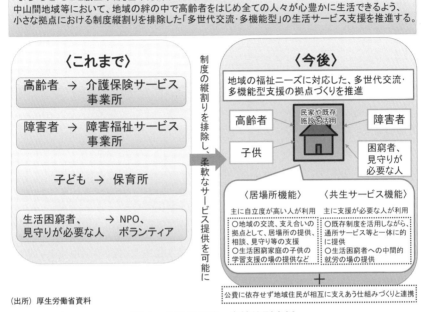

図1 多世代交流・多機能型支援

高知県の「あったかふれあいセンター」の取り組み

　この「多世代交流・多機能型ケア」の典型例として厚生労働省が挙げているのが、高知県が実施している「あったかふれあいセンター」をはじめとする一連の事業である。つぎにのべる四万十市国見地区では、人的資源や施設福祉に乏しいという条件下にあって、高齢者の居場所づくり、介護予防、障害者や子育て支援などの複合的機能を担う取り組みがすでに実施されている。

　「あったかふれあいセンター」は、もともと政府の緊急雇用対策事業の一環として成立した。すなわち、2008年度補正予算による「ふるさと雇用再生特別基金事業」（実施は2009〜2011年度）の一環としてはじまった「ふるさと雇用再生あったかふれあいセンター事業」を嚆矢とする。同事業の目的は、地域の創意工夫に基づいた事業を実施し、離職者や雇止めされた労働者に対する継続的な雇用機会を創出することであった。具体的には、県から市町村へ補助金

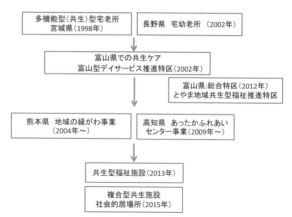

（出所）平野隆之（2015）「共生型ケア拠点の政策化の経過と今後の支援課題」『国際文化研修』17-22頁を改変。

図2　共生型ケア拠点の政策化の流れ

が交付され、これを財源に社会福祉法人やNPO法人などの指定事業者に運営を委託するかたちをとった。離職者に対しては、事業終了後も地域で継続的に雇用されるように、資格取得やキャリアアップのための研修を実施することになっていた。そこでは、コーディネーター、生活支援員、離職者、ボランティアなどの職員配置がとられていた。

　以下、高知県四万十市にある「あったかふれあいセンター　愛ハピネス」の事例を紹介しよう。

　高知県四万十市国見にある「あったかふれあいセンター　愛ハピネス」は、支援が必要な高齢者や子ども、障害者など世代を超えた共生型の集いの場を提供するとともに、必要に応じて緊急時の宿泊、独居高齢者への配食サービスや生活支援の事業も実施している。また、生活支援サービスや支えあいの仕組みづくりと調整、地域活動（介護予防やサロン活動等）のサポート、ボランティアなどの人材育成なども重要な機能である。市の指定事業者はNPO法人高知県介護の会である。

　具体的には、認知症高齢者やその家族のためのサロン（「集い」）、認知症高齢者等の日中の預かりや話し相手（「預かる」）、自力で出向くことができないセンター利用者の送迎（「送る」）、住民との交流や社会参加の促進やボランティ

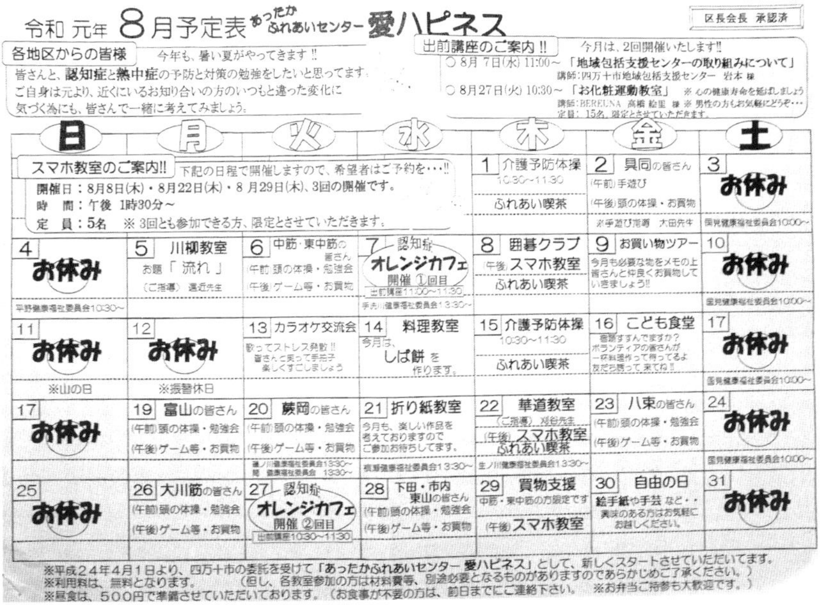
令和 元年 8月予定表 あったかふれあいセンター 愛ハピネス

区長会長 承認済

各地区からの皆様　今年も、暑い夏がやってきます !!
皆さんと、認知症と熱中症の予防と対策の勉強をしたいと思ってます。
ご自身は元より、近くにいるお知り合いの方のいつもと違った変化に
気づく為にも、皆さんで一緒に考えてみましょう。

出前講座のご案内 !!　今月は、2回開催いたします!!
○ 8月 7日(水) 11:00～ 「地域包括支援センターの取り組みについて」
講師：四万十市地域包括支援センター 岩本 様
○ 8月27日(火) 10:30～ 「お化粧運動教室」 ※ 心の健康寿命を延ばしましょう
講師：BERELNA 高橋 絵里 様 ※ 男性の方もお気軽にどうぞ･･･
定員： 15名、限定とさせていただきます。

スマホ教室のご案内!!　下記の日程で開催しますので、希望者はご予約を･･･!!
開催日：8月8日(木)・8月22日(木)・8 月29日(木)、3回の開催です。
時　間：午後 1時30分～
定　員：5名　※ 3回とも参加できる方、限定とさせていただきます。

日	月	火	水	木	金	土
				1 介護予防体操 10:30～11:30 ふれあい喫茶	2 具同の皆さん (午前)手遊び (午後)頭の体操・お買物 ※手遊び指導 大田先生	3 お休み 国見健康福祉委員会10:00～
4 お休み 平野健康福祉委員会10:30～	5 川柳教室 お題「流れ」 (ご指導) 遠近先生	6 中筋・東中筋の皆さん (午前)頭の体操・勉強会 (午後)ゲーム等・お買物	7 認知症 オレンジカフェ 開催 ①回目 出前講座11:00～11:30 手洗川健康福祉委員会13:30～	8 囲碁クラブ (午後)スマホ教室 ふれあい喫茶	9 お買い物ツアー 今月も必要な物をメモの上皆さんと仲良くお買物していきましょう!!	10 お休み 国見健康福祉委員会10:00～
11 お休み ※山の日	12 お休み ※振替休日	13 カラオケ交流会 歌ってストレス発散!! 皆さんと笑って手拍子楽しくすごしましょう	14 料理教室 今月は、しば餅を作ります。	15 介護予防体操 10:30～11:30 ふれあい喫茶	16 こども食堂 宿題すんでますか？ ボランティアの皆さんが一杯料理作って待ってるよ 友だち誘って来てね!!	17 お休み 国見健康福祉委員会10:00～
17 お休み	19 富山の皆さん (午前)頭の体操・勉強会 (午後)ゲーム等・お買物	20 蕨岡の皆さん (午前)頭の体操・勉強会 (午後)ゲーム等・お買物 蓮ノ川健康福祉委員会13:30～ 間 健康福祉委員会 13:30～	21 折り紙教室 今月も、楽しい作品を考えておりますのでご参加お待ちしてます。 楠島健康福祉委員会13:30～	22 華道教室 (ご指導) 刈谷先生 (午後)スマホ教室 ふれあい喫茶 生ノ川健康福祉委員会13:30～	23 八束の皆さん (午前)頭の体操・勉強会 (午後)ゲーム等・お買物	24 お休み 国見健康福祉委員会10:00～
25 お休み	26 大川筋の皆さん (午前)頭の体操・勉強会 (午後)ゲーム等・お買物	27 認知症 オレンジカフェ 開催 ②回目 出前講座10:30～11:30	28 下田・市内 東山の皆さん (午前)頭の体操・勉強会 (午後)ゲーム等・お買物	29 買物支援 中筋・東中筋の方限定です (午後)スマホ教室	30 自由の日 絵手紙や手芸 など・・ 興味のある方はお気軽にお越しください。	31 お休み

※平成24年4月1日より、四万十市の委託を受けて「あったかふれあいセンター 愛ハピネス」として、新しくスタートさせていただいてます。
※利用料は、無料となります。　（但し、各教室参加の方は材料費等、別途必要となるものがありますのであらかじめご了承ください。）
※昼食は、500円で準備させていただいております。（お食事が不要の方は、前日までにご連絡下さい。　※お弁当ご持参も大歓迎です。）

写真1 「あったかふれあいセンター 愛ハピネス」の活動

アの育成（「交わる」）、認知症予防教室や介護予防体操（「学ぶ」）、サロンに参加できなくなったり、健康に心配のある高齢者、ひきこもりがちになっている者を訪問し、見守り、安否確認、生活支援のために必要なニーズ把握（「訪問」）、サロン等の日々の活動や相談活動のなかで把握、発掘することができた問題の解決を図るために地域と協力して具体的な支援策を講じ、地区健康福祉委員会や行政等関係機関につなぐこと（「つなぎ」）、買い物や電球の取り換えやゴミ出しなど、生活課題要支援者のニーズに応じたサービス（「生活支援」）、訪問活動でなどで把握した者のうち、特に食の確保が困難で低栄養リスクが高い者への配食サービス（「配食」）などを行っている。

「あったかふれあいセンター」のもっとも重要な機能は、「集う」あるいは「居場所」機能（さらには見守り機能）である。具体的には、元気な高齢者や介護認定者の居場所・介護保険の隙間的ニーズへの対応、生活に不安のある人や閉じこもりがちな人の居場所、学童保育を利用していない小学生の放課後や長期

休暇中の居場所、障害者の日中の居場所・社会参加、乳幼児を連れた母親の居場所などを提供している。最近では子ども食堂を開催している。もちろんこれは共生型であり、利用者は子どもに限定されてないし、低所得者（の子ども）しか利用できないというわけでもない。居場所を必要とする人であれば誰でも利用できるのである。

　この「あったかふれあいセンター」の中核的機能は「集う」ということだが、それを構成する要素として重要と思われるのが「外に出ること」であるとか、「他者とのコミュニケーション」である。「集う」ということがもたらす「働き」という観点からすれば、「外に出ること」であるとか、「他者とのコミュニケーション」によって、身体機能が維持・回復される、という考え方がそこにある。つまり、「身体機能が衰えたから外に出られない」といったような従来の考え方とは逆の理解、つまり「外に出ることによって身体機能が維持・回復できるのだ」という理解がそこにあるのである。高齢者の心持ちにそっていうならば、内に沈着するのではなく、外にむかって広がっていく感覚をたえず引き出す仕掛けをいかにつくっていくかが重要だろう。図式的には、「やりたいことがある」→「集う」→「身体機能の維持・回復」という好循環をいかに持続するかが肝要である。

　「あったかふれあいセンター」の中心的機能である「集い」について、もう一点付け加えておくと、そこではケアする人がケアされる（とみなした）人を身につけた技術を媒介に一方的に統制するのではなく、当事者が自発的にのびのびと作り出す活動を支援する、あるいはそれが起こる条件を整備することが目指される。そうすることで、高齢者や生活保護を受けている大人が子ども食堂に来ている子どもに勉強を教え、逆に子どもたちから元気をもらうといったことがおこりうるのであって、高齢者や生活保護を受けている大人を、ケアを必要としているひとという、ひとつのアイデンティティに閉じ込めることがないように注意が払われる。「支え手」「受け手」という関係を超えるとは、まさにこのことをいうのであり、これが共生型ケアの出発点なのである。

　「あったかふれあいセンター」に類似の取り組みとして熊本県の「地域の縁がわ」事業を紹介しておこう。「地域の縁がわ」は、たとえば、小規模多機能

型施設を運営する NPO 法人が商店街の空き店舗を活用したコミュニティカフェを併設したり、社会福祉法人を運営するグループホームが住民交流スペースを併設して住民の「集い」の場としたりして、そこから支えあいの構想と実践が自由に生起することを期待するものである。野菜の加工販売、母子農業体験など農業や食を交流手段として活動を展開しているところや、高齢者、障害者、子どもの宿泊や一時預かり等のサービスを行っているところもある。介護や子育て支援、障害者の自立支援を行うといった日中の支援と、家族の急用時などには泊まることもできるフレキシブルセンター「地域ふれあいホーム」を設置している所もある。

3. 「地域共生社会」の歴史的意味と今後の方向性

社会史からの再検討

本章の冒頭で「補完性・近接性原則」の議論を紹介したが、これに関連して、福祉国家の縮減、すなわち国家が徐々に国民の生活保障から撤退していくという政治経済上の新たな局面を、社会史の視点から捉えなおしていく作業が必要であると思われる。

そこでまず確認すべきことは、近代とは「福祉政策というより大きな『協同』の衣をまとうことでその実『弱い者』をさらに弱体化していくプロセス」であったという鷲田の指摘である（鷲田 2013）。その意味するところは、「調理、排泄物処理、子育て、介護、看病、看取り、防災。これら命に関わることがらを、民衆は自分たちで担ってきた。少なくともその能力を次世代にしかと伝えてきた。現代、人びとはそれらを、税金と料金を支払って、行政と企業に委託する。そのことで命に関わる仕事を自らの手で行う力を失ってゆく」ということである（鷲田清一「折々のことば」『朝日新聞』2015 年 7 月 7 日付）。

鷲田を代弁するならば、福祉国家の縮減という流れのなかで、ふたたび自分たちで「命に関わることがら」を見直す必要性に迫られているということなのだろう。その際に重要となるのは、強い個人を中心とする標準世帯をモデルとした社会構成から軸を移すとともに、「傷や病や障害を『欠如』として捉える

のではなく、それをまず『ふつう』と考え、そういう〈弱さ〉のほうから『財と権利と尊厳の分配システムの基本原理の修正』を図ることがいま求められている」という認識である（鷲田 2013）。これは、冒頭で述べたインターディペンデンスの議論の前提となるものである。鷲田の指摘に関連して、心理学者の河合隼雄など多くの研究者は、日本は、家族や共同体の紐帯をしがらみとして意識的に絶とうとしてきたが、そのあとにどのようなセーフティネットの仕組みを構想するかを議論してこなかったとしている。

　鷲田と河合らの議論はたいへん重要なことをいい当てている。以下、地域共生社会の観点から少し注釈を加えておこう。

　まず、鷲田の議論についてであるが、福祉国家の縮減という流れのなかで、介護等に関わるあらゆることがらがふたたび家族・共同体に委ねられるわけではない。要介護3（といっても相当重度な段階だが）より重度はこれまでどおり施設（特別養護老人ホーム等）が受け持ち、それより前の段階、すなわち従前の要支援1・2や要介護1・2の段階は家族および地域で支える必要があるということである。つまり、制度と家族・地域のあいだの役割分担のあり方の問題なのであり、具体的には家族・地域の役割が以前より高まっているということなのである。ただし、より正確にいっておくならば、高齢の単独世帯が増加していること、家族があっても雇用環境をめぐる諸条件の悪化によって扶養能力が低下していることなどから、ある意味消去法的に「地域共生社会」がその一部を分担せざるをえなくなってきているのであるが、次項で述べるように、「地域共生社会」の分担事項は近年明らかに拡張している。

　次に河合らの議論についてであるが、家族や地域共同体の紐帯については別々の議論が必要であろう。鷲田がいうように、かつて「命に関わることがらを、民衆は自分たちで担ってきた」が、この「命に関わることがら」の場合の「自分たち」あるいは共同の単位は、基本的に家族であった。家族のサイズが大きかったし、農耕社会では職住一致であるから同居家族が面倒をみることが可能であった。他方、地域社会という共同体が重要な共同の単位としてあらわれるのは、主として生産（主として農林漁業）という局面であったから、したがって共同の主体は現代とは異なり、壮年あるいは青年に属する人びとであっ

た。以上のような社会史的理解の上で指摘しうるのは以下の点である。すなわち、「命に関わることがら」の一部が家族から地域へと溢れ出してきている、あるは参入してきているわけであるが、これは歴史的にみてあたらしい現象であり、そこにおいて重要なことは、共同の主体がかつての農耕社会のように生産局面における壮年あるいは青年に属する人びとではなく、主として老いる人びとどうしであるということである。元気な高齢者が支援の必要な高齢者をボランティアのかたちで支えるといったあり方はいまや地域社会でよくみる光景となっている。

　以上のような状況下でふたつほど注目しておくべき点がある。一つは「老いの長期化」であり、もう一つは「1人でいることの長期化」である。「老いの長期化」で課題となるのは、遠のく医療（長い待ちの時間）、介護（軽度切り、特養入所基準の厳格化）、年金（受給年齢の延伸）といった諸問題である。「1人でいることの長期化」とは、夫婦どちらかが亡くなったあとに残された方の孤独の問題である。ながく落ち着かない、1人でいる老いにどう向きあうかが課題なのであり、ここにこそあらたな歴史的文脈のもとでの共同性の契機が潜んでいるのである。

「命に関わることがら」の地域社会への溢れ出し

　前項で、福祉国家が縮減するなかで、要支援1・2や要介護1・2の段階はできるだけ公的福祉サービスに依存することなく、家族および地域で支える必要が出てきていると述べた。加えて、「命に関わることがら」が地域社会に溢れ出している状況のなかで、「地域共生社会」の分担事項は近年明らかに拡張しているとも述べた。鷲田は、「調理、排泄物処理、子育て、介護、看病、看取り、防災。これら命に関わることがらを、民衆は自分たちで担ってきた」が、人びとはこれらを社会に委託するようになってきているというが、まさにこのなかの「調理」あるいは食の部分も地域に溢れ出してきているといえる。ここで鷲田は、かつて調理は家庭内でなされていたが、夫婦共働きなどによって出来合いの調理済みの食材を購入するようになったことを指摘しているわけだろうが、本章の文脈でいえば、近年の子ども食堂という新しい形態を通じて「調理」

や食が（地域）社会に委託されつつあるといえる。これも社会史的にみてあたらしい現象であるといえる。それは、子どもの孤食、高齢者の孤食といった現象に代表される「個人化」した社会（U・ベック）を再編成するためのひとつの様式であり、「団らんの（地域）社会化」とでもいうべき新しい現象である。

　現時点での子ども食堂の普及状況であるが、NPO法人「全国こども食堂支援センター・むすびえ」と全国のこども食堂地域ネットワークが実施した調査によると、2019年5月末での食堂数は3718カ所であり、前年比で1.6倍に増えた。秋田を除く46都道府県で、昨年の調査から計1400カ所以上増えた。最も多かったのは東京の488カ所で、大阪336カ所、神奈川253カ所が続き、最も少なかったのは秋田の11カ所である。全国の年間利用者数は推計で延べ約160万人である。全ての子供が利用しやすくするには、小学校区単位で食堂があることが望ましいとして、小学校数に対する食堂数の割合（充足率）も算出されており、それによると都道府県平均は17.3％で、小学校6校に食堂が1カ所ある計算となった。高い順に沖縄60.5％、滋賀52.5％、東京36.6％だった。低かったのは秋田5.5％、青森5.6％、長崎7.0％の順だった（『日本経済新聞』2019年6月27日付）。

　この子ども食堂は地域のボランティアらが運営し、もともとは低所得や親の帰宅が遅い家庭の子ども向けに2012年ごろ始まり、全国に広がったとされる。2013年には「子どもの貧困対策の推進に関する法律」ができ、この流れが加速したとされる。しかし近年、子ども食堂は貧困家庭の子どもが食事する場所というだけでなく、多世代の交流拠点としての役割を果たすようになってきている。前出のNPO法人「全国こども食堂支援センター・むすびえ」の理事長で、かつて年末の東京・日比谷公園で雇止めに遭った労働者を対象に炊き出しを行った湯浅誠によれば、子ども食堂の運営は大きく二つのタイプに分けられる。すなわち、①子どもに限らずにあらゆる人を対象にした地域づくりを目的にした場（多世代共生の場）、②貧困家庭など困難を抱えた子どもを対象にし「食」を通じて作られる信頼関係を基礎にして課題への対応を行う場である。近年、明らかに前者のほうが多くなってきている。

　地域社会に溢れ出しつつある「命に関わることがら」の中身は前述のとおり

であるが、その担い手についていえば、冒頭で述べたように対人支援専門職で
近代化における専門化・分業化とは逆方向の流れ、つまり総合化・複合化の流
れが強まる一方で、一般の市民が「命に関わることがら」に関わるようになっ
てきている。高知県の「あったかふれあいセンター」の職員は雇止めに遭った
人びとが再就職したケースが多いし、子ども食堂ではボランティアの高齢者が
得意の料理を作っていたりする。つまり、地域社会における福祉の担い手が一
般の市民にまで拡張してきているということである。

　自民党憲法改正草案（平成 24 年 4 月）では、前文に「和を尊び、家族や社
会全体が互いに助け合って国家を形成する」という一文が加わっている。さら
に、24 条「家族は、社会の自然かつ基礎的な単位として、尊重される。家族
は互いに助け合わなければならない」があらたに加わる。本章の冒頭で述べた
「補完性・近接性原則」は、憲法改正草案にも反映しており、実際、「脱専門化」
をともないつつ、家族や（地域）社会が互いに多世代で助け合うといった状況
が生まれつつあるのである。

農村モデルの必要性

　こうしてみてくると、政府のいう地域共生社会は多世代共生を内容としてい
ることがすぐにわかる。そこで疑問として湧き上がってくるのが、子どもの声
がとうの昔に聞こえなくなってしまった高齢者ばかりの地方の地域共生社会と
はいかなるものかということである。そこで最後に、厚生労働省などが推奨す
る、地域共生社会の場＝サロンが都市モデルであり、そうではない農村モデル
が必要であることを提起する。

　まず、都市モデルの代表例を紹介しよう。愛知県武豊町（人口 4 万人）には
13 カ所のサロンがあり、町内の高齢者の 1 割が参加している。サロンは、み
んなで集まってお茶を飲んだり、趣味の活動をしたり、子どもたち（保育園児
や小中学生）と交流する場になっている。そこで活動するボランティアは当初
の 20 人から 300 人に増えている。そこでは、サロンに参加していない人が認
知症になる確率は参加者に比べ 2 倍という疫学調査の結果が出た（近藤
2018）。一言でいってイベントが多く、楽しそうというというのがこのサロン

の印象である。

　それでは、地方とくに中山間地のサロンはどのような様子なのだろうか。高知県四万十市の健康福祉委員会という名のサロンを紹介しよう。全部で102カ所ある。先に挙げた「あったかふれあいセンター　愛ハピネス」は郊外にある都市モデルといってよく、子どももまだ多いが、こちらは中山間地に立地しており、参加者は高齢者ばかりである。サロンのドアを開けた途端、厚生労働省のモデルと様子がちがうことがすぐにわかる。週末に開催されるサロンに参加しているのは10〜20人程度の高齢者である。そこで話されることといえば、世間話、畑仕事の進みぐあい、外に出ている子どもや孫のこと、遺産整理のことなどである。それは、何か追求すべき共通の目標（たとえば認知症予防）があるわけでもない、集団としてのアイデンティティを高める必要があるわけでもない、自分を明かし、明かされる対話がただただ続く、〈小さな〉共同体である。そこに誰かリーダーがいるわけでもなく、明かし明かされる存在が隣どうしでいるだけである。たとえば、息子と2人暮らしのある80代の女性は、週1回の集会所での活動を心待ちにしている。耳がだいぶ遠くなって周囲の会話はほとんど聞こえないのだが、その場にいることがうれしいのだという。そこに来るのは、みんながよくしてくれるからだという。そこに「いる」こと自体の重要性をしめす事例である。もうひとつ事例を紹介しよう。ある80歳代の女性はつい最近夫を亡くした。夫だけが心の支えであったこの女性は悲嘆にくれる状態がつづいたのだが、ある日、四万十市の広報誌でサロンの存在を知り、これだと思ってきてみることにしたという。この場所で他の人たちと会話する機会をえることによって救われたという（河森 2019）。

　こうした中山間地のサロンで提案される地域共生社会のアイデアとは、以下のようなものだ。独居老人が地区の集まりに来ても、夕方になれば食事の準備などで早めに帰らないといけない。それならば、独居老人が夜いっしょに寝泊りする機会を設けてはどうか……。地方消滅が声高に叫ばれる現状においては、こうした農村モデルこそが議論されるべきなのではないか。

（河森正人）

【参考文献】

河合隼雄（2013）『日本文化のゆくえ』岩波書店

河森正人（2019）「小さな共同性の〈再〉前景化について」『人間科学研究科紀要』

近藤克則（2018）『長生きできる町』角川新書

森岡正博（1994）『「ささえあい」の人間学』法蔵館

鷲田清一（2013）『老いの空白』岩波現代文庫

────（2016）『まなざしの記憶』角川ソフィア文庫

第4章

フィールド栄養学からみた食と健康
—— インド・ヒマラヤ高地の遊牧民と難民を事例として

【食と健康】

1. はじめに　共生と撹乱の場としての高所

フィールド栄養学からみた共生

　本章は、ヒマラヤ高地における食と生活習慣病に焦点をあてた調査[1]の知見に基づき、フィールド栄養学の視座から、「食」をめぐる広義の「共生」について考察するものである。ここでいうフィールド栄養学の視座とは、ひとつは栄養学と医学の接合、もうひとつは栄養学と文化人類学の接合による、文理融合の包括的研究からの考察である。前者は生理的視座、後者は文化的視座と捉えることもできる。

　フィールド栄養学からみた「共生」について考えてみると、まずは「食」をめぐる環境と人との間の「共生」がひとつの重要なテーマとなる。ここでの共生は、人の側からの視点では、環境への適応と持続的な利用と言い換えてもよいだろう。生理的視座からは、適応に関して、人の生理的適応・遺伝的な適応を視野に入れることができる。一方、持続的な利用の理解には文化的視座が重要であり、そこには、食の確保（生業、食加工）、食をめぐる社会関係（分配、交換、共食）を理解することが重要である。

---

[1] 総合地球環境学研究所のプロジェクト「人の生老病死と高所環境―『高所文明』における医学生理・生態・文化的適応」（代表・奥宮清人、2008〜2012年）の一環として、ヒマラヤ高地で行った調査と、その後のフォローアップとして食と生活習慣病の調査（2013〜2018年）。

なぜ高所で共生を考えるか

　高所での研究から共生を議論する理由は、生理的適応と文化的適応が顕著にあらわれる場であるためである。さらに、近年急激に進んでいる近代化や都市化、国境問題等の社会背景によって、その適応バランスの撹乱が社会課題として浮かび上がりやすい場所だからである。

　本章では、高所で生活するチベット系の人びとを中心に、とくに最高所の厳しい環境で生活する遊牧民を対象としてとりあげる。調査地は、ヒマラヤ山脈の北西端に位置する、「小チベット」ともよばれるインド・ラダック地方である。ラダックは、標高約4900mにまで人の生活圏が広がり、人の生存に関しては最も厳しい自然環境をもつ「極限高所」ともいえる地域である。標高4000mを超えると、森林が見られないだけでなく、栽培可能な植物もほとんど無くなる(2)。ヒトがこのような高所で暮らすには、食料の安定的な確保だけでなく、低酸素への適応という大きな困難を克服する必要があった。

　高所に生きる人びとは、険しい地形と乏しい食料源への適応、すなわち、低エネルギー摂取と高エネルギー消費という矛盾した環境状況への適応を強いられてきた。そのため、従来、高所で暮らす人びとには、近代社会で大きな問題とされてきた肥満、高血圧、糖尿病などの生活習慣病とは無縁と思われていた。しかしながら、近年、高所で暮らす人びとの間で生活習慣病が顕著にみられるようになった。その原因を探ろうというのが、研究の中心的課題であった。そこで、遊牧民の状況と比較するため、高所の都市生活者も調査対象とした。都市民のなかにはチベット難民も含まれている。

　まず、研究の出発点において、医学的・遺伝学的な先行研究として、胎児期や新生児期におかれた低栄養環境によって成人期以降に生活習慣病が発症しやすくなるという「倹約表現型」に関する研究があった(3)。また、最近、チベッ

---

(2)ただし、ラダック地方のドムカル谷ではオオムギやソラマメが標高4200mまで栽培されている（木村 2018）。

(3)飢餓の時代などに、エネルギー消費を節約できる体質のものだけが生き残ったという過程を経て変異した遺伝子とみられている。低体重の新生児が将来、糖尿病をきたしやすいことなどが報告されている（Whincup et al. 2008）。

ト系の人びとに特有の低酸素誘導因子の発見による、高所の低酸素への身体的・遺伝的適応の研究があった。そこで、高所への身体的・遺伝的適応とはいかなるものか、また、それと適応バランスの攪乱による生活習慣病の関係を探るのが、生理的視座からの研究の目的である。

　次に、文化的視座として、高所で生きる人びとの生活習慣病の顕在化の背景にある、食生活と生活様式の大きな変化に注目する。その解明のためには、栄養学と文化人類学の接合が重要であろう。遊牧民と都市民の比較、さらに難民との比較は重要な意味をもつ。食をめぐる多様な社会的アクターとして、家族、隣人、近隣のコミュニティ、都市軍、政府、仏教寺院などを挙げることができる。ここで挙げた軍は、農畜産物の需要元、若者の雇用者、都市化・近代化の推進者としてのアクターである。社会的な背景とその通時的な変化も重要であろう。特にヒマラヤ高所における変化の要因の主なものとしては、中国との国境紛争、チベットからの難民、軍の展開と近代化、観光化などが挙げられる。

2.　調査地の概要　ヒマラヤ高所ラダック地方

　本章では高所環境を共生の現場として捉えるうえで、標高 5000 m 近くにまで人の生活がみられるヒマラヤ高所のラダック地方をとりあげる。ラダック地方は、インドの最北部のジャンムー・カシミール州の東部に位置している。ヒマラヤ山脈西端とその北のカラコルム山脈の間に広がるインダス河の源流地域である。そこにはかつてラダック王国が栄えていた。王国の都であったレーは、北緯約 34 度に位置し、標高が約 3600 m である。ラダック地方の年間の降雨量は 100 mm 余りに過ぎず、極めて乾燥した地域であり、人の生活圏としては最も厳しい自然環境をもつ地域のひとつといえる。

　しかし、現在のラダック地方は、外部から閉ざされた世界ではない。外部とのつながりは、食品をはじめとする消費物資からも知ることができる。まず、レーの町の中心部を歩くと、歩道沿いに座っている露天の野菜売りから声をかけられる。レーの周辺の谷の農村部から、ニンジンやキャベツなどの野菜、リ

写真1　都市レーの中心部では、舗装された道路沿いに土産物屋や商店が並んでいる。
（2014年、木村撮影）

ンゴやアンズを携えて来る女性たちである。一方、表通りの歩道沿いに並ぶ商店には、インドの他の都市と変わらない加工食品や近代的な商品が売られており、市場経済が浸透している様子が見てとれる。その背景には、ジャンムー・カシミール州が、北西部をパキスタン、北東部を中国と国境を接し、国境紛争地域だということがある。ラダックは軍事拠点としても重要な役割を果たし、国防の戦略上、また物資の需要を充たすため、交通路の整備が進められたのである。さらに、観光業の急速な発展により、インド国内のみならず欧米国からの観光客も多く訪れるようになった。現在のレーの街には200以上のホテルやゲストハウス、そして、おしゃれなカフェも立ち並び、街の中心にあるメイン・バザールには、さまざまな食品や日用品を売る商店や土産物屋が軒を連ねている。ラダックには、主にチベット系住民であるラダック人[4]が暮らしている（山田 2009）が、「チベット動乱」によって流入してきたチベット人も多く、都市レーにはチベット系住民の暮らす難民地区「チョグラムサル」も含まれて

---

(4)ラダック人は、チベット語のラダック方言を母語とする（山田 2009）。

写真 2　チャンタン高原に暮らす遊牧民の様子。
　　　　左奥に見える黒いテントはヤクの毛で織られたものである。
（2018 年、木村撮影）

いる。インド政府により 1960 年以降にチベット動乱のために難民居住区が整
備され、現在ではキャンプ 1 から 12 まで広域にひろがっている[5]。チョグラ
ムサル居住区の周辺には、チベット難民のための小学校や警察施設、チベット
寺院があり、幹線道路沿いには商店も多く立ち並ぶ。しかし、商店の並ぶ道路
沿いから居住区に入ると、緑地も少なく、乾燥して農業も出来ず水場にも遠い、
恵まれた環境とはいえない土地に家が立ち並び、社会的にも厳しい状況下にあ
る地区であることがうかがえる。

　遊牧民に関する調査は「チャンタン高原」で実施した。チャンタンの北には
ラダック山脈が貫き、南にはザンスカル山脈が走っている。レーからチャンタ
ンへのアクセスは、南のマナリに向かう舗装道路で、まずは約 3 時間で標高が
一気にあがってタグラン峠（標高 5360 m）に至る。そこから南に一望できる
荒々しい高原がチャンタンである。チャンタン高原は、標高 4900 m にも及ぶ
高所で、農耕はできないため、人びとはそこではヤクやヒツジ・ヤギの遊牧を

(5) 現地の人びとも、住所をキャンプ番号で呼んでいるが、この難民地区ではキャンプ
　　内に個別に住宅を建てる土地を割り当てられ、自由に出入りができる環境である。

営んでいる。以前はキャラバン交易も重要であったが、チベットとインドの間の国境紛争を契機として、20世紀末までに衰退した。チャンタン遊牧民は「チャンパ」（チャンタン人）と呼ばれ、ラダック人が中心だが、「チベット動乱」後にチベットから難民として逃れてきたチベット人遊牧民も加わっている。チャンパは、ルプシュパ、コルゾクパ、カナクパの3集団に分かれている。各集団は最大100戸あまりであったが、2000年頃以降にレーのチョグラムサル地区に移住して定住生活をするようになり、約20戸まで減ったという集団もみられた。各集団において、ほとんどの世帯が一緒に集住的キャンプを成し、1年を通して移動しており、ルプシュパの場合、8カ所のキャンプ地を移動していることが報告されている（稲村 2013）。

3. 研究の手法

研究デザイン

　研究デザインは主にコホート研究を中心とする。コホート研究とは、集団を対象とする研究として、疫学調査でよく用いられる手法である。ラダックの都市部のレーおよび、高原部のチャンタンに暮らす人びとの食と健康に関して2009年から継続的に調査を実施し、得られたデータを疫学的に分析する。筆者らのコホート研究では、現地の医療スタッフらと協働でフィールド医学健診を実施する手法をとり、この健診のスタイルをアクション・リサーチとしての「メディカル・キャンプ」と呼んだ（安藤 2014）。健診の実施にあたり、地域の人びとの生活や文化的背景を十分に考慮するため、現地で住民らの信頼の厚い医師らと協働することや現場の健康問題への配慮は欠かせなかった。採血は、Ladakh Institute of Prevention（以下、LIP）に所属する医療スタッフによって行われた。LIPからは、医師1名、看護師・検査技師5名が参加し、加えて、通訳や健診補助スタッフ、キャンプの炊き出しをする料理人など、総勢20名をこえる現地スタッフによってメディカル・キャンプは年におよそ1度のペースで運営され、人びとの健康に関するデータが蓄積された。日本からの研究者は、筆者を含め各回4〜5名が参加したが、チャンタン最高所（4900 m）での

健診は厳しい高山病との闘いでもあり、また野外での血液分析ラボの設営など、いくつもの困難を乗り越えながらの挑戦であった。日本で行う健診ベースの疫学調査とは大きく異なる環境と制限のなかで実施されたものであることをまず述べておきたい。

対象者と検査項目

　健診は、各地で 40 歳以上の住民を対象に行った。検査項目は、血液検査、体重・身長測定、血圧測定、心臓超音波検査、呼吸機能検査に加え、QOL やうつ傾向などの心理的健康度に関する問診、栄養問診を行った（栄養調査の詳細は、次の段落で述べる）。血液検査のための採血は、早朝空腹時の状態で行った。血液検査は、一般血液生化学（ヘモグロビン、コレステロール、中性脂肪、尿酸、血糖値、HbA1C）、酸化ストレスマーカー[6]について行った。これらの検査に加え、地元の医師による診察を行い、参加住民への検査項目の説明も行った[7]。

フィールドでの栄養調査法

　健康との関連をみるための栄養調査では、ある個人が「どんなものを＝質」「どれだけ＝量」食べているかを明らかにすることが重要になる。まずコホート研究としては、その地域に暮らす集団の栄養状態の傾向を把握するために、できるだけ多くの住民に調査を行う必要がある。そのため、栄養摂取量をいかに正確に詳細に推量するかという点でいくつかの限界も生じる。しかしながら、食事の質と量という二つの軸にそって調査を行えば、集団のおおよその栄養摂取の傾向を捉えることができる。

　食事の「質」の調査には、多様な食品摂取の習慣を評価するスコア（Kimura

---

(6) 酸化ストレスマーカーにはさまざまな物質が利用されているが、本調査では血清中の d-ROMs（diacron-reactive oxygen metabolites）を測定し、体内の細胞酸化状態を評価した。

(7) 調査にあたっては、総合地球環境学研究所の倫理委員会の審査および京都大学医の倫理委員会（C1292）の承認を経て、住民への説明同意のもと実施している。

et al. 2009）を用いて、基本的 11 食品群の一週間の摂取頻度を評価した。この調査の特徴は、「ある 1 日」の栄養摂取量ではなく、「1 週間の食品の摂取頻度」に注目することで、対象者の食習慣を把握するという点である。先行研究では、食事の摂取が多様なことは長寿と関連することがいわれており、高齢者の健康度にも関わる重要な因子であることがわかっている（Kant et al.）。

　食事の「量」の調査には、「24 時間思い出し法」（Gersovitz et al. 1978）を用いた。これは、調査日前日の 1 日の栄養摂取量を面接（個別インタビュー）により推定する方法で、栄養学的な調査では世界的によく用いられる方法の一つである。本研究では、対象者に面接を行い、前日 1 日の食事内容・量を詳細に聞き取り、食品成分表とラダック料理の栄養成分データベース（木村他 2011）を用いて 1 日の摂取栄養量の計算を行った。このラダック料理の栄養成分データベースは、個人の栄養調査に先立って行い、現地の食材や調理法などを確認・計量し、各料理に含まれる栄養量を計算したものである。24 時間思い出し法は、健診参加者が比較的容易に回答できるものであり、高齢者を対象とした調査においてもその有用性が報告されている（Madden et al. 1976）。しかしながらこの手法は、実際に個人が食べている食品を一つ一つ計量する秤量記録法とは異なり、得られる情報は対象者の記憶に頼る。そこで生じる、思い出しの誤差を減らすため、高齢者や男性などで料理の内容物がわからない場合には同居している妻や娘などと共に確認するなどの細心の注意をはらった。また、食べた量に関しては、現地で使われている大きさの異なる器やカップを見せたり、印刷したフードモデルを見せたりしながら、食べた量を詳細に聴取した。

文化的視座からの調査と健診のフォローアップ

　フィールド栄養学の調査では、現地の人びとの暮らしのなかで食をみることも欠かせない。生活のなかでいつ・だれと・どのように食事がとられているか、食糧調達・調理法から社会背景まで、量的調査と質的インタビューによって調査・分析した。量的調査は、メディカル・キャンプにおける質問紙調査を含むことによって実施した。量的調査によって、食生活の傾向や家族・住居の状況など、集団の傾向を知ることができる。しかし、量的調査だけでは詳細な社会

背景やそれによってどのような影響があったかという通時的な変化を知ることができない。そこで、メディカル・キャンプに加えて家庭訪問を実施し、健診後のフォローアップもあわせて継続的訪問調査を行った。

　地域における健診では、一度に約100人から300人を対象とし、集団の傾向をつかむことをまず目的とする。その後、注目すべき対象者ら（本研究では、生活習慣病を有していた人びと）の家へ訪問し、日常生活の状況や生業、家族関係、周囲の住環境などを調査する。主にインタビュー調査を用いるが、ときには食事を準備する過程（食品の入手、乳製品などの食加工、調理）を手伝ったり共に食べたりしながら、調理過程の観察や計量も行う。このように、個別インタビュー調査を中心とした複合的調査手法を用いて、健診後から5〜7年のフォローアップを行っている。たとえば、家庭訪問をするようになって一番付き合いが長い家庭の場合では、2018年の訪問時が7年目の訪問であり、そのような家々をたずねると各家庭のバター茶(8)の味の違いを思い出しながら、「また戻ってきたなぁ」という懐かしさを感じるようになった。そのような対象者との付き合いのなかで、生活習慣病の状況のフォローアップと食生活の変化を追っている。

4.　生理的視座からみた高所適応と栄養、生活習慣病

　まず、最高所で遊牧を営むチャンタン高原（標高4200〜4900 m）の人びとと都市レー（約3600 m）に住む人びととの、生活習慣病の実態をみてみよう。どちらも40歳以上を対象としている。耐糖能異常に関しては、チャンタン高原の対象者（210人）では、糖尿病および境界型（糖尿病予備群）は24%にみられた。一方、都市レーの住民（309人）では、糖尿病および境界型が38%であった。肥満については、チャンタン高原で21%であったのに対し、都市レーは43%であった。また高血圧については、チャンタン高原での27%に対

---

(8)バター茶とは、チベット文化圏で日常的に飲まれている茶である。茶にバターと塩を加え、撹拌してバターの油分を乳化させたもので、薄いミルクティーのような色である。

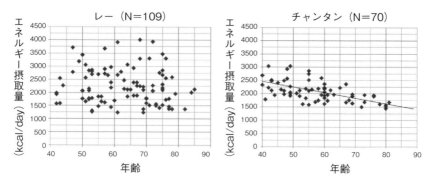

図1　都市レーと高原部チャンタンにおける一日のエネルギー摂取量と年齢の散布図

し、都市レーでは 48% であった。高原の遊牧民に比べ、都市住民は、耐糖能異常で約 1.6 倍、高血圧で約 2.0 倍、肥満では約 1.8 倍の高頻度となった。

　次に、チャンタン高原とレーの栄養摂取の状況を比較するため、上述の 24時間思い出し法を 40 歳以上の住民を対象に行った。栄養摂取量に関するデータは、レー：109 人、チャンタン：70 人から得られた[9]。算出された 1 日のエネルギー摂取量の分布を年齢とともに散布図に表したものが、図1である。

　これを見ると、チャンタン高原では、年齢とともにエネルギー摂取量が低下している。一方で、都市レーにおいては、同じ年齢層においてもエネルギー摂取量の個人間の差が大きいことがわかる。一般的に、摂取エネルギー量は、年齢とともに減少するといわれている（Morley 2001）。チャンタン高原のように、比較的伝統的な生活が保たれていて入手できる食品に個人差が現れにくい地域では、加齢と共に摂取する栄養量が低下するという老化プロセスの状況がよくあらわれていた。一方で、都市レーでは、生業、経済状態などの差による食品入手の違いが、高原部のチャンタンよりも顕著であり、個人の食嗜好、食選択の差が生活習慣病の発症の有無の背景の一つであると考察できる。都市

(9)この栄養摂取量のデータの対象から、次の者を除外して分析している。①自身の食事内容が十分に思い出せなかった者、②特別な理由（体調を崩していた、移動中のため外食をした、など）により日常的な食事内容でなかった者、③疾患、抑うつ状態などにより極度に食欲が低下している者。

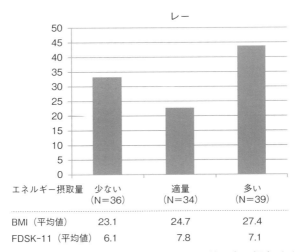

図2　3段階のエネルギー摂取量における糖尿病の頻度（%）

レーにおいて、エネルギー摂取量が3,000 kcal を超える高値であった対象者の多くは、チャンタン高原などの遊牧地域からの移住者である。具体的な食事内容を見てみると、肉類の摂取が多いことがわかる。チャンタン高原にくらす遊牧民も肉類の摂取頻度が高いことを報告しているが（木村 2016）、遊牧民の1日の総エネルギー摂取量はレーと比べて多くない。また、遊牧生活を通じての身体活動の多さから1日の平均歩数は2万歩を超えることも確認されており、エネルギー消費量も多いと考えられる。都市レーに移住してきた住民に肥満や糖尿病が多い背景には、定住化、都市化による生活スタイルの大きな変化（カロリー摂取増加と消費エネルギー減少）による影響が明らかだといえる。

　しかし、ここでの糖尿病の要因は、それだけでは説明ができなかった。エネルギー摂取量を、少ない／適量／多い の3群に分類して、糖尿病の頻度を分析した結果、その関係が「Jカーブ」を示したのだ（図2）。すなわち、エネルギー摂取の高い群で高血糖が多いという相関は当然だが、エネルギー摂取の低い群でも高血糖が多いという結果がでたのである。さらに、血液中のヘモグロビンの量と高血糖の関係を解析した結果、その関係も「Jカーブ」を示した。すなわち、ヘモグロビン量が平常の群と比べ、ヘモグロビン量の高い群に高血

糖が多いという相関とともに、ヘモグロビン量の低い群で高血糖の比率が2.4倍も高いことがわかった（Okumiya et al. 2016）。そこで、この「Jカーブ」のメカニズムを環境への適応の観点から考察したい。

低酸素への適応と、多血症・高血糖

　高所の住民は多世代にわたって低酸素に晒されるうちに、進化的に低酸素に適応してきた。適応には、できるだけ効率よく酸素を取り込むと同時に、慢性高山病や肺高血圧などの適応障害を起こさないことが重要である。遺伝的適応の方式として、チベット系の住民は、肺活量を大きくし、低酸素に対する呼吸応答を調節し、血管を拡張して多くの血液を体に流す「血流増加方式」をとってきた（Beall 2006）。低酸素に適応した変異型（低酸素適応ハプロタイプ）を有する遺伝子が最近いくつか発見されている[10]。そのひとつであるEGLN1遺伝子のハプロタイプ（適応変異型HIF-2α）を有するチベット系住民は、ヘモグロビンが低く抑えられているとともに、血管拡張作用[11]を有するNO（一酸化窒素）が血中や呼気中で高いことが証明されている。低酸素適応のために、ヘモグロビンが低いというのは、それだけ見ると酸素運搬力が低下し、矛盾しているように見えるが、実はそうではない。肺活量、肺換気応答、血流増加などの適応がすぐれているために、ヘモグロビンを増やさなくても適応できているということであり、それによって、多血症による血液粘度の増加による血流低下と体内低酸素を回避できるという利点がある[12]。

　ところが、低酸素へ適応する遺伝子は、同時に、低栄養にも適応するものであった。EGLN1遺伝子のハプロタイプに影響しあうもう一つの低酸素適応遺

---

(10)チベット系住民には、PPARα遺伝子の低酸素適応ハプロタイプを有する割合が、低所住民よりもはるかに多いことも発見され、そのハプロタイプが多血症を抑制することが明らかになっている（Simonson et al. 2010）。

(11)NOと血管拡張について、狭心症や心筋梗塞の治療薬として有名なニトログリセリンは、NOを発生し、狭くなった血管を拡張することによって心筋への酸素不足を改善するものである。

(12)ヘモグロビンの値が高い人に糖尿病のリスクが高いことは、長期の大規模な疫学研究によって報告されている（Tamariz et al. 2008）。

伝子である本来型 PPARα ハプロタイプには、血中の脂質を高く保ち、脂質の分解を抑制する作用が報告されている（Ge RL, et al. 2012）。つまり、PPARα ハプロタイプを有しているチベット系住民は、健康な状態であれば、効率的にエネルギーを作り出せるわけである。生活スタイルの変化で肥満になると、脂質の分解が抑制されているため高脂血症になりやすく、高脂血症はインスリン抵抗性を加速する（効きを悪くする）ために、糖尿病を起こしやすいという落とし穴が潜んでいるのである。肥満は、体内低酸素をさらに加速させるため、糖尿病をより悪化させる。

　食料入手が安定し高齢まで生きられるようになった一方で、生活スタイルの急激な変化によって適応バランスが崩れると、多血症や高脂血症を発症して体内低酸素を生じて、一般の低地住民よりも糖尿病が重篤化するサイクルに陥りやすい。すなわち、原因は異なるが、多血症も貧血もともに、体内の低酸素状態を引き起こし、それが高血糖を生じる原因になっていると考えられる。さらに、本調査では貧血の対象者において、食品摂取の多様性が乏しいことがわかっており、特に炭水化物に偏った食事内容であることも明らかになっている（木村 2016）。これには、のちに述べる文化、社会的背景による「主食の転換」も影響していることが考察される。

　上記の結果から、①生活習慣病（糖尿病、高血圧など）が都市で急激に発症していること、②「Ｊカーブ」すなわち、高カロリー食・高ヘモグロビンの群に高血糖の率が高いだけでなく、低カロリー食・低ヘモグロビンの群においても高血糖が多い、などが低酸素適応遺伝子や倹約遺伝子の相互作用のなかで保たれてきた仕組みの撹乱によるものであることが、ある程度説明できた。さらに、本章では説明を省くが、高所における低酸素と血中の酸化ストレスとの関連、および、酸化ストレスと糖尿病の強い関連も明らかになっており、これらの要因も複雑に絡み合って相互に影響している（Okumiya, et al. 2016）。チベット系住民は、NO 増加による血管拡張と血流増加によって、低酸素に対して有利な適応をしてきた。ところが、加齢とともに生活スタイルの急激な変化や肥満によって適応バランスが崩れると、酸化ストレスは高まり、かえって糖尿病や老化を促進する。これは、チベットの住民が、高所への身体的適応のために

選択した取引「トレードオフ」といえるものであろう。

5. 文化的視座からみた高所適応とその変化

チャンタン高原における、過酷な環境下での食の工夫

　チャンタンに暮らす遊牧民の食事の一例を見てみよう。毎日500頭ほどのヤギとヒツジを放牧するという男性（52歳）の場合、朝起きて一杯のバター茶を飲み、朝食にコラック（大麦を炒った粉である「ツァンパ」をバター茶で練って団子状にしたもの）をにぎりこぶし半分ほど食べ、昼は放牧に出かけた山で、朝食のコラックの残りとゆでて乾燥した羊肉を食べていた。その後、夕刻にテントに戻るとヨーグルトにツァンパの粉を混ぜたものを食べ、夕食としてテントゥク（小麦粉を練った短い麺で、スープには干し肉と大根などのわずかな野菜が入っている）を摂っていた。1日の摂取カロリーを算出すると1982 kcalであり、これは中程度の身体活動度である50代男性の推定エネルギー必要量と照らし合わせると現代栄養学の基準からは十分とはいえない状況である。

　チャンタン高原では、得られる食品が少ないぶん、一つ一つの調理法、加工法は想像を超えて多い。家畜から得られる乳は、チーズ、バター、ヨーグルトなど、さまざまに加工・利用される。ツァンパについても同様である。ツァンパを少量のバター茶で練って団子状にする「コラック」、バターや砂糖を入れたおもてなし用の「パマル」、多めのバター茶を加えとろみのあるスープのようにして乾燥チーズを加えた「トゥキシン」をはじめ、聞いただけでも8種類の食べ方があった（木村他 2011）。

　また、チャンタンでの栄養調査で問診をした高齢の女性の話で、印象深いケースがあった。その女性の息子家族はレーの街で暮らしているため、現在はテントに1人暮らしだが、親族や友人とともにこの地で放牧生活をつづけることを選んだ。高齢になって、移動をともなうテント生活はさぞ不便であろうと思うのだが「動物に囲まれ、友人たちと共に暮らすのがなにより幸せ」と語った。調査を行ったのは、ヒツジやヤギの毛刈りのシーズンにあたる7月であった。毛刈りは大変な作業で、数家族が集まって協力しながら行われる。そのた

め、「24時間思い出し法」により「昨日食べた食事は？」と尋ねると、隣の家族もそのまた隣の家族も同じものだったいうことがよくある。共に働き共に食べる相互扶助の人間関係と、少ない食材を多様に加工する知恵が、チャンタン遊牧民の食の確保と、人びとの心身の健康に貢献していると考えられる。

食の嗜好に見る、食生活の変化

　上述のようなチャンタン高原での伝統的な食加工は、近代化による食の変化（簡易に入手できる市販の加工食品の増加等）によって、少しずつ減少してきている。都市部のレーではすでに多くの家庭がバターを購入しており、麺類についても家庭で練ることをせずに商店で出来上がったものを買うという人も聞かれた。

　現在の食の嗜好について、レーとチャンタン高原の40歳以上の住民200人に対して調査し、自由回答で得られた回答を集計した。驚くことに、レーの住民で最も多くの人が一番好きだと答えた食事は、インド料理でよくみられるチャパティ（小麦のパン）であった[13]。これについで、二番目に多かった回答は肉、三番目に、大麦粉を多めのお湯やバター茶で溶いたトゥキシンがあがった。一方、チャンタン高原では肉が好きという回答が一番多く、三番目に肉入りのモモ（ギョウザ）が好きという回答であったことからも、肉類の摂取頻度の高さがうかがえる。一方で、二番目に頻度の多かった回答は、意外にもコメ（白米）であった。チャンタン高原では、政府のコメの配給が3、4週間に一度の頻度で行われており、安価で手に入るようだ。若い人たちが料理を作っている光景には白米のご飯がたびたびみられ、ラダックの公立小学校の給食（昼食）もご飯に豆のカレーというインド風の内容であり、若い世代は日常的に米食が日常となっている。食の嗜好から、個人レベルでの食生活の変化が読みとれるとともに、食をめぐる社会関係（共働共食、分配、交換）にも大きな変化がおこっていることがわかる。

---

(13)薄く伸ばして焼いた小麦のパン「チャパティ」は、ラダーク語では「タギ・シャモー」と呼ばれる。

遊牧民の都市への定住とその背景

　チャンタン高原から都市へ移住する遊牧民は、主にレーのチョグラムサル地区のチベット難民居住区に暮らしている。チャンタン高原での遊牧生活から、都市レーのチョグラムサルへ移住してきた背景について276人を対象に自由回答でのインタビュー調査を行った。遊牧生活をやめて都市に移住した理由として一番多かったのは、「大雪のため家畜が死んでしまい十分な生業を営めなくなった」というもので、71件であった。次に多く開かれた「自身の健康問題のため」という回答のなかには、病院でよい治療を受けるために移住したというものから、腰痛・膝関節痛のため、目が見えにくくなったため、といった加齢に伴う障害と思われる回答もあった。家族の影響は36件で、そのうち最も多かった回答は「子供の教育のため」であった。その他、多い順に「両親が移住したため（幼少期に移住した）」、「結婚したため」、「家族との死別」という回答もみられた。仕事のため、という回答には「仕事を求めてレーに出た」という回答が多く、「軍人になった」という回答も3件みられた。「中国の侵略のため逃げざるを得なかった」という回答も11名から聞かれた。その他の積極的回答には、「レーでは設備（電気、水道など）が整っている」、「気候がいい」、「政府のサービスがよい」、などがみられた。一方、その他の消極的回答には、「食料が乏しいから」、「気候が寒く厳しい環境」、「歳をとって山で働くのがつらくなった」などの声があった。

　その後、筆者が継続的にチョグラムサルでインタビューをしていると、チベット人遊牧民たちの移住の理由として、「もともとラダック人の土地だから、自分たちはそれに従うしかない」という声も聞かれ、移住の要因にはそのような民族間の遠慮のような感情や、肩身の狭さを感じる場面も少なからずあるようだった。

　チャンタン高原で飼っていた家畜をほとんど全部売り渡し、チョグラムサルに移住してきたチベット人たちは、やせた土地で農業も難しく、民芸品を売るなどの商売をして暮らしている。なかには、商売で成功し、大きな家で暮らす人もいるが、多くのチベット人は民芸品や日用品を難民キャンプマーケットで販売したり、ドライバーや労働力（道路の整備など）として働いたりして生計

を立てている。特に高齢者にとって、その生活環境の変化の影響は大きく、「山ではたくさんすることがあって忙しかったが、町では何もすることがない」という声がきかれ、都市生活における高齢者の役割の減少が問題視される。

チョグラムサルでのチベット難民高齢者の孤立

　上述の量的な調査から、集団としての食や生活習慣病の実態が明らかになった。一方で、その背景としてどのように人の暮らしが変化しそこにどのような要因があったかという通時的な背景は十分に理解できない。そこで、2013 年〜2018 年にかけて、チョグラムサルにおいて生活習慣病を有していた 14 名のチベット人の家庭を継続的に訪問し、食事摂取と健康に関するフォローアップ調査をおこなった。そのうちの 2 事例を紹介する。

【事例 1】 Z 氏、80 歳女性　Z さんは、健診時に実施した血液検査により糖尿病と診断されていた。血圧も高く、BMI[14] は 27.9 と肥満体型であった。主訴は膝関節痛で、歩行時には杖を用いることもあった。食事摂取状況をみると、1 日の摂取エネルギーは 80 歳女性にしては少し多い摂取量であった。

　健診から 3 年後に Z さんの自宅を訪問した際、Z さんは 1 人で家の庭に出てチベット薬を油であたため、膝に塗っていた。夫とは 10 年以上前に死別しており、現在は娘夫婦と共に暮らしている。チベットで生まれ、6 人の子供のうち長男だけをチベットで出産した。その後のチベット動乱で、チャンタン高原に家族全員で移動し、コルゾックで遊牧生活を続けた。遊牧生活では、毎日たくさんの仕事があった。Z さんや女性らは乳搾りやバターやチーズ作り等の食べ物の準備に加え、毛刈りの手伝いや糸つむぎなど、毎日朝から晩まで働いていた。しばらくは、パシュミナヤギの毛が良く売れて、家畜を増やすこともできたが、そのうちに大雪で家畜が死んだのをきっかけにレーに移住した。夫は道の補修などをする労働力や、軍隊のポーターなどをして働き、生計をたてていた。

（14）Body Mass Index（kg/m²）は、肥満度を示す指標である。

　再訪時にも血圧は高く、血糖値にも改善はみられなかった。服薬状況は、チベット薬のみを服用していた。文字の読めないZさんの薬袋には、太陽の絵と月の絵がかかれており、それぞれ朝夕に服用することがわかるようになっている。食事は娘がつくり、朝夕の食事は同居している娘家族と共にしているが、娘が難民マーケットで民芸品売りをしているため、日中はほとんど1人で過ごしている。好きな食べ物は肉の入ったモモ（ギョウザ）で、現在は米の摂取が多くなったという。チベットで過ごした幼少期には食べ物が少なく、ヨーグルトとツァンパ、少しの肉の入ったトゥクパを食べていたという。Z氏自身はツァンパが好きだが、都市レーに移住して以降、娘夫婦は白米と豆のカレースープとを用意することが多いようだ。また、日常生活も大きく変化した。「山にいたときは、老人でもたくさんの仕事があった。今は何もすることがない」と、Zさんはいう。家の前には小さな庭があったが、チョグラムサルのやせた土地では、野菜も育てることも難しく、高齢者は家庭での仕事を見つけることが困難である。都市に定住して以降の生活変化と、それにともなう身体活動度の低下や都市での食事内容の変化が、生活習慣病の背景にあったことがうかがえる。

【事例2】N.P氏、75歳男性　N.Pさんは、健診時に高血圧をみとめ、BMIは35.3、腹囲は116 cmの肥満症を呈していた。また、血糖測定から糖尿病境界型の状況であることがわかった。主訴は膝関節痛で、杖歩行は可能であるが主に車椅子を利用している。ある1日の摂取エネルギーを算出すると2682 kcal/dayであり、運動量に比べて食事の量が多いことは明らかだった。

　検診から3年後に再度自宅を訪ねたとき、N.Pさんは家の外に置かれた車椅子に座っていた。N.Pさんはチョグラムサルのキャンプ2にて、妻と2人暮らしをしており、息子家族はダラムサラで働いている。再問時にも高血圧を呈しており、空腹時血糖値は128 mg/dlと、依然として高めの値であった。筆者らによる健診で高血圧が判明して以降、病院へ行って薬をもらったが、薬が切れるたびにしばらく飲まず、何かの機会に病院にいった際にまた薬をもらい服薬をはじめる、という状態を繰り返し、この再訪時には、1ヶ月ほど飲んで

いない状態であった。体重測定値は 96.2kg であり、3 年前の健診時とほぼ変わらない体型であった。膝関節痛に悩まされており、なんとか体重を落としたいと思っているが、なかなかやせられないという。栄養調査をしていると、N.P さんは「何を食べるとやせられるのか」と、食事摂取についての質問を熱心に筆者にたずねていた。好きな食べ物を聞くと、チャパティを油で揚げた「プリ」というインド料理をあげた。そのほかに、肉類もよく摂取しており、前日の夕食にはマトン肉入りのトゥクパ[15]を食べており、摂取栄養量が高い食事であることがうかがえた。それでも、10 年前は現在の 2 倍の量を食べていたと話した。

　N.P さんはチベットで生まれ、10 代のときに家族と共にチベットを追われ、家畜とともにラダックのチャンタン高原へ逃げてきた。その後、しばらくはチャンタン高原で遊牧をいとなみながら暮らしていたが、ひどい雪の時期に家畜が死んでしまい、生活が苦しくなったため、20 代後半で仕事を求めてレーへ出て軍人となった。軍で働いていた経験から、主にはラダックのヌブラ、カルツェ地方で暮らしながらも、バングラデシュへ行く機会があったことなどから、インド料理にふれることも多かったという。50 歳を過ぎ軍人を辞めて以降、仕事はしていない。

　上記 2 例の聞き取り調査から、幼少期のチベットでの生活と難民としての移住、チャンタン高原での遊牧生活、レーへの移住と都市での生活という大きな生活環境の変化のなかでの食の変化をうかがい知ることができた。N.P さんの例で注目すべきは、軍隊を経験していたころのインド軍隊式の食（エネルギー摂取過多、塩摂取過多）の経験を経て、退役した 50 歳以降の著しい運動量低下にもかかわらず食習慣がほぼ変化しなかった点である。

　また、2 例に共通してみられたのは、都市での「高齢者の役割」についての課題である。N.P さんの軍での経験のように、都市生活では職業に定年があり、引退を余儀なくされる。また、Z さんの例のように、高齢女性が糸紡ぎやチーズ加工など、遊牧社会で重宝されたおばあちゃんの知恵と技術が、都市で

（15）チベット文化圏でよく食べられる麺。日本のうどんのようなスープ麺である。

はその価値を失ってしまう。都市での生活様式の変化は、食物の栄養摂取バランスを崩し、家族や隣人間での相互扶助とも深く関わる共食の機会を奪うとともに、精神のバランスに影響している。

6. 包括的視座からみた変化と課題

　高所環境の身体への適応作用は、高所の生態とともにある伝統的な生活（生業や食）においては生活習慣病を抑制してきたが、定住化、近代化に伴う生活様式の変化により、生活習慣病を促進する適応障害となっている。長年の進化で勝ち得た遺伝的適応を、急激な短期間の生活スタイルの変容が凌駕したということもできよう。

　文化的視座から検討してみよう。遊牧社会では、生業を通じた食の確保と、食の多様な加工、相互扶助の関係をつうじた共働共食によって、高所の厳しい環境での暮らしが成り立っていた。近年になって、近代化・都市化にともなう生活スタイルの変化が食と生業に大きな影響を与えてきた。食に関しては、大麦を主食としてきた伝統的な食事から、政府の援助による米、小麦などの新たな穀物の導入や、商店で簡単に手にはいるさまざまな加工食品が普及した。生業については、遊牧や農業などの重労働から、軍関係の職、商業など都市型職業への就業に変化したことがあげられる。このような変化を特にうけていたのが都市に移住したチベット系遊牧民（難民）であった。

　定住による身体的活動の減少、食の変化は大きく、さらに「高齢者の役割の減少」という現状が、都市部での暮らしに顕著となった。特に、チベット難民居住区としてインド政府から提供されたチョグラムサルは、乾燥してやせた土地であることから、野菜などを育てるのは困難である。そのため家族は別々に仕事へ出かけるようになり、日中に家庭訪問をすると、老人が1人で庭に座っているという光景をよく見かけた。チャンタン高原では見られなかった「高齢者の1人暮らし」や、上記事例のような2世帯のみの核家族や高齢夫婦だけで暮らす例も少なくない。

　しかし、1人暮らしのチベット難民の孤立の状況は、日本の高齢者と同様で

はない。筆者らの調査では、日本のある農村における高齢者の 33% は孤食であり、家族と同居している高齢者でもそのうち約 20% は 1 人で食べているという実態が明らかになった（Kimura et al. 2012）。孤食は、うつや主観的幸福度の低さ、栄養状態の乏しさに関連していた。

　チベット難民地区で 1 人暮らしをしている高齢女性は、毎朝近くのチベット寺院へ歩いて向かい、寺院の回りをゆっくり 3 周したのち、友人 2 人とともにベンチに腰掛けて手持ちマニ車（一種の経文を印刷した紙が入っているため、これを回すと経文を唱えるのと同じ功徳となる）を回しながら、バター茶とクッキーを片手におしゃべりをしている。チベット仏教は、彼らの精神的健康度の維持にかかせない絶大な影響を与えていると思われる。また、チョグラムサル地区には身寄りのない高齢者の「老人ホーム」のような施設もあるが、これもお寺の機能を兼ねており、筆者の訪問時には 20 人ほどの高齢者が広場に座ってマニ車をまわし、同じ空間で共に過ごしていた。この地域の人びとが心理的幸福度の高さをたもっている背景には、チベット仏教への信仰と、家族や近隣住民との助け合い、同じ境遇にある人びととのコミュニティの結びつきの強さにあると感じた。

　遊牧民の都市への移住者は、増加する傾向にある。若者が教育のために他の都市へ進学してラダックを離れるというケースも増加しつつある。将来、チベット難民居住区での人口高齢化がすすむとき、「高齢者の役割」がさらに大きな課題となるだろう。

7.　おわりに　持続可能な共生の実現にむけて

　長い期間をかけて生理的、文化的な適応をして暮らしを営んできた高所住民は、同時に、外部環境と内部環境（身体）の変化に対する脆弱さをもっていたということもできるだろう。本章では、環境と人との間の「共生」をテーマとして、食を中心に論じてきた。人の心身がより良い状況で「生きる」には、環境への適応と持続的な利用が必要であった。現在、急激な変化を迎えている高所環境において、変化とともに生きる人びとの暮らしから、持続可能な共生の

実現に向けてどのような提言ができるだろうか。

　まず一つに、伝統食である大麦食の見直しがあげられる。ラダックの多くの地域で米食が普及し、「主食の転換」がおこっていた。現地住民のなかには、大麦のほうが体に良いという知識をもっている人もいる。それでも米を食べる理由は、先に述べた嗜好として米を選択していることや、「娘や孫が米を用意するから」という家族関係によるケースもある。栄養学的にみると、大麦は精製米に比べ、食物繊維も多く、微量元素のカリウム、マグネシウム、ビタミンB群などの含有量も多い。血糖値の上昇させやすさを示す GI 値（Glycemic Index）[16] でみると、米が 84 であるのに対して、大麦は（精製具合にもよるが）50〜65 ほどと低い値である（Foster-Powell et al. 2002）。GI 値が高い米は、大麦よりも血糖値を急上昇させる食品であるということを意味する。伝統的な食材をさまざまに加工する食生活の良い面を見直すことに加え、野菜などの摂取頻度の少ない食品群の補強がうまく行われることで、心身の健康状態の向上につながるのではないだろうか。これを科学的に実証するにはさらなる調査が必要であるが、なによりまず地域住民の健康に関する知識向上が重要となってくることは明らかである。さらに、大麦食の見直しは栄養の側面だけでなく、生業の維持に繋がり、それに伴う相互扶助や社会的共同体の維持にも繋がるであろう。

　第二に、研究者らが外から持ち込む科学の知と、現地の人びととの関わり合いからうまれる知識の共有があげられる。事例 2 の N.P さんのように、「何を食べればやせられるか」等の、食べ方や栄養に関する意見を求めてくる声も多く聞かれた。個別の相談に対しては、栄養学の立場から、筆者は現地の伝統食に沿った助言を中心とする介入を行っている。栄養学に関しては、学問自体が人の心身の健康を目指す実学としての性質があるため、個人への指導（介入）とともに、共同研究者を通じて社会に還元することが重要であると考えている。また、食の変化とともに、都市でのエネルギー消費の急激な減少が大きな問題

（16）GI 値（Glycemic Index）：摂食後の血糖値の上昇によって与えられる指数で、数値が高いほど血糖値を急激にあげることを示す。グルコースを 100 として基準にしている。

となっている。伝統的な生業活動への回帰がありえないなかでは、「健康体操」などの運動によるエネルギー消費量増加のためのヘルス・プロモーションも有効であり、肥満やそれにともなう膝関節症改善を目指し、そのような運動指導も行っている。しかしながら、筆者らも、メディカル・キャンプの実施によって健康に関する心配が増えたという住民の意見を聞いたこともあった。フィールド調査における、現場へのいわゆる「介入」は、研究分野によって異なるものの、悩ましい課題を含むものであろう。学際的な研究手法・立場をふくむ共生研究の現場での「介入」と成果の還元の問題は重要であり今後の議論が必要であると考える。ここでは、高所環境という共生の現場での具体的な解決法をあげたが、抽象化して述べるとすれば、伝統の見直しと科学的な知見の適切な融合が鍵になるといえるだろう。

（木村友美）

【参考文献】

安藤和雄（2012）「メディカル・キャンプという手法—東ヒマラヤの地域研究におけるアクション・リサーチの可能性」『ヒマラヤ学誌』13号　154-165頁

稲村哲也（2013）「インド・ラダーク地方南東部チャンタン高原における遊牧と交易」『ヒマラヤ学誌』14号　114-129頁

木村友美・福富江利子・石川元直・諏訪邦明・大塚邦明・坂本龍太・和田泰三・石本恭子・松林公蔵・Tsering Norboo・奥宮清人（2011）「ラダークにおける基本料理の栄養成分データベースの構築」『ヒマラヤ学誌』12号　32-39頁

木村友美・福富江利子・石川元直・諏訪邦明・大塚邦明・松林公蔵・Tsering Norboo・奥宮清人（2013）「インド・ラダークにおける住民の栄養摂取量と糖尿病との関連」『ヒマラヤ学誌』14号　39-45頁

木村友美・坂本龍太・石川元直・Tsering Norboo・奥宮清人（2017）「都市に定住したチベット遊牧民の食と生活習慣病—インド・ラダーク地方の難民居住区での調査から」『ヒマラヤ学誌』18号　92-101頁

木村友美（2018）「ヒマラヤ高地、ラダーク地方における大麦食とその変化—栄養成分と健康効果に着目して」『ヒマラヤ学誌』19号　60-72頁

山田孝子（2009）『ラダック—西チベットのおける病いと治療の民族誌』京都大学学術出版会

Foster-Powell, K., SHA Holt, JC Brand-Miller（2002）International table of glycemic index and glycemic load values. *The American Journal of Clinical Nutrition.* 76(1) January: 5-56.

Ge R.L., T.S. Simonson, R.C. Cooksey, et al. (2012) Metabolic insight into mechanisms of high-altitude adaptation in Tibetans. *Molecular Genetics and Metabolism.* 106: 244-247.

Gersovitz M, Madden JP, Smciklas-Wright H. (1978) Validity of the 24-hrdietary recall and seven-day record for group comparisons. *Journal of the American Dietetic Association.* 73: 48-55.

Jina, Prem Singh (1996, Reprinted 2009) *LADAKH: Land and People.* Indus Publishing Company, New Delhi.

Kant AK, Schatzkin A, Ziegler RG. (1995) Dietary diversity and subsequent cause-specific mortality in the NHANES I Epidemiologic Follow-up Study. *Journal of the American College of Nutrition.* 14: 233-238.

Kimura Y, Wada T, Ishine M, et al.(2009) Food diversity is closely associated with activities of daily living, depression, and quality of life in community-dwelling elderly people. *Journal of the American Geriatrics Society.* 57: 922-924.

Kimura Y, Wada T, Okumiya K, Ishimoto Y, Matsubayashi K, et al. (2012) "Eating alone among community-dwelling Japanese elderly: association with depression and food diversity." *The Journal of Nutrition Health and Aging.* 16(8), pp. 728-31.

Madden JP, Goodman SJ, Guthrie HA. (1976) Validity of the 24-hr recall analysis of data obtained from elderly subjects. *Journal of the American Dietetic Association.* 68: 143-147.

Morley JE. Decreased food intake with aging. *The Journals of Gerontology: Series A Biological Sciences and Medical Sciences.* (2001); 56 Spec No 2: 81-88.

Okumiya K, Sakamoto R, Ishimoto Y, Kimura Y, Fukutomi E, et al. (2016) "Glucose intolerance associated with hypoxia in people living at high altitudes in the Tibetan highland." BMJ Open. 23; 6(2): e009728. doi: 10.1136/bmjopen-2015-009728.

Okumiya K, Sakamoto R, Ishikawa M, Kimura Y, Fukutomi E, et al. (2016) "J-Curve Association Between Glucose Intolerance and Hemoglobin and Ferritin Levels at High Altitude." *Journal of the American Geriatrics Society.* 64(1), pp. 207-210.

Simonson TS, Yang Y, Huff CD et al. 2010 Genetic evidence for high-altitude adaptation in Tibet. *Science* 329: 72-75

Tamariz L.J., Young J.H., J.S. Pankow et al. (2008) Blood viscosity and hematocrit as risk factor for type 2 diabetes mellitus The Atherosclerosis Risk in Comminities (ARIC) Study. *American Journal of Epidemiology.* 168: 1153-1160

Whincup, P.H., S.J. Kaye, C.G. Owen, et al. (2008) Birth weight and risk of type 2 diabetes: a systematic review. *JAMA* 300(24): 2886-97

第5章

戦時性暴力と地域女性史
—— フェミニズムが支えるスピークアウト

【フェミニズムと地域史】

1. 国家的性暴力を問うフェミニズム

日本では21世紀に入ってフェミニズムに対するバックラッシュがしばしば指摘されるようになった（石 2016）。今日では、フェミニスト的な研究アプローチに魅力を感じる学生にとって、かなり生きがたい状態になっているように思う。

1980〜90年代の日本では、それまでの女性運動の成果や元「慰安婦」の正義を求める運動の高揚を背景として、公娼制度や日本軍「慰安婦」といった国家的性暴力を批判するフェミニズムは、ある程度まで社会的な共感と支持を得た。フェミニズムという言葉やその用語を使わないまでも、戦時性暴力を人権の視点から捉える見方はしだいに社会に広がった。1990年代初め、アジア各地から元「慰安婦」が次々に証言を開始し、世界に大きな衝撃を与えている。「慰安婦」問題は国連や国際NGOなども注視する国際社会の関心事となり、日本のフェミニストの間でも「被害者の恥から加害者の罪へ」といった合言葉が語られるようになった（大越・藤目 2002、藤目 2014）。

ところが今日へと続く21世紀の初期にあっては、憎悪表現と反知性主義が社会に広がり、20世紀末までの世界が築いてきたはずの人権をめぐる社会の倫理水準と認識水準は呆れるほどに後退している。最近では、「慰安婦」問題に関する朝日新聞社のお詫び報道を契機とした、爆破予告をふくむ複数の大学への連続的脅迫事件や、本学の牟田和恵教授の科研をめぐる杉田水脈議員から

の誹謗中傷（2019 年現在裁判で係争中）や、「慰安婦」をモチーフにする少女像への憎悪表現の氾濫、あいちトリエンナーレをめぐる大騒動などが起きている。それらの出来事に表出するように、2019 年現在の日本では、下手に「慰安婦」問題などを話題にしようものなら魔女狩りにでもあいそうな空気さえある。

　しかし、フェミニズムは一過性の流行現象ではない。もちろん時代と地域によって表現やイシューは異なってくる。19 世紀後半から 20 世紀初期にかけての第 1 波フェミニズム、20 世紀後半の第 2 波フェミニズムが何を重視してどのように展開してきたのかに関しては本書の一つ前のテキスト（「フェミニズムとマルチカルチュラリズム」『共生学が創る世界』）などの別稿に譲るが、世界のあらゆる場所で、その時期その時期に女性が生き難いと感じる現実があったからこそさまざまな形態で女性の抵抗や運動が生まれ、男性にも影響を与え、成果をあげてきた。性差別の解消や性暴力からの解放を希う人びとの闘いの集積がフェミニズムだということもできる。だからその表れに波があるとせよ、世界に多様な形で蓄積されているフェミニズムが根絶されて霧消してしまう、ということはありえない。

　反「慰安婦」言説が氾濫した 2010 年代の日本にあっても、実体的な意味でのフェミニズムの影響は地域の草の根の人びとに力を与え、さまざまな回路を通して表出している。満州（中国東北地区）に入植した岐阜県の女性たちが戦時下の性被害を公の場で証言し、マスメディアがそれを大きくとりあげるようになったことも、その端的な表出の一例であった。本章では、フェミニスト的アプローチのひとつとしての地域女性史の視座から、まず岐阜県、続いて奈良県と宮城県の女性たちの経験をとりあげる。

2. 黒川開拓団の女性たちの戦時性被害証言

ソ連軍の「性接待」

　1945 年 8 月のソ連参戦後、岐阜県から満州（中国東北地区）に入植していた黒川開拓団の未婚の若い女性たちは、開拓団幹部の指示により、ソ連軍将兵

に「性接待」をさせられた。団の幹部たちはソ連軍に庇護を求める代償として
未婚の女性を提供することを決めた。女性たちはその決定に逆らえなかった。
開拓団内と陶頼昭駅の 2 カ所の接待所で 15 人が接待を強いられたが、その実
体はレイプであり、当時の暴力の記憶が戦後も長く女性たちを苦しめた。4 人
の女性は性病などによって現地で死亡し、手厚い埋葬はできず、遺体が野ざら
しになっていたという。

　黒川開拓団の女性被害は、レイプ実行者がソ連軍人であり手配したのが開拓
団員であるとはいえ、発端は日本による中国侵略と「満州農業移民百万戸移住
計画」に基づく開拓移民送出の国策であった。1930 年代から 1945 年の敗戦ま
で、日本は武力で中国を侵略し、満州に傀儡国家「満州国」を樹立し、そこに
世界経済恐慌で打撃を受けて疲弊する日本の農村から移民を送り、中国人から
奪った土地に入植・開墾させるとともに対ソ防衛にあたらせるのが国策であっ
た。日本にいては土地が持てない多くの人びとが「大東亜共栄圏」、「王道楽
土」、「五族協和」といった言葉に幻惑され、「満蒙青少年開拓義勇軍」や「大
陸の花嫁」として満州へ行った。村ぐるみで移民する「分村」や「分郷」も行
われた。岐阜県満州開拓の記録では岐阜から送出された分村・分郷開拓団は
21 団を数え、黒川開拓団は在籍人員 661 人、世帯数 129、女性 86 人、子ども
9 人となっている（上 1981、岐阜県女性史編集委員会 2000）。

　ソ連参戦後、開拓民は日本軍に置き去りにされ、ソ連軍や現地の中国人から
の攻撃、掠奪、暴行にさらされた。敗戦直前の日本軍の根こそぎ動員のため開
拓団の男性は次々と召集されており、残された老人、女性、子どもたちが避難
民となった。逃避行と難民生活の間に戦闘、襲撃、病死、前途を悲観しての集
団自決などによって約 8 万人が死亡し、日本に帰れない「中国残留婦人」、「中
国残留孤児」も生み出された。このような満州で多くの日本人女性がソ連軍や
中国の暴漢から性被害を被った。妊娠した女性の帰国を警戒し、引揚船が入港
する日本の港には中絶させるための施設が設置されていた。中国人から奪った
土地に日本人を入植させる国策は近代日本の侵略主義・膨張主義の所産である
が、「満州国」が崩壊して共栄・楽土・協和といった欺瞞的な宣伝文句の虚構
性がさらけだされると、侵略と欺瞞の報復を受けたのは国策を決めた権力者で

はなく、国策に従った開拓移民であり、開拓団指導者の指示に逆らうことができない若い女性たちであった。

仲間どうしで支え合った女性たち

　黒川開拓の女性の証言は、2017年にNHKの「満蒙開拓団の女たち」（第54回シカゴ国際テレビ賞）の放映によって全国的に大きな反響を呼んだ。今ではインターネット上でも折々の新聞記事やルポや論文を読むことができる（平井 2017、松田 2018、伊藤 2018）。深く知りたい人には、章末に掲げた参考文献の読書や、長野県阿智村にできた満蒙開拓平和記念館や岐阜県白川町の佐久良太神社境内にある「乙女の碑」の見学を勧めたい。

　元開拓団の女性が証言し始めた背景に、1990年代の「慰安婦」の社会問題化が彼女たちにも同じ戦時性暴力被害者として語る可能性を開いたこと、「慰安婦」問題を契機として社会全体の性暴力に対する理解が進み、当事者が話しやすくなってきたという社会環境の変化があることが指摘されている（猪股 2011、松田 2018）。私も同感である。

　が、「慰安婦」問題が注目される1990年代に至るまでに、元黒川開拓団の女性たちには長い前史がある。その長い前史があるからこそ、彼女たちは公の場に登場してきた。まず、戦時性被害を生き延びた女性たちが戦後も互いに助け合い、仲間の間でだけは痛苦の記憶と辛い心情をわかちあい、支え合ってきたことである。

　性暴力は、被害者がその被害を周囲に隠すことが多い。「傷物」とか「汚された」などと見下したり、他人の不幸を興味本位に噂するような周囲からの二次被害を恐れるからだ。被害者が「犬に噛まれたとのと同じと思って忘れてしまいなさい」というような類の言葉をかけられることがある。その含意は、レイプは犬に噛まれるよりも忌まわしいということと、レイプ被害者は事実の記憶をねじ曲げることによって被害を忘却してしまえ、ということである。これでは慰めどころか、被害者の傷はえぐられ、さらに傷を膿ませるだけなのだが。さらに、その被害が偶発的事件の結果でない場合、事態はもっとひどくなる。不特定多数の男性に対する女性の性的サービスが社会制度化される現象は、昔

も今も世界各地に存在する。そして、その場に身を置く女性は軽蔑を受けるのが常である。最悪の罵倒語の一つが英語圏では「売春婦の息子」だということを思い出してよい。日本では娼妓、酌婦、接待婦、パンパン、風俗嬢などと呼称はいくらでも変わったが、呼称はどうであれ、女性たちは恥を背負わされ、離脱の後も過去を隠そうとする。誰かにいっても、どうせ自分の苦しみが理解されるわけでなく、嘲笑されたり、陰で何をいわれるかわかったものではないからだ。このような社会の全般的状況を念頭において戦時性被害者の戦後に思いを馳せれば、女性が戦時被害の記憶のみならず、沈黙を強いる戦後の社会的抑圧によってさらに辛い思いをしてきたことが察せられる。

　元黒川開拓団の女性たちは心身にダメージを負って帰国し、長期入院が必要だったり、子どもを産めない体になっていた人もいた。が、彼女たちを苦しめたのは満州で受けた身体的ダメージだけではない。帰国後に女性たちは元開拓団の男性からの暴言や噂に苦しめられる。「引揚者」は日本での生活基盤が弱く、国からの謝罪も賠償もない中で生活を再建せねばならず、それだけに引揚者同士の絆や助け合いは頼みの綱だが、戦後に結成された遺族会の間では性接待に関する話題が避けられていた一方、女性たちは満州での「性接待」について知る男性から、「いいことしたでいいじゃないか」「（性交をしても）減るもんじゃない」とからかわれたり、「俺たちも戦場でやったよ」などと自慢げにいわれたり、「汚れた女」、「嫁のもらい手がない」などといわれたりした。そんな暴言、中傷、心ない言葉、噂などで多くの女性が故郷に居づらくなり、離郷していった。現在では実名で体験を語るようになった佐藤ハルエも、戦後は村を離れて結婚し、荒野だった岐阜県のひるがの高原の開拓へ向かっている。彼女たちが苦しみを口に出来るのは、同じ苦境を生き抜いた女性どうしの間だけだった。女性たちのリーダー的存在だった安江善子が中心になって乙女会を作り、ひそかに年に一度集まって心ゆくまで話をしたという。元開拓団の男性が中心の遺族会には不信感をもつ女性も、乙女会では心を開くことができたという。

語る女性たちを応援する人びと

1980 年代になると、女性をとりまく環境が少しずつ変化する。善子の働き
かけもあり、1982 年に現地で亡くなった 4 人の女性を悼む「乙女の碑」が立つ。
当時の碑には何の説明もなかったが、2018 年に新たに碑文が設立されている。
1983 年には中国残留婦人問題に取り組んでいた林郁が、黒川開拓団の文集に
ある「乙女の犠牲」という表現から性暴力があったと直感し、ひるがの高原に
佐藤ハルエを訪ね、聞き取った内容を雑誌に発表した（後に、単行本に収録）
（林 1986）。佐藤ハルエは林郁に、「戦争がどんなに狂ったものかを伝えない
と、死んだ友達も浮かばれません。事実を書き残してください」と語り、「隠
すことにより卑屈になり、戦争がぼかされ、またも危険な方向へゆくのを黙っ
て見ていられない」と、実名を出す覚悟でいた。が、当時は夫に過去を話して
いない人もおり、人名や地名は伏せざるを得なかった、と林は回顧する。当時、
開拓団関係者は世間に知られないように、地元の書店で雑誌を買い占めたとい
う。

　1990 年代には「慰安婦」問題が浮上する。朝鮮人女性や中国人女性の告発
や証言がテレビや新聞もよく報じられた当時、元開拓団の関係者男女が気づか
なかったはずはない。元黒川開拓団の女性たちはどんな思いで報道を聞いただ
ろうか。戦時性被害という意味では共通の体験をした女性であり、戦時下には
敵と味方に引き裂かれていた女性である。しかも日本軍「慰安婦」問題に国際
社会が注目し、外国人女性たちの被害が強調されている一方、日本人女性が敗
戦過程で体験した外国人からの性被害は公論化されていない状態である。自分
に無関係な話として平静に聞き流すことはできなかっただろう。

　1990 年代には岐阜県の女性史調査活動の中でも満蒙開拓と戦時性被害は重
視され、聞き取りが行われている。岐阜県女性史の本に、筆者の 1 人はこう書
いている。

　　筆者が行った開拓団に行った女性のヒアリングにおいて、初めて当事者
　自身の口から逃避行のなかで「暴行」にあった事実が語られる場面に出
　会った。このことは、50 年を経て、ようやく「日本民族」「貞操」という

呪縛がとかれつつることをしめすのか、あるいは反対に「慰安婦」問題への高まりの中での、「愛国心」によることであったかもしれない。が、いずれにしても、この背景に、「慰安婦」問題よりはじまった、「女性への暴力」を女性への人権侵害としてとらえる女性運動の高まりがあったからこそ、語ることができたといえるのではなかろうか。

　21 世紀を目前に、社会はようやく「女性への暴力」に目を向けだした。

　　　　　　　　　　　　　　　　　　　　（岐阜県女史編集委員会　2000）

　この一文には、女性史やフェミニズムの内部にもある差異や争点の存在を感じさせ、考えさせられるものがある。20 世紀末の日本社会が「女性への暴力」に目を向けだしたという認識や、逃避行中の性被害を元開拓団の女性が語ることができた背景に女性運動の高まりがあったとする指摘には私も賛同できる。しかし、「日本民族」「貞操」の呪縛からの解放と「愛国心」とは、対立的に見るべきことだろうか。戦時性被害を受けた日本人女性の幾重にも抑圧された状況に由来する複雑な心情を安易に「愛国心」という言葉に結びつけ、呪縛からの解放と対立するかのような構図を描くことは、戦時性被害を受けた日本人女性の実像に近づくよりも、遠ざける意味があるように思えてならない。他方、前述のとおり、元黒川開拓団の女性は 1983 年に林郁に対して実名を出す覚悟で被害を語っている。日本で戦時性被害者が語りづらい状況は、話し手側の意識よりも聴き手側の意識がつくりだしてきたのではないか。

　1990 年代には開拓団を送り出した地域の内部にも変化が現れる。2011 年に黒川分村遺族会会長になった藤井宏之は戦後に生まれた世代だが、1994 年に元開拓団員らが中国を訪ねた時に初めて夫婦で同行したのをきっかけに、ソ連軍の性接待に出された女性と親しく話すようになった。それまで父親世代から聞かされていなかった女性の犠牲を知ってショックを受け、他の女性からも苦しかった体験やつらい心情を聴くようになったという。2013 年、満蒙開拓の歴史を学び伝える記念館として満蒙開拓平和記念館（寺沢秀文館長）が開館すると、藤井遺族会長や寺沢館長は女性たちが語り部として参加することを望んだ（伊藤 2018）。元黒川開拓団の女性たちは、このようにして彼女たちの証言

を応援する人びとに支えられて活動を始めたのである。

今日に続く沈黙を強いる圧力

　元黒川村開拓団の女性が公に語る場を獲得するまでに、70 年もの歳月が流れている。1990 年代にアジア各地の元「慰安婦」が証言を始めてから、日本人の元「慰安婦」として公の証言者となった女性はいなかった。戦時性暴力被害者の沈黙は長く続いている。フェミニズムに対するバックラッシュが強まるにつれて、日本で戦時性暴力問題に取り組む困難性は増している。魔女狩り的な「慰安婦」バッシングの空気は、同調圧力の強いこの日本ではそれだけで人をひるませてしまうだろう。「慰安婦」問題をきっかけに戦時性暴力が人権問題として見なおされ、女性が性被害を語りやすい環境が生まれたのは確かだと思うが、ネガティブ・キャンペーンの勢いが強まると、国家的性暴力という話題を避けさせようとする社会的圧力も増してくる。たとえば平井美帆のルポには、東京在住のスミ（仮名）の次のような語りが紹介されている。10 数年前というから、「慰安婦」バッシングが目立ち始めた頃ではないだろうか。

　　スミには、わが娘にも打ち明けられないと思った出来事がある。10 数年前、長女と居間でテレビを見ていたときだ。韓国の慰安婦問題のニュースが流れると、娘はとがめるような口調で言った。「慰安婦、慰安婦って自分から言うとったら、子どもや孫に迷惑がかかる。自分からよう言うわね」と──。「あーだから、私は言うたらあかんって思って」。スミさんは押し殺すように声を潜めた。
　　　　　　　　　　　　　　　　　　　　　　　　　　　　　　（平井 2017）

　スミは被害体験を語りたくないわけではない。語ることによって、「迷惑」な存在にされてしまうのが恐ろしいのである。このインタビューの後、スミには心境に変化はあっただろうか。テレビが黒川村開拓団をとりあげたことで、スミ親娘は何かを語り合っただろうか。10 数年前よりはるかに「慰安婦」バッシングがひどくなっている今日だが、母と娘の心の距離が以前より近づいていることを祈りたいと思う。

女性たちの胸に忘れがたい記憶と語り尽くせない思いがあっても、話しても
どうせ取り合われないと思ったり、マズイことになりそうなら、何事も語らな
い。けれども自分の話に耳を澄ませて聞く聴き手がいると感じれば、彼女たち
はたくさんのことを語りはじめたりする。私は現代史研究の中で祖母の年代、
母親の年代の女性たちから聞き書きをする折々にそんな感覚をもつようにな
り、聞き取りや聞き書きとは人と人との信頼関係を築くことでもある、と思う
ようになった。元黒川開拓団の証言活動を始めた女性たちの 70 年間を知ると、
ますますそんな思いが深くなる。

3.　奈良県女性史研究会の聞き取り・聞き書き

「心の生きる性」を希求して

　元「慰安婦」の正義を求める運動が高まっていく 1990 年代前半、奈良県で
は女性史の編さん事業が行われていた。奈良県女性センターの発足が 1985 年、
女性史の編纂を目ざして第 1 回「女性史入門講座」が開かれたのが 1992 年で
ある。国連女性の 10 年という世界的なジェンダー主流化へ向かう時代の流れ
の集約として、多数の県民女性が「私たちの祖母や母たちが、時代のなかでど
う生きてきたか」を知りたいと、ボランティアでこの事業に参加し、年表・通
史・聞き書きの 3 部で構成する女性史の本を出すために協働した。私は、通史
の一部を執筆するとともに、年表作成や聞き取り調査に向けた学習会の講師や
助言役を引き受けた。実際にはむしろ奈良県の女性たちから多くを教えてもら
い、大きな励ましをいただいた。1995 年に念願の図書が出版されて編さん事
業は完結したが、その後も今日まで奈良女性史研究会の女性たちとおつきあい
が続いている。

　元「慰安婦」の運動は、地域で草の根の活動をする女性たちにも感銘を与え
ていた。戦後の日本には、新憲法に支えられて民主化と女性解放を志向する女
性史サークルが各地で生まれ、活動してきた長い歴史がある。たとえば愛媛県
松山市の女性史サークルは 1956 年に発足した。「ここに生き、住み、働き、学
び、たたかって、ここを変える」ことをめざし、今日まで活動を続けている。

「全国女性史研究交流のつどい」という大会も、1978 年の愛知大会以来、全国各地の持ち回りで続いてきた。そんな地域女性史の活動の中にも「慰安婦」問題のインパクトが及び、世紀への転換期に開かれた神奈川、新潟、奈良の大会では国家的性暴力や戦時性被害といった問題が大きく取り上げられ、フェミニズムの新しい風が吹きこんでいった。

　奈良の女性史編さんの過程でも「慰安婦」問題や公娼制度、戦後の占領軍や日米安保体制下の RR センター周辺の性売買といった国家的性暴力の諸事実を重要項目と位置づけ、「労働」や「家制度」や「戦争」といった諸テーマと同時に「性」を大きなテーマと位置づけて、学習や聞き取り調査を行っている。「性」を重視した私たちの思いは、次の一文にも表現している。

> 　「性」は、心（りっしんべん）が生きる、と書く。女性の性が子産みの道具、男性の享楽の道具として扱われている状況では、心が生きるわけがない。女性が心から安らぎ自由闊達に愛情を表現できる、本来の性を取り戻すことが、私たちの念願である。
>
> （ならの女性生活史編さん委員会　1994）

満州から引き揚げてきた十津川村の女性たち

　奈良の女性たちが自分の人生を語り、それを同じく奈良の女性たちが聴き取って記録するという取り組みの中で、敗戦で満州や朝鮮から引き揚げてきた女性からの聞き取りも行われた。その中に、山深い十津川から満州へと送られた女性 4 人の聞き書きもある。

　Ｉさん（1915 年生）は元は十津川で荷船業をしていたが、夫を兵隊に取られてしまうより家族で営農がしたいと願い、夫婦で開拓団に加わった。満州では念願通り家族で土地を耕し、馬も牛も豚も鶏も飼うことができた。Ｓさん（1920 年生）は 17 歳で結婚し、十津川で大工や山仕事をしていた夫が農業に夢を抱いて渡満した時はようやく 20 歳。翌年に 3 歳の男の子を連れて夫の後を追い、入植地で女の子を 2 人生んだ。夫は開拓団の副団長で開拓団本務に勤め、土地を現地の中国人に小作に出していた。ＩさんとＳさんは、2 人とも逃

避行中に子どもを喪っている。札蘭屯からハルピンまで逃げた I さんだが、発疹チフスの流行で次々に人が死に、3 歳の次女も亡くなった。T さんは、関東軍の根こそぎ動員で夫が現地召集されて、数ヶ月後には死亡。1 人で 3 人の幼子を連れて逃げたが、チフスで 1 歳の次女、3 歳の長女が相次いで死亡、さらに長男と S さん自身も感染した。病床で S さんは、S さんが死んで長男だけが助かれば中国人に渡すしかない、と聞かされたそうだ。「男の子は 600 円で売れた。子どもを売って、そのおかげで助かった知人もいる」と語っている。

　報国農場隊に加わった K さん（1929 年生）と N さん（1930 年生）は、当時 15 歳、16 歳。学校を通じて半強制的に満州へ送られた。5 月から 10 月までの半年程度、寒くなるまでに帰れると聞き、「みんな行くなら私も」と、軽い気持ちで開拓団の農作業を手伝いに行った。満州では仲間と合唱したり、楽しい時あった。が、一緒に行った 7〜8 人の仲間のうち、帰れたのは 2 人だけ。N さんは苦しい逃避行を経て 1946 年に十津川に帰りついた。骨と皮の骸骨のように痩せ細り、垢だらけで肌ジラミが湧いているような有様で、「乞食のようだった」と後に近所のおばさんにいわれたそうだ。2 人とも、満州で消息を絶った孝子さんのことを気にし続けていた。仲良しで、一緒に帰れるはずだったのに、孝子さんは中国人に煙草を巻く仕事があると聞いて働きに出かけたまま、行方がわからない。今でも心残りで気がかりだという。

　当時 20 代で既婚の I さんと T さん、まだ 10 代で未婚だった N さんと K さんが 4 人とも異口同音に語ったのが、女性を襲うソ連兵への恐怖である。札蘭屯の難民収容所では、ソ連兵が若い女性を 2、3 人ずつ連れて行っては暴行を加えた。ソ連兵の中には郷里に妻子がいて、日本人の子どもに万頭を買って食べさせてくれるような兵士もいたし、女性の将校もいた。が、自軍の兵士が日本人女性を襲うのを止めてくれたわけではない。「何故、髪は命の次に大事といわれているのに切ってしまうのか」と聞くソ連軍女性将校に、「貴方の部下たちが暴行する」と告げたが、どうにもならなかったと K さんは語る。収容所の女性は連れていかれないように全員断髪し、男装をした。が、丸坊主にして男の服を着ていても、中国人が胸をさわって本当に男かどうかどうか確かめて、女だとわかるとソ連兵に教えにいくようなこともあった。女性たちは皆、

生きた心持ちがせず、夜は天井裏や床下に隠れたりした。年上の女性が若い女性を助けるために自分から身代わりになったこともあった。

このような聞き書きのメモからも、子どもを喪った女性たちの悲しみや、性的な脅威にさらされ続けた女性たちの恐怖が伝わってくる。

自殺した親友

女性史編さんの仲間のNさんが、喪った親友のことを話してくれたことがある。その後、Nさんはその親友のことを、彼女に話しかけるような文章に綴っている。

　　陽ちゃん、二一歳のあなたが命を絶って四〇年余りになります。二六年六月六日、北九州の黒崎で別れる時、何度も振り返りながら別れていかれたあの時のお顔をはっきり覚えております。「写真を撮ろうよ」と行ったのはあなたでしたね、その時、すでに死を決意して北九州の私たち四人に別れに来られたのでしょう。

　　思い返すと、昭和一六年に北朝鮮に渡った私があなたと友だちになったのは一七年に女学校に入ってからでした。お宅は印刷と文房具の店をしておられ、我が家はだいぶ離れた製鉄所の社宅でした。仲良くなってお互いの家を往来して、論語を書き写しましたね。あのころは教科書が不足していましたから。

　　四年生になった二〇年の春～動員で親元を離れ、朝鮮人の経営する旅館が寄宿舎となりました。八月、ソ連が参戦して先生が迎えにこられ一二日、それぞれの家に帰宅しましたが、一三日にはもう家を逃げ出して避難したのですよね。

　　二六年六月にお別れし、十月の私の結婚の時、あなたは何もくれませんでした。いえ、お祝いではなく手紙をです。「どうしてかナァ」と不審に思ったのですが、もうその時はこの世にいなかったのですね。

　　そして妹さんから真実を知らされたのは、それから一九年たった女学校の同窓会でした。

　陽ちゃん、どんなにかこわかった事でしょう、どんなにか嫌だったでしょう。お宅の家庭が三八度線を渡るために、自警団の男があなたの身体を要求したのですってね。そんな取り引きってあるでしょうか、まだ一五歳の少女を自分の欲望のえじきにするなんて。

　たった一度だったかもしれませんが、その時うつされた性病があなたを苦しめたのですよね。親友の私には何も言わず、むしろ、恋人との将来を夢見て楽しい手紙をよくくれましたよね。

　戦後間もなくわが家に来た時、「二重まぶたにしたのよ」と言ってましたが、派手な人でないのに、と少し不思議でした。そんなことできっと気を紛らわしたかったのでしょう。後で上級生に聞きましたが度々その人から注射のお金を借りていたのですね。そして注射は病気から解放しなかったのでしょう。

　そのころ、妹さんと二人で下宿していて、ある日、妹さんが帰宅すると、あなたは縊死しようとしていたのね。必死で取りすがる妹さんにその時は思い止まり、その夜、今までの経緯を話したそうですね、でも陽ちゃん、あなたの決心は変わらず次の朝やっぱり死を遂げていた……。

　宇野さんも中野さんも引き上げる途中に亡くなり、想い出のあなた方は乙女のままですが、私たちはおばあさんになってしまいましたよ、陽ちゃん。

（同前）

ポリティカルコレクトネスの向こう側

　15歳の少女が逃避行中にレイプされ、感染した性病のために将来を悲観し、21歳で自死する。歳月を経て親友の思いがけない死の真相を知ったNさんは、奈良県の女性史編さんに取り組みながら、いつも喪った親友のことを胸に抱いていたのだろう。自分の母親と年の近いNさんが語る親友への思いは、私の心に強い印象を残した。

　奈良の女性史出版記念会では森崎和江が記念講演をしている。その十数年後、私は森崎の『からゆきさん』の内容にふれて短い文章を書いた。そのとき文面に名前は出さなかったが、胸に去来していたのはNさんと陽ちゃんの物

語だった。

　奈良の女性史記念集会からもう十数年が過ぎた。その間に私は民族差別と女性差別の結びつきについて考えることが多くなった。

　折々に心に蘇るのは、一六歳だったキミが娼楼で受けた虐待のことである。朝鮮人客の中には四、五人で来て、キミを朝まで買いきり、酒をのませ、とりかこんで席をたたせず、堪えきれずに尿を漏らすのを笑って眺めたりする者もあった。「日本人の女」への憎しみがむきだしであった。キミにはそれが何より辛く、耐え難かった。晩年、キミは尿意をもよおして人の手を借りねばならなくなるようなとき、狂ったようになったという。老いてなお虐待の記憶に苦しみ続けたのである。

　日本の植民地支配が朝鮮人の男性に植え付けた憎しみの矛先が日本人の女性に向けられるのは稀なことではなかったであろう。森崎さん自身も少女の頃に朝鮮人少年からのハラスメントを経験している。だが、それらは女性史の中でも容易に書かれない、厳しく封印されがちな経験である。そこには民族抑圧と女性抑圧の複合、それも侵略と植民地支配という枠組みの中で加害民族の女が被害民族の男の憎悪と報復を浴びるという、複雑に入り組む暴力の構造があるからだ。

　朝鮮人男性を憎悪と報復に駆り立てたのは日本人であった。また、植民地支配を正当化する言説は依然として日本社会に跳梁している。このように日本の民族的加害性は消え去っていないのに、「朝鮮人男性の日本人女性に対する暴力」を軽々と語ることができるだろうか。「日本人男性による朝鮮人女性に対する暴力」の告発では生じない葛藤が、「朝鮮人男性による日本人女性に対する暴力」では呼び覚まされるのである。

　しかし、だからこそ、私は森崎さんが葛藤もしつつ、その葛藤をもふくめて、このような女性たちの経験を書かれたことをありがたいと思う。封印が解かれなければ、暗い闇に置き去りにされている女たちの心は解き放たれようがないと思うからである。

（藤目 2015）

　ポリティカルコレクトネスに気をとられると、女性史学さえ「日本人男性の
朝鮮人・中国人女性に対する暴行を問題にするのは正しいが、日本人女性が朝
鮮人・中国人・ロシア人男性から受けた暴行を問題にするのは正しくない」と
いう迷宮へと誘導されかねない。そんな危惧は、前節に言及した岐阜県女性史
の一文への懐疑ともつながっている。「日本民族として貞操と愛国心を植え込
まれた女性」たちは、日本女性史学の成立基盤である。日本近現代の闇は、重
層的で複合的な暴力によって作りだされている。そこからわずかにもれてくる
女性の声に耳を澄まさず、「愛国心」なる不明瞭な概念のレッテル貼りで片付
ければ、その闇に封じ込められている女性の心情に到達することはできない。
暴力と沈黙の呪縛は続き、女性史学の存在価値は失われてしまう。

4.　戦後日本の米軍性暴力

米軍基地周辺の女性史

　国家的性暴力を問うフェミニズムの新しい風が地域女性史の世界に吹き込む
ようになり、神奈川（第 8 回、1998 年）・新潟（第 9 回、2003 年）・奈良（第
10 回、2005 年）の全国女性史交流の集いでは、敗戦直後に国の命令で作られ
た「進駐軍特殊慰安施設」（RAA）をはじめ、軍事基地の周辺の女性暴行や性
売買など連合国対日占領と日米安保体制のもとで構造化された戦後の米軍性暴
力問題に共同して取り組む気運も高まった。

　女性史に取り組む人びとの間で米軍基地の存在が不断に女性の人権を侵害し
てきたという認識や問題意識が高まるのには、沖縄で女性史に取り組んできた
グループの貢献が決定的に大きな意味があった。沖縄の女性たちは日本軍が沖
縄に置いた「慰安所マップ」を作成し、1992 年に那覇で開催された第 5 回全
国女性史研究交流会で報告している。1995 年に米海兵隊員による小学生女子
暴行事件が発生したことをきっかけに、沖縄では「基地・軍隊を許さない行動
する女たちの会」（高里鈴代、糸数慶子共同代表）が発足した。同会は、地域
住民の証言をはじめ、米軍・琉球政府資料、新聞、市町村史などの方法で沖縄
における米兵による女性への性犯罪を掘り起こし、年表にまとめる作業を続け

ている（宮城 2018）。

「本土」においても、沖縄の女性たちに連帯して「本土」の基地を抱える地域の女性史との交流をはかろうとする試みが行われるようになった。2001 年11 月には京都で「基地と女性」をテーマにした 2 日間の集いが開催されている。また 2005 年の奈良の全国女性史交流の集いでは「基地と女性」の分科会が開かれた。そこで軍港の街佐世保から参加した宮脇明子さんは、こう発言している。

> 佐世保の場合は今も基地です。それで戦前の 60 年と戦後の 60 年、120 年をまとめて軍事基地のもとでの女性の歩みということで、性暴力という観点から考えてきました。軍人の慰安婦にされた女性も、一般市民も、戦争があり軍事基地があったために、痛みがあり、それが倍増され、未来ある青少年にも影響がある。女性への人権侵害である性暴力に私たちは力を合わせて抗議して、そして心豊かな住みやすい街づくりをしたい。

そのようなフェミニズムの追い風の中で私は各地の米軍基地を抱える地域を訪ねるようになり、巨大な海兵隊基地のある山口県岩国市では当時山口県立大学の教授であった故三宅義子たちとともにと「基地と岩国市民」をテーマに調査を実施し、岩国基地をとりまく地域の女性史を一冊の本にまとめた（藤目 2010）。

宮城県王城寺原の米軍性暴力

日本陸軍屈指の演習地であった王城寺原は、戦後、米軍によって占領された。当初は米軍から県に譲る意向が伝えられたため、多数の入植者が開墾を始めたが、まもなく米軍は前言を翻して土地を接収。入植者は立ち退かされ、残留した開拓民は軍事演習の砲弾が飛び交う中で寝起きし耕作する有様になった。1952 年の講和成立後も、日米安保条約に基づいて米軍は王城寺原に居続けることになり、1957 年まで日本に返還されなかった。王城寺原の開拓民である鈴木正之は、「『日本の終戦は何時』と、聞けばほとんどの人は『昭和二十年八

月十五日だ』と、答えると思う。日本の終戦は昭和二十年でも、私たちの終戦は昭和三十年だ」（鈴木 1991）と書いている。

　「戦後開拓」は、敗戦で満州開拓が破綻した後の新たな国策であった。敗戦直後、日本政府は帰還してくる復員軍人や民間人引揚者・戦災者ら 100 万戸を内地の未開墾地に入植させて食糧増産をはかる「緊急開拓」を決め、元満州開拓民の多くが今度は「戦後開拓」の国策に希望をつなぎ、未開拓の土地に入植した。岐阜県の元黒川村開拓団からも、奈良県の元十津川開拓団からも、多くの元団員が戦後開拓に従事した。王城寺原にも満州からの引揚者は多かった。前述のように元黒川開拓団の佐藤ハルエは岐阜県ひるがのの開拓に向かい、苦労を重ねて酪農を軌道に乗せることができた。が、戦後開拓の歴史の中には、王城寺原のように開拓民が米軍に土地を奪われ、不発弾の爆発や米兵犯罪に苦しめられた地域もある。それらの地域では、女性の性被害も深刻であった。

　2002 年、神山典子が、「慰安婦」問題に取り組む仙台の女性たちと共に王城寺原の開拓地で鈴木正之たちから聞き取りをしている。その頃、1995 年の米兵による少女暴行事件を契機に沖縄で反基地・反安保の闘いが高揚する中、日本政府は沖縄の痛みを本土も分かち合うと称して王城寺原など本土 5 カ所への米軍実弾射撃演習移転に合意し、王城寺原でも米軍演習が再開していた。鈴木正之のような地域の古老たちは戦後に開拓民が米軍に苦しめられた無惨な経験をはっきりと覚えており、米軍の演習場使用に強く反対していた。

　開拓地で育ち開拓民の男性と結婚した天野千代子さんは、米軍がいた時代の女性の経験や心情を神山たちに語った。当時、日本軍旧兵舎に集団で生活する入植者たちは女性を狙ってやってくる米兵を撃退するため、入り口にホークや鎌を置いて警戒していた。ある日の真夜中、千代子さんは叫び声で目を覚ました。ミキちゃん（仮名）を狙って米兵数名が旧兵舎にやってきたのである。入植者の 1 人は、ミキちゃんを守ろうとして米兵ともみあいになり、暴行を受けて脊髄を損傷する大怪我を負う。ミキちゃんは裸足のまま兵舎を逃げ出した。米兵が追いかけてきたが、畑道と山の中を走り続け、米兵の気配がなくなるまで一晩中麦畑に身を伏せて隠れ、夜が明けてから旧兵舎に戻ってきた。千代子さんは身に迫る恐怖に凍りついて、夜が明けるまで眠れずに息をひそめていた

という。地元には米兵に迎合して、女性を斡旋するような日本人男性もいた。千代子さんは神山たちにこう語っている。

　　当時の農家は今みたいに働き場所がない。米軍は、そんな農家の若者を上手に使っていくっていう面もあった。若者もお金を貰うかタバコをもらうかして、その米兵に近づいて……。これが一番、女性がいる家庭とかを、情報を流してることもあるんでないかなぁって、子供の頃にそういう感じはしてたんですよ。「あの人どこかで見たことあるなって」っていう人が、米軍と歩いてるのを見たことあるからねー。

　　ある時、ブヨが出ない夕方に草むしりをしていた。そこへ、作業着を着た日本人の男と米兵らが来た。排水路を越えて、まず日本人の男がこっちへ来たから、すっと立ちあがってその場を離れ、何食わぬ顔で坂を降りて、下りたとたんに走って逃げた。神経がはりつめて、常に後ろに目があるようでした。

　　　　　　　　　　　　　　　　　　　　　　　　　　　　（藤目　2019）

　女性の居場所を米兵に教えたり案内したりするような日本人もいれば、米兵相手に儲けようと開拓地の近くで「パンパン宿」を経営する日本人もいた。開拓民たちは「パンパン宿」に戸惑う反面、「これで村の娘が難を逃れるのでは」という意見もあり、静観した。が、鈴木正之は、その「パンパン宿」に来る米兵たちが暴れて、開拓民に被害が及ぶこともあったと語っている。

　沖縄や王城寺原の事例が示すように、軍事的性暴力は第二次世界大戦の終結で終わったわけではない。連合国占領と日米安保体制の結果、日米両国の軍事的結合を背景として軍事的性暴力は続いていくのである。

世代を継いで伝えられる女性の歴史

　本章は、まず岐阜県の元満州開拓団の女性の証言に注目し、その背景に女性どうしの支え合いと彼女たちの証言を支える人びとの存在があることを指摘した。続いて奈良県で行われた満州や朝鮮から引き揚げてきた女性の聞き取り・聞き書きについて紹介し、さらに米軍駐留が続く沖縄と宮城県王城寺軍事演習

場の問題にも言及した。軍事的性暴力や女性の沈黙という問題が 1945 年の「終戦」で終わる昔の話ではないこと、性被害を受けた女性の沈黙からの解放は、とりもなおさず彼女をとりまく人びとや地域社会が戦争や暴力を容認する文化規範からの脱出することにつながることを、地域女性史の蓄積を通して示したかったからである。

　「慰安婦」やフェミニズムがバッシングを受ける近年においても、元黒川開拓団の女性の証言活動のように、被害女性に寄り添い、被害女性とともに、戦争と性暴力を繰り返さないように世代を継いで女性の経験を伝えようとする活動が始まっている。このように実体的な意味でのフェミニズムがこれまでも社会に影響を与えてきたし、これからも与えていくだろう。「慰安婦」問題やフェミニズムに対する憎悪表現が氾濫し、暴力の被害者が安心して被害を語るどころか、被害者に共感して寄り添おうとすることさえ難しく感じられる社会状況は、実はそれこそが社会が重病に陥り、壊れつつあることの表出ではないだろうか。だからこそフェミニズムには果たすべき役割があるし、取り組むべき課題が山積している。

　フェミニスト的アプローチに魅力を感じる学生は自信をもって進んでほしい。学問は分野の違いによって発想も手法も違いがあるが、地域女性史という方法はさまざまな学問分野の壁を越える実践的アプローチであり、専門分野や追求するテーマの差異を超えて役に立つだろう。学生にはまた、フェミニストの間でくりひろげられてきた論争の跡をたどり、自分の依って立つ視点を確立させることを勧めたい。前掲「フェミニズムとマルチカルチュラリズム」では、アフリカ系フェミニストたちが口火を切った「帝国のフェミニズム」に対する批判的議論を紹介した。最近の論争では、フェミニストの学際的研究誌である『女性・戦争・人権』誌上において、「マイノリティ・女性・人権」を特集した 16 号（2018 年）に宮城晴美氏が「沖縄からの “異議” 申し立て」と題して、「沖縄を支配してきた “宗主国” フェミニストの目線の高さ」を指摘し、第 17 号（2019 年）には上野千鶴子氏が「宮城晴美さんへの応答」を掲載している。

（藤目ゆき）

【参考文献】

伊藤智章（2018）「性接待　伏せられた記憶」『朝日新聞』2018年10月20日

猪股祐介（2011）「満洲移民の引揚経験―岐阜県黒川開拓団を事例に」蘭信三編『帝国崩壊とひとの再移動　引揚げ、送還、そして残留』勉誠出版

大越愛子・藤目ゆき他（2001）『フェミニズム的転回―ジェンダー・クリティークの可能性』白澤社

上笙一郎（1981）『満蒙開拓青少年義勇軍』中央公論社

岐阜県女性史編集委員会（2000）『まん真ん中の女たち：岐阜県女性史』岐阜県

鈴木正之（1991）『手で石を開く：王城寺原物語』自費出版

石ヒャン（2016）『ジェンダー・バックラッシュとは何だったのか―史的総括と未来へ向けて』インパクト出版会

ならの女性生活史編さん委員会編著（1995）『花ひらく：ならの女性生活史』奈良県

林郁（1988）『大河流れゆく』朝日新聞社

平井美帆（2017）「開拓団「乙女の碑」は訴える」『現代ビジネス』講談社（2019年10月24日閲覧）

藤目ゆき（2010）『女性史からみた岩国米軍基地：広島湾の軍事化と性暴力』ひろしま女性学研究所

――――（2015）『「慰安婦」問題の本質―公娼制度と日本人「慰安婦」の不可視化』白澤社

――――（2018）「日本婦人問題資料集成　全一〇巻：第一波フェミニズムの遺産を継承する第二波フェミニズム」『日本史研究』670号

――――（2019）「宮城県王城寺原の女性たち―開拓農民の占領軍被害」『アジア現代女性史』第13号

松田澄子（2018）「満洲へ渡った女性たちの役割と性暴力被害」『山形県立米沢女子短期大学附属生活文化研究所報告』第45巻　21-36頁

宮城晴美（2018）「沖縄からの"異議"申し立て」『女性・戦争・人権』第16号

■ 第6章 ■

なぜ子どもたちが知らないままでいることを望むのか？
── 学校で包括的性教育を実施することの困難とその解決に向けて

【性教育と学校】

1. LGBT に関する教育をめぐる論争

2018 年、英国バーミンガムの小学校において、学校側と一部の保護者およびその支援者たちの間で、ある教材の使用をめぐって激しい対立が生じた。問題となったのは、『No Outsiders in Our School: Teaching the Equality Act in Primary School（私たちの学校によそ者はいない─小学校で教える平等法）』（Moffat, 2017）という教員向けの教材である。タイトルからもわかる通り、この教材は、平等法（2010）に則って人権とインクルージョン（包摂）を学校で教えるための教材であり、名誉ある賞も受けている。英国特有の総合的な学習領域である PSHE（Personal, Social and Health Education）、および SRE（Sex and Relationship Education）を教えるための材料も備えている。対立の焦点となったのは、ジェンダー平等、性的志向性、性転換、同性婚、シビル・ユニオン（civil union：法的に承認されたパートナーシップ関係）といった項目を子どもたちに教えるための授業案と使用される教材についてである。反対している一部の保護者たちは、自分の子どもたちが、同性婚などから構築された非伝統的な家族（alternative families）やジェンダーのあり方について学ぶことを望んでおらず、こうした授業や教材は不適切であると申し立てている。それに対して学校側は、こうした項目は、子どもたちの年齢に応じた適切な方法で教えるように配慮がなされており、そこには平等法に則ったインクルージョンを推進し、差別をなくすというメッセージが込められていると主張している。

　こうした事例（他にも多数あるが）に直面すると、なぜ人びとは、セクシュ
アリティ、性的指向、性と生殖に関する健康、性的差異といった問題に対して、
これほどまでに感情的になるのか、という疑問が生じる。実際、学校で適切に
性教育が行われなかった場合、子どもや若者たちは他の情報源を求めることが
わかっているにもかかわらず、国連機関をはじめ多くの国々の教育機関が必要
不可欠と唱えている一連の内容についても、「子どもに教えるべきではない」、
「知らないままの方がよい」と考える者が、一部の保護者のみならず、教育行
政担当者や学校関係者の中にまでいるほどである。

　バーミンガムでの対立を引き起こした教材の内容は、ユネスコなどが近年推
進している包括的性教育（Comprehensive Sexual Education、以下 CSE）の中身
と重なるものである。CSE は、ユネスコが出した『International Technical
Guidance on Sexuality Education（性教育に関する国際ガイドライン）』（以下、
ITGSE）（UNESCO 2018）に概要が示されており、ユネスコをはじめとする国
連機関が、世界中の学校で、初等教育から前期中等教育を通して子どもたちに
対して実施することを推進している。現在ユネスコは、敬虔なイスラム教・キ
リスト教コミュニティなどを含む多くの国や地域と連携し、学校における
CSE の実施に取り組んでいるが、このプロジェクトは常に順調に進んでいる
というわけではない。

　本章では、性教育にまつわる論争に焦点をあて、共生学が、いかにコンフリ
クト緩和に向けたヒントを提供しうるのかを検討する。まずはじめに、国際機
関のコンセンサスに基づいた性教育の指標としてユネスコなど国連機関が提唱
する CSE を紹介し、人権とインクルージョンの原理に基づいた包括的プログ
ラムである CSE が開発されるまでの歴史的経緯を簡単に振り返る。ユネスコ
など国連機関が CSE に寄せる期待、とりわけ持続可能な開発目標（Sustainable
Development Goals、以下 SDGs）の達成に向け有している期待に目を向けたい。
続いて、冒頭で触れたバーミンガムでの対立をケーススタディとして取り上げ
る。事例の中で、学校教育における主要なステークホルダー（学校当局、教師、
学校長、保護者、児童・生徒）が、特定の教育内容の重要性や妥当性について、
さまざまな異なる意見を有する場合にどのように問題が生じ、それがエスカ

レートしていくのかを見ていく。こうした事例は、バーミンガムのみで起こっているわけではない。たとえばイングランドとウェールズでは、CSE の内容について、従来型の PSHE と SRE ではすべて網羅できていない実態をふまえ、2020 年からより包括的なプログラムを義務化しようとしているが、各地でこうした動きに対する反対運動が起きている。バーミンガムの事例をもとに、なぜ対立が起こったのか、対立を解消すべくどのような対策がとられたのか、そして学校はいかにして平等法を遵守しながら LGBT の当事者と宗教的コミュニティの双方に対して敬意を払うことができるのかについて考察してみたい。

　その前に、本題に対する私自身の立ち位置について述べておこう。Joan Wallach-Scott（2014）が指摘するように、学問は決して中立ではなく、常にある観点から問題にアプローチすることになる。したがって必然的にそれはある立場性を帯びる。私はこれまで約 30 年にわたって、健康と教育とが交差する領域である、セクシュアリティ、ジェンダー、エスニシティ、多文化主義にまつわる諸問題の研究を続けてきた。理解を促進することで、すべての人びとがより良い人生を送れるようにと考えたからである。その教育がポジティブなものであり、なおかつ社会的な公正原理に即したものであれば、子どもたちや若者がセクシュアリティに関する幅広い教育を受けることには大きな意味がある。と同時に、「ステークホルダーの関与」や「協働」といった共生学的な考え方は、社会的公正の理念と実践を学校現場にもたらす包摂的アプローチの可能性を内包するものでもある。トップダウンのアプローチでは、不当に権利を奪いとる形で、あるグループの価値観が他のグループに押しつけられることもありうる。その点において、LGBT に関する包摂的な教育の導入によって、最も影響を受けるであろう一部の保護者に対しても私は共感する。性に関する道徳規範、それによって自分の子どもが傷つくかもしれない危険性を感じながら、それを教えるカリキュラム作成に携わることができない保護者の苛立ちは、十分に理解できる。学校教育における CSE の実施に関し、私はこうした両面性を抱えた立ち位置から解決策を探っていきたいと考える。

　本章から、CSE なるものを理解し、その背景について学ぶとともに、それに反対する人びとへの洞察をも深めていただきたい。また、本分野における重

要な語彙や言説への理解も深めることができるだろう。そして最終的には、価値観が大きく異なる状況下において、いかに理論的ツールが問題解決へのヒントになり得るかを自分なりに考える力を、読者の皆さんに培ってもらいたい。

2. 包括的性教育（CSE）とは

　ユネスコは、CSE を「人びとのセクシュアリティに関する認知、感情、身体および社会的側面について、カリキュラムに則って教え、学ぶこと」と定義している（UNESCO 2018）。CSE は、ユネスコのみならず WHO、UNFPA、ユニセフなどの他の国連機関によっても強く推奨されている。そのカリキュラムが適切に実施されることによって、子どもと若者は「必要な知識、スキル、姿勢、そして価値観を習得することで、自分の健康、幸せ、尊厳を守ること、相手を思いやる社会的および性的関係を保つこと、自分の選択がいかに自分自身と他者に影響を与え得るのかを考える力を養うこと、生涯にわたって自分の権利は守られるべきであることを理解すること」ができるようになる。

　ユネスコは、ITGSE の中で、CSE プログラムの特徴を次のように表現している（UNESCO 2018: 16-17）。

・科学的エビデンスに基づいていること
・子どもの年齢と発達段階に則していること
・包括的であること
・人権とジェンダー平等に基づいたアプローチであること
・文化への適切な配慮がなされていること
・健康的な選択ができるためのライフスキル（ヘルスリテラシー）が習得できること
・変化（行動変容）を促す力があること

　ITGSE は、5 歳以上の子どもと若者が、年齢に応じて CSE カリキュラムで学ぶべき必修項目と到達目標を定めている。カリキュラムは、5〜8 歳、9〜12歳、12〜15 歳、15〜18 歳以上の 4 段階に分かれている。各段階における教育と学習には、8 つのキーコンセプトがあり、段階に応じてその学習目標が高く

表 1　キーコンセプトおよび項目（参照：UNESCO 2018: 36）

キーコンセプト	項目
1.　関係性	1.1　家族 1.2　友情、愛情、恋愛 1.3　寛容、インクルージョン、敬意 1.4　長期的なコミットメント、養育
2.　価値観・権利・文化・ 　　セクシュアリティ	2.1　価値観とセクシュアリティ 2.2　人権とセクシュアリティ 2.3　文化・社会とセクシュアリティ
3.　ジェンダー理解	3.1　ジェンダーの社会的構築とジェンダー規範 3.2　ジェンダー平等、ステレオタイプ、偏見 3.3　ジェンダーに基づく暴力
4.　暴力と安全の確保	4.1　暴力 4.2　同意、プライバシー、身体的インテグリティ 4.3　情報通信技術（ICTs）の安全使用
5.　健康と幸福（Well-being） 　　のためのスキル	5.1　性行動に関する規範と友人からの影響 5.2　意思決定 5.3　コミュニケーション、拒否、交渉のスキル 5.4　メディアリテラシーとセクシュアリティ 5.5　援助・支援へのアクセス
6.　人体と発達	6.1　性と生殖、解剖学と生理学 6.2　生殖 6.3　思春期 6.4　ボディイメージ
7.　セクシュアリティと 　　性行動	7.1　性、セクシュアリティ、性生活 7.2　性的行動と性的反応
8.　性と生殖に関する健康	8.1　妊娠と避妊 8.2　HIV/AIDS に関する偏見、ケア、治療、支援 8.3　HIV を含む性感染症の理解、認識および予防

なるように設定されている。

　ユネスコなどの国連機関によって概念化された CSE には、寛容、包摂、セクシュアリティ、性的関係性および性の多様性への尊重に関する教育が含まれている。たとえば、一つ目のキーコンセプト「関係性」では、もっとも幼い年齢層（5〜8 歳）に対しても、非伝統的な家族のあり方（同性家庭、単親家庭、共同養育など）について教える教育が推奨されている。その中には、家庭内に

おける役割や責任にまつわるジェンダー不平等、それがもたらす影響についての学習も含まれる。また、友情関係を築くのにジェンダーが障壁となるべきではないこと、すなわち、男児と女児は友達になれるということを、子どもたちが学べるように促している。寛容と包摂に関しては、ひとりひとりが持つ個性と、その個性を表現する権利について述べられており、すべての個性が尊重され、かつ尊厳をもって接せられるべきであることを学ぶ教育が提唱されている。

　共生学を学ぼうとしている本書の読者たちにとって、こうした教育と学習は全く脅威とは感じられないかもしれない。しかしながら、このような教育が、自分たちの宗教や文化、個人的価値観に反するものだと考える人たちは決して少なくない。バーミンガムで抗議活動を行った保護者を例にとると、彼らは自分の子どもたちが、非伝統的な家族のあり方やトランスジェンダー、あるいはジェンダーと LGBT 平等について学ぶことを望んでおらず、子どもたちが初等教育でこれらの問題に「暴露」するのは時期尚早であると考えている。あるいは、もっと厳格な一部の保護者は、そもそも学校教育にこうした内容を盛り込むべきではないと主張しているのである。ここからは、バーミンガムでの論争を事例に、なぜこうした教育と学習が、一部の保護者と学校の間にここまで激しい対立を引き起こしたのかを見ていくことにしよう。

3. バーミンガムにおける論争

　No Outsiders プログラム（冒頭に紹介した「No Outsiders in Our School: Teaching the Equality Act in Primary School」の教材を使用して行われる教育プログラム）は、初等教育における教育・学習プログラムである。人権とジェンダー平等に基づいたアプローチで、子どもたちに、セクシュアリティのみならず、多様性と包摂について全般的に教える。異なる人種、ジェンダーや性的指向を含む多種多様なグループへの寛容を扱うこのプログラムは、イギリス全土で行われている。

　しかし、一部の学校の周辺において、このプログラムの中に含まれる LGBT

を肯定する内容が引き金となって抗議活動が始まり、その対立は日々激化しつつある。学校側は保護者の理解を得ようと懸命の努力を続けているが、抗議活動の激しさが増し、世間の注目が集まってしまったために、一時的にプログラムの実施を中止せざるを得ない状況に陥っている。対立の解消にむけ、さまざまな仲裁者による介入も始まっている。こうした抗議活動は、決して珍しいものではなく、ましてや一度きりの偶発的なものでもない。世界のいたるところで、ある種の価値観や考え方が深く根づいている状況下では、CSE に限らず性教育を実施することは、不可能ではないにしても、相当に困難を伴うものであることが多い。

　No Outsiders 教材の著者 Andrew Moffat は、論争の中心となっているパークフィールド・コミュニティスクールの教頭を務めている。ホモフォビア（同性愛嫌悪）に対する差別や偏見の改善への取り組みが評価され、氏は大英帝国勲章（MBE—Member of the British Empire）をはじめとする多くの賞を獲得している。氏はかつて、イスラム教徒が大半を占める地区の小学校に勤務していた際に、自分自身がゲイであることを公表したことから、数々の論争の矢面に立ってきた。たとえば 2014 年、彼はバーミンガムの学校（本章で事例として取り上げている学校とは別の学校）を辞職しているが、これは、彼が子どもたちに「ゲイであることに問題はない（OK to be gay）」と教えたことに対して、同僚の教師たちが不満を申し立てたためであった。その 5 年後、今度は自身の著書 No Outsiders の教材としての使用をめぐる論争が、同じバーミンガムの小学校パークフィールド・コミュニティスクールのみならず、近隣の 4 つの小学校にまで広がっている。この論争は国内メディアの注目を集め、リベラルなイギリスの価値観と、それに異議を唱えるイギリス風のイスラム教的価値観との対立の問題として取り上げられている。

4.　メディアの視点

　政治、文化、時事問題を取り扱うイギリスの雑誌 Spectator（1828 年創刊）は、2019 年 10 月号で、「イスラム教徒の保護者たちによる LGBT 授業への挑戦は

許されるのか？」という見出しで、このバーミンガムでの論争を取り上げた。Spectator 誌は、概して保守党を支持する右派寄りの雑誌であるが、記事を書いた Melanie McDonagh は、この論争を「トーテム（信仰）の問題、すなわち、寛容なイギリスと後進的な宗教を信仰する人びとの対立」として批判的な立場をとっている。そして、アンデルトンパークという別の小学校で起きた同様の抗議活動をめぐる高等裁判所の公聴会での様子について、次のように述べている。

> 今週、バーミンガムの高等裁判所において、私たちは二つの異なる世界、あるいは少なくとも二つの異なる価値体系が互いにぶつかり合うのを目撃した。一方は、パキスタン人が多く住むスパークヒル市にあるアンデルトンパーク小学校の女校長 Sarah Hewitt-Clarkson、そしてもう一方は、イスラム教徒の保護者を代表する男性 2 名であった（McDonagh 2019）

　保護者代表は、LGBT のような非伝統的な関係性や家庭のあり方を肯定するような授業の中止を求めている。一方校長は、抗議活動の中止、少なくとも学校の周囲における活動を禁止し、学校で働く教職員への嫌がらせと授業妨害をやめさせるよう求めている。しかし、このぶつかり合いの解決は困難であり、高等裁判所をも悩ませている。

　McDonagh は、恣意的かつ挑発的にこの論争を書き立てている感が否めない。なぜなら、スパークヒル地域を「パキスタン人が多く住む」町と表現することで、そうした住民のほとんどがイギリス市民であることにお構いなく、また、イギリスに何世代にもわたって住み続けてきた人びとかもしれないにもかかわらず、彼らがよそ者（foreignness）であることを想起させるような書き方をしている。すなわちメディアは、こうした市民を、全く異なる価値観を振りかざして抗議活動を続ける人びとと捉えている。その一方で、興味深いことにこうした二極化は、本来こうしたことに保守的であるはずの白人たちが、LGBT やセクシュアリティの容認を「イギリスの」価値観として支持するという結果をもたらしている。いまだ同性愛や性同一性障がいなどによる性転換の容認に対

する社会的コンセンサスがとれておらず、議論がつきない新しい問題であるにもかかわらず、である。この点については McDonagh も、パキスタン系イスラム教徒の人びとは不寛容で後進的思考の持ち主として描かれているが、ほとんどのイギリス人はつい最近まで彼らと同様の考えを持っていた、と明確に述べている。さらに McDonagh は、イスラム教徒の人びとの懸念は次第に時代遅れで不寛容だとみなされるようになってはきているものの、保護者としてそうした懸念を持つことには共感できる部分もあると指摘し、建設的な議論を行うため以下のように述べている。

> 社会的に保守的とされるカトリック教徒として、個人的には彼らの主張が理解できる。年齢に応じた性教育をどのように決めるのか？　誰が決めるのか？　誰の価値観が重要視されるのか？　保護者との協議がなされるべきなのか？　これらはすべて妥当な問いかけである。しかし、バーミンガムで起きている対立では、お互いの声があまりにも大きすぎて、こうした問いかけがかき消されてしまっている（McDonagh 2019）

McDonagh は、こうした重要な問いかけを議論するための対話が必要であること、そして対話を通じて、緊張感を煽るのでなく、対話の輪を広げていくことを提案している。

5.　性教育とは──解釈はひとつなのか？

セクシュアリティは、長年、教会やモスク、裁判所、あるいはパブなど、さまざまな場所で議論の的になってきた。セクシュアリティは、その性質上個人の問題として位置づけられることが多い。しかし社会には、行動だけでなく人びとの考え方までをも規定する法的枠組みや常識、道徳規範などが存在する。人びとはそこから、社会的に何が適切もしくは不適切なのか、何が正解もしくは不正解なのか、社会からの逸脱とは何なのかを学ぶ。そして、社会のルールを破ったり法を犯したりした場合には、法的、社会的あるいは心理的制裁を受

けることになる。そう考えると、セクシュアリティを個人の問題のみに落とし込むことはできない。

　研究者の中でもとりわけフェミニストたちは、性の領域において「適切」な関係と行動といわれるものが、いかに限定的なものであるかを指摘している。多くの社会において、適切な性的行動として認められるものは、「男女間」における一夫一妻制の婚姻関係に集約される。またこのように限定的な性的行動でさえ、1960年代に起きたいわゆる「性の革命（sexual revolution）」までは、学ぶことはおろか議論することもタブーとされる傾向が続いていた。そうした中、こうしたタブーに立ち向かってきたのが、フェミニストであり、ゲイ、レズビアン、クィア（性的マイノリティの思想や文化・歴史を研究対象とする分野で用いられる理論）理論家であり、LGBT活動家であり、そしてHIV/AIDSや性感染症に取り組んできた研究者や医療従事者たちであった。こうした流れのなかで、性教育は、学校教育における正式な一分野として認められるようになってきたのである。

　性の領域における「適切さ」は、ここ数十年の間に大きく変わった。婚前の性交渉や同性間での性的関係などが次第に広がりを見せはじめ、今日では同性婚を認める国が世界30か国にまで及んでいる（Pew Research Centre 2019）。実際、同性間での性的関係は、犯罪者、精神障がい者、あるいは追い払うべき悪霊とまではいわないにしても、最低限それは公表せずに隠すべきタブーとされてきた。しかし近年では、祝福はされないまでも、受容され得るものへと変化している。社会の認識がこうしたスピードで変化していくなか、当然その変化に同調しない人びともいるわけで、社会における受容の形にムラがでてくることに何ら驚きはない。人や社会によって、同性愛やトランスジェンダーな人たちによる性の転換に対する捉え方は大きく異なることから、バーミンガムの学校で見られた対立のような、異なるステークホルダー間における強い感情の行き違いが生み出されるのである。性教育に関する問題は、もはや生徒に避妊について教えるべきか否か、教えるならば何歳から始めるのかといったこれまでの議論をはなれ、LGBTの人びとをどう社会に包摂するかという議論に変化してきている。この新しい領域は、今日の性教育における大きな論争点となっ

ている。

今日の社会生活において、セクシュアリティほど物議を醸している分野は
他にはないだろう。私たちが生きていく中でのセクシュアリティの意味や
位置づけ、そうしたものに対する疑問が毎日のように湧き出している…
（しかし）私たちが性的多様性にここまで注意を払うようになったのは、
比較的最近のことである（Williams and Stein 2002: 1）

　西洋社会の多くでは、人びとの性に関する価値観はリベラルなものとなって
いるにもかかわらず（他地域ではそれほどではないかもしれないが）、学校や
そこに通う子どもたちは、性的な存在だとは見られない（de-sexualised）こと
が多い。これを概念的に捉えてみるなら、「パブリック（公的領域）かプライ
ベート（私的領域）かに分類すると、学校教育は『パブリック』に属する一方、
セクシュアリティは間違いなく『プライベート』に属する」（Epstein and
Johnson 1998: 2）ということである。ここで言及されているのは、公的領域に
は国家や市民社会からの介入がある一方、私的領域にはそれがないという、自
由民主主義に貫徹する「線引き」である。Epstein らは、公的領域に属する学
校教育において、私的領域に属するセクシュアリティに関する介入を図るのは
困難であると指摘する。たしかにこれは、一つの大きな争点となる問題であ
る。
　同時に、「小児期」（childhood）、さらには「青年期」（youth）というものに
関しても、それを性的なものとは捉えない枠組みが存在している。子どものみ
ならず若者さえもが、「性」から守られるべき無垢な存在と見なされがちであ
る。子どもが性に関心を持ったり、性的行動の兆候が見られたりすると、保護
者は、学校や保護者以外の人びとによってもたらされた問題、あるいは異常行
動であると捉えがちである（Yamamoto 2009）。米国のフェミニスト学者であ
る Gayle Rubin は、「性」それ自体が若者たちにとって有害であるという考え
に基づいて、未成年者が性に関する知識を得たり、性体験をしたりしないよう
な社会的かつ法的な構造物が広範囲につくり上げられてきたと指摘している

（Rubin 1992: 268）。そしてこうした要因こそが、特に学校現場において性の
問題を取り上げることを難しくしている、と主張する。

> 子どもが無垢であるという考えは、私たちの文化における子ども対大人の
> 複雑かつ抑圧的な関係性を、より希望に満ちた前向きなものに変えようと
> する試みを妨害してしまう（Rubin 1992: 268）

とはいえ、学校は性という問題を完全に無視することはできなかった。たと
え正式なカリキュラムとして性教育やジェンダー教育が組み込まれていなかっ
たとしても、性やジェンダーに関する知識は、学校内で隠れたカリキュラムに
よって教えられてきたのである。

> 学校は、セクシャルな、あるいはその他の種類のアイデンティティが育ま
> れ、実践され、活発に生み出される場所である。生徒のみならず、教員や
> その他の関係者（たとえば、両親（通常は母親）やその他の保護者）も、
> 性差を備えた性的な存在として、そこで「学校による社会化」（schooled）
> を受けるのである（Epstein and Johnson 1998: 2）。

　もし教員が、恋愛関係は異性間によるもの、男子と女子はお互いにデートし
たいと思い合うもの、母親は子どもに対して父親が抱かない（もしくは考えも
しない）特別な本能を持つもの、といったような思考を前提に持つ場合、その
教員の下ではセクシュアリティやジェンダーに関する伝統的な教育が学校で行
われることになる。
　セクシュアリティと多様性への関心が急激に高まっているなか、性教育は、
あったとしても手短で最小限カバーされるだけのマージナルな領域から、一つ
の全体的なカリキュラムへと変化を遂げつつある。しかしながら、性教育は重
要であるという点に関して大まかにコンセンサスが取れているような場合で
も、バーミンガムでの対立に見られるように、何歳で、どのような内容が扱わ
れるのかといった議論が噴出することがある。言い換えれば、性教育を学校に

おける正式なカリキュラムとしてデザインし、実施していくにあたって直面する理論的かつ実践的な問題とは、つまるところ、どのような内容を、何歳で教えるべきかということである。これらの問いに対する答えは、カリキュラム作成に携わる、力のある人びとの政治的スタンス（イデオロギー的立場という意味での）に依存する部分が大きい。この問題については、後ほど再度言及する。

　ここでさらにもう一つ問題がある。セックスとセクシュアリティは容易に定義できる課題ではないということである。セクシュアリティ研究の社会学者Jeffrey Weeks は、彼の著名な著書『Sexuality』（1986）において、セクシュアリティを定義する際、まずは辞書の定義（性的感情の強さ。たとえば、個人の性的志向性や性的嗜好、性的行動など）を引用しているが、同時に、こうした定義はそれほど役に立つものではないと指摘している。そして、「私たちは、自分たちの研究対象は一体何なのかという点について、まだジレンマを抱えている…。セクシュアリティであるものと、そうでないのものを分かつような魔法の要素は何であろうか？」と述べている（Weeks 1986: 12）。また Carol Vance は、自身の画期的な著書『Pleasure and danger: exploring female sexuality』（1984）の中で、「セクシュアリティのセクシュアリティたるゆえんは、その多層的な意味、感覚、関連性にある」と指摘する（Vance 1984）。ここにおいて、同じ行動が、ある人にとっては性的に捉えられ、別の人にとってはそうではないという解釈の違いが生じうる。また、ある文脈では性的と捉えられ、別の文脈ではそう捉えられないということも起こり得る。こうした点を理解すると、セクシュアリティは生物学的な動因というよりも、むしろ社会の中で構築され、時と場所によって変化するものであることに気づく。

　社会構築主義的枠組みによる社会の理解が深まるにつれ、「性的行動に関する研究の文化的および歴史的特性」（Gagnon and Parker 1995, 8）を強調する新しい枠組みの中、セクシュアリティに関する学術的知識体系の全体像が再構築されていった。社会構築主義の論者たちは、セクシュアリティは、内的衝動に基づくものではなく、「ある種の歴史的および社会的状況」における「性的スクリプト（sexual script）」（Gagnon and Parker 1995, 8）の結果として引き起こ

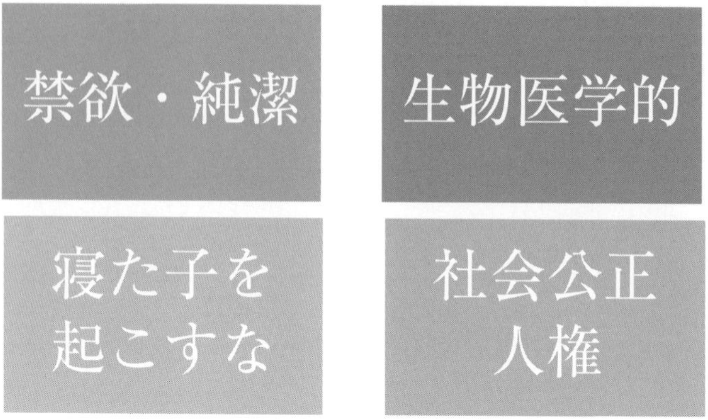

図1　性教育への4つのアプローチ

されるものである、と解釈している。

　性的スクリプト理論は、セクシュアリティの文化的、対人的そして精神的
側面を分析する方法として生まれた（Gagnon と Simon が先駆者）。

　セクシュアリティへの理解がますます複雑化する中、性教育のカリキュラム
を作成し教える立場にある教員たちは、いったいどうすればいいのだろうか。
まず、この分野におけるある程度の専門知識が求められるのは明らかであろ
う。では、子どもたちの保護者、おそらくはこの分野をほとんど学んだことは
ないが、こうした新しく複雑な領域への理解を求められている保護者たちは、
いったいどうすればいいのだろうか。
　ここで、性教育にまつわるイデオロギー（政治）的立場に話を戻したい。性
教育を、空間軸（異なる場所において何が教えられてきたか）および時間軸（異
なる時代において何が教えられてきたか）の双方から見てみると、性教育およ
びその内容についての理解が多様であることがわかる。言い換えると、同じ
「性教育」という名のもので、多様なアプローチが採られてきた。こうした多
様なアプローチは、大きく4カテゴリーに分類できる（図1）。その中で、最
も保守的なアプローチが、「禁欲・純潔」であり、子どもや若者が「性化」

（sexualizing）されることを恐れ、学校教育においてセクシュアリティの議論を一切行わないようにするものである。セクシュアリティに触れることはタブーであり、学校を性とは無縁の場に保つため、児童・生徒の行動や服装を厳しく監視するのである。そして、性的関係に踏み込んだ生徒同士の関係や、生徒の妊娠といった「スキャンダル」が発覚した場合には、そうした問題行動およびそれを起こした生徒たちは直ちに学校から排除されるのである。

6.　共生学に解決の糸口はあるのか？

　ここからは、バーミンガム、とりわけパークヒル小学校における対立の解決に向けて、実際どのような取り組みがなされてきたのかを共生学の視点から検討していきたい。

　はじめに、学校側が、主要なステークホルダーである保護者の懸念にどのように耳を傾け、対応してきたのか、その協議の過程を検討する。こうした過程の振り返りは、新しい教材の共有を可能にするための一つの重要なツールである。つまり、主要なステークホルダーを交えた話し合いは、「共生のアート」の重要な一側面をなす。

　Weale（2019）によると、Andrew Moffat は、ゲイであることを理由にある小学校で辞職に追い込まれた経験に基づいて No Outsiders プログラムを開発した。自身の経験から、No Outsiders プログラムでは、最初の段階として、ステークホルダーにプログラムの内容を知らせることから始めている。教材の第 2 章においては、プログラムを実施するにあたって学校が準備すべきことがらをまとめており、その中には、保護者と地域住民の代表から構成される学校理事会との協働や教職員研修が含まれている。さらに巻末には、保護者がプログラムについて知らされたかどうかを確認するための同意書の見本が添えられている。そして、プログラムの実施前には、保護者の懸念に耳を傾けるべく協議会を開くよう呼びかけている（Moffat 2017）。各ステークホルダーの意見を尊重し、関係者全体を話し合いの輪のなかに入れていこうという手法は、共生学的アプローチの一端をなすものである。しかしながら、McDonagh（2019）は、

現在抗議を行っている保護者たちは「知らされはした」が、適切な「協議」は行われていないと主張している、という。ここから、実際の協議の過程がどの程度開かれたものであったのかという疑問が浮かび上がってくる。

　協議は行われていないという保護者の声は、そもそも「協議」とは何を指すのかという疑問を投げかけている。Moffat は、放課後、保護者と子どもたちのために、No Outsiders に含まれるテーマについてのワークショップを開いていることで高い評価を得ている。また Moffat は、99％の児童がムスリムである学校で、パークフィールド・アンバサダーというクラブ活動を立ち上げ、イスラム教徒の子どもたちが異なる宗教や文化背景をもつ子どもたちと交流活動ができる機会を提供している（Weale 2019）。こうした彼の業績は、世界的にも称えられており、2019 年にはバーキー財団によるグローバル・ティーチャー賞において、最終候補者 10 名の中の 1 人に選ばれている。No Outsiders プログラム、保護者と子どものためのワークショップ、そしてアンバサダー・クラブの活動が認められたのである。包摂と寛容への取り組みという業績によって、最高の教師の 1 人として世界的評価を受けた彼が、まさにその取り組みのせいで地元において殺害予告や誹謗中傷を受けているというのは、なんとも皮肉なことである。また、バーキー財団が、イスラム教国であるアラブ首長国連邦副大統領兼ドバイ首長国の首長であるムハンマド・ビン・ラシード・アール・マクトゥームの支援を受けた財団であるという事実は、さらに皮肉としかいいようがない。しかしこの事実は、学校側とイスラム教徒の保護者の間にも何らかの協働の余地があることを示唆している。もっとも現時点においては、すべての関係者が前途多難と感じているのもまた事実ではある。

　共生学の視点から特に注目すべきなのは、双方の立場からは、ともに「人権の尊重」と「差別の撤廃」という点において共通の思いが唱えられている点である。No Outsiders は、英国の平等法（2010）を教える教材である。この法律は、年齢、障がいの有無、ジェンダー、シビル・パートナーシップを含む結婚の形態、妊娠・出産、人種、宗教・信条、性別・性的志向性などを理由にしたあらゆる差別を禁止する法律である。No Outsiders は、平等法の概要説明から始まり、その冒頭から一貫して人権の観点に基づいた包摂を唱えている。しか

し、ジェンダーの多様性や性的志向性の自由と、特定の宗教・信条の教義との間には、なんらかの対立が起こる可能性があることを見逃すわけにはいかない。LGBT について学校で教えることは、イスラム教徒の保護者を差別することにつながらないか？　反対に、非伝統的な家族のあり方やトランスジェンダーについての話題を避けることは、LGBT の家庭や子どもを差別することにつながらないか？　こうした問題を「人権」の観点で見直すことから、解決の糸口をつかむことはできないだろうか。

　人権の観点から解決策を探ろうとするイスラム教 NGO 団体のウェブサイトがある。Muslim Engagement and Development、通称 MEND である。MEND は、人権という言葉を用いることで、対立の緩和と双方の理解が育まれることを促している。No Outsiders プログラムにまつわる論争に関するある記事では、「MEND は、教師や学校職員、また学校の方針に抗議活動を続ける保護者、双方に対するいかなる虐待、脅迫、中傷をも強く非難する」（MEND 2019）と主張している。No Outsiders の著者 Andrew Moffat や、アンデルトンパーク小学校の Sarah Hewitt-Clarkson 校長が、これまでに殺害予告を含めた深刻な脅迫や誹謗中傷を受けてきたことは明らかである（Brazell 2019）。その一方で、抗議活動を行ってきたイスラム教徒の人びとも、同性愛嫌悪者として非難され、被害を受けてきたと報告されている（Haynes 2019）。問題は、こうした対立が子どもの保護者ではない者までをも抗議活動にひきつけ、その中にはさらに過激な思想をもった人びとが含まれることにもある。MEND は、対立に関わるすべての人びとに対して、脅迫や誹謗中傷を直ちに止め、異なる価値観を持つ者同士、お互いが敬意をもって向き合うように呼びかけている。ある記事の中では、LGBT とイスラム教徒コミュニティは、どちらも社会的にマージナルな立場に立たされているコミュニティであり、その点において両者は「類似」していること、ともに「憎悪や嫌悪に苦しめられてきた」経緯を共有していることを指摘している（MEND 2019）。こうした理解を推し進めることができれば、解決の糸口をつかむことも可能ではないだろうか。

　人権という観点から、さらに MEND は、英国の人権法（1998）第 9 条が、「思想、信仰、宗教の自由」を保障していると指摘する。そして、第一議定書の第

2 条に書かれている、「教育と学習に関する業務の遂行において、国は、…（略）…親がもつ、自身の子どもに宗教的および哲学的信念に見合った教育を受けさせる権利を尊重する」を引用している。そのうえで MEND は、議会協議会において、この親の権利が、Relationship Education（RE）、Relationship and Sex Education（RSE）、そして Health Education in England に及ぼした影響について語っている。こうした教育は、「子どもたちの宗教的背景を考慮したうえで」行われるべきこと、また、内容に関しても「宗教的特色をもつ学校では、子どもたちの信仰上の教えを反映させた内容」にすること（Department of Education 2019）を説いている。MEND はウェブサイト上で、「保護者と学校側は、上記の指針に従い、ともに協力して子どもたちに教えるべき内容について、またその内容がいかにイスラム教や他の信条で生きる人びとの価値観を反映させるべきかについての相互理解を深める」よう求めている（MEND 2019）。こうしたことがいかに実現困難かは、周知の事実である。しかし、こうした言説からは、宗教上の理由から同性愛を罪悪とみなすことはよしとしても、同性愛者その人たちを差別することは許されないという考え方をうかがい知ることができる。すなわち、「宗教上の理由から同性愛的行為を行うことは許されないが、それは決して LGBTQI＋コミュニティに属する人びとを差別してよいということではない」（MEND 2019）という考えを反映しており、ここに前進の可能性を見出すことができるのではないだろうか。釈然としない妥協案に映るかもしれないが、こうした考え方は、より生産的な対話への道を切り拓く布石となるかもしれない。

　バーミンガムでの対立に関しても、同様の見解が主要メディアで見られるようになってきている。イスラム教徒の臨床心理学者である Masuma Rahim 氏は、ガーディアン紙に掲載された「LGBT の人権を尊重する教育を行う学校にとって、信仰はその障壁となるべきではない」というタイトルの記事の中で、No Outsiders の教材を支持し、この教材が教えているのは LGBT に関するインクルージョンだけでなく、ジェンダー、人種、信仰、障がいの有無や年齢に対する差別など、いくつもの意味合いでのインクルージョンを教えているということを再確認させてくれると指摘している。その一方で、信仰の問題とは関わ

りなく、LGBT をどうしても許容できない人びとが存在するということも、私たちは認識する必要があると説いている。学校は、子どもや若者が自分とは異なる人びととも共に生きていける術を学べるような教育を施す必要がある。Rahim は、明確に次のように述べている。

> ジェンダーとセクシュアリティに関わる多様性がすべての人々に全面的に受け入れられることを期待してはいけない。それは、現実的ではない。しかし、LGBT の人びとや障がいのある人びと、そして民族的少数派の人びとに、同じ市民として平等に接し、彼らの権利を守り、かつ差別に対しては積極的に抗う姿勢をもつことは可能であるし、またそうすべきである。No Outsiders プログラムは、まさにこれらの実践を促すようにデザインされたものである。そう考えると、さしたる成果はないように見えるかもしれないが、少なくともそれを継続し、拡大させていくことは、間違いなくすべての人びとにとってよい結果をもたらすだろうといいうる（Rahim 2019）。

　キリスト教の聖職者である Mike Smith 牧師は、Church Society のウェブサイト上で、上記の見方に共鳴の意をを示している。彼は、No Outsiders プログラムを称賛し、自身が運営する学校でもその教材を使用している。しかし、Smith 牧師は、著者である Moffat について一点だけ批判している。それは、Moffat が主張する、「私たちはみな、多様性を促進し、違いを祝福する責任があり、そこには LGBT の人びとに対する平等も含まれる」という一文に対してである。この主張に対して牧師は、LGBT を受け入れがたい人びとに対しても、違いを祝福するように求めることは、配慮に欠けるものだと批判している。Smith 牧師は、すべての人びとに違いを「祝福」するように望むことは、真の意味での寛容の範囲を超えてしまっている、と指摘する。寛容とは、異なる信仰を持つ人びとが懸念を抱くことを許容する余地を残しておくことである。その点、教育省のガイドラインには、私たちは「機会均等」および「寛容と友情」を促進させる責任を担っているという表現が用いられており、より強く包摂を

求めるような言い回しがなされていると述べている（Department of Education 2019: 5.19 & 5.23）。私たちは、自分たちとは異なる信条やライフスタイルを持つ人びとを、必ずしも祝福しなければならないというわけではない。ただ、そうした人びととも友好的に、共に生きていく道を探すことはできるだろう。これこそが、「共生」ではないだろうか。Smith 牧師は、信仰コミュニティに属する人びととそうでない人びととの両方に対して、次のような深刻な問いを投げかけている。私たちはどのようにして、価値観や考え方が全く異なる人びとを尊重し、子どもたちのお手本となることができるのだろうか？　とりわけ人間の最もパーソナルで基本的な信念の領域にある「セクシュアリティ」において、どのような実践をなすことができるのか？　こうした根本的な問いかけが、共生学に対して投げかけられている。

7.　日本における性教育問題

　バーミンガムでの抗議活動は今も続いているが、保護者とコミュニティ代表者そして教育省を交えた 5 か月におよぶ話し合いの結果、追加教材として信仰コミュニティの価値観に沿うように改訂された『No Outsiders for Faith Communities』が新たに発行され、バーミンガムでは早速 2019 年 9 月から学校教育に取り入れられることになった。そのことがただちに新たな突破口となるわけではないにしろ、明らかに多くのステークホルダーが今回の問題に深く関わるようになってきている。イングランドとウェールズは、2020 年からの RSE 義務化に向けて動き出しており、こうした重要な対話は今後も間違いなく続いていくことだろう。

　バーミンガムにおける CSE 関連の抗議活動が劇的な広がりを見せた一方で、日本においては、もっとささやかな性教育の実施にすら手を焼いている現状があることを忘れてはいけない。日本の学校では、2000 年代初めに性教育に対する反発が生じた。2019 年 3 月、国連子どもの権利委員会は、日本に対して、「学校における性と生殖に関する健康および家族計画に対する教育があまりにも限定的なものにとどまっていること」に対する懸念を表明した（UN 2019:

34a）。

　日本の学校では、抗議活動を引き起こすような宗教的教育がなされていないにもかかわらず、性教育の実施は非常に困難なものになっている。政治家や教育委員会、さらには教員や保護者の間には、宗教的要素はなくとも、それ相応の保守的な考え方が根強く残っているように思われる。1992 年、HIV/AIDSに対する関心の高まりや若い年齢層での性体験報告の増加を受け、性的な成熟、生殖、性感染症に焦点を当てた限定的な教育プログラムが、小学 5 年生と 6 年生の学習指導要領に導入された。教員向けの研修も実施され、当時は「性教育元年」と呼ばれたものである。しかし 2000 年代の初頭、ジェンダー平等と性教育に対する大きな反対運動が起こった。学校側は、自分たちが提供しているプログラムが「過激な性教育」だと批判されることを恐れ、性教育に対して神経過敏になってしまった。

　こうした反対運動の中、いくつかの学校とその教員たちが指導要領に沿わない不適切な内容を生徒に教えたとして、懲戒処分を受けることになった。その最も顕著な例が、東京都立七生養護学校（現：東京都立七生特別支援学校）で起きた事件である。1997 年、知的障がいのある 2 人の生徒が性的関係を持ったことが発覚したのをきっかけに、学校側は性教育により力を入れ始めた。そして「こころとからだの学習」というプログラムを導入し、人形や歌を用いて男性器、女性器などについての教育を行った。これに対して、2003 年に反対運動が強まり、東京都議会は、七生養護学校で行われている授業内容が指導要領に沿わない不適切な内容であるとして、学校に対する攻撃を始めた。産経新聞もこれに同調し、「行き過ぎた」教育だと批判的な記事を掲載した。そして東京都教育委員会は、七生養護学校の校長および教職員らに対し厳重注意処分を行った。

　バーミンガムでの対立とは異なり、七生養護学校では、学校側と保護者側は、生徒たちは「こころとからだの学習」という形での性教育を受ける必要があるとの共通認識に立っていた。学校側は保護者らとともに、東京都議会と東京都教育委員会による性教育教材の押収および校長と教職員らへの懲戒処分などは不当であるとして、東京都議会に対して訴訟を起こした。裁判は最高裁判所に

まで至り、2013 年、東京都議会側の敗訴で決着がついた。しかし、この裁判が行われていた数年間は、どのような形であれ性教育を行うことは非常に困難となった。文部科学省は、何歳でどのような内容を取り扱うべきか、どのような言葉を用いるべきかなどについての規制を設けた。産婦人科医である河野美代子氏をはじめ、性教育の推進に関わっていた専門家によると、学校で性教育を行う際には、教育委員会の担当者が監視を行い、不適切な言葉を使わないかどうかについてチェックリストを用いてモニターしていたという（著者のフィールドワークによる）。

「指導要領からの逸脱」、そして懲戒処分を受けることへの不安は、性教育をより創造的なものにしようとする学校側の意欲を大きく削ぐ結果になってしまった。橋本ら（2011）は、2006 年度、中学校 3 年間を通して性教育に割り当てられた授業時間は、平均たった 9.19 時間であったと報告している。また橋本らは、たとえば子どもの成長について、かつては漫画のようなキャラクターを使って裸で描かれていたものが、今日の教材では服を着て描かれているというように、教材の中身がより保守的なものになっていると指摘している。学校で行われる性教育は、多くの場合、学級ごとではなく、学年という大きな集団に対して行われるようになってきている（斉藤 & 山田 2018）。その場合、子ども・若者のパーソナルな発達段階に適切に焦点化することはきわめて難しくなる。

日本は性教育に関して、先進諸国の中でも最も遅れをとっており、改善しなければならないことがたくさんあるという考えが、ここ数年の間に緩やかにではあるが出始めている。東京都教育員会は、2018 年に小学校と中学校、2019 年には高等学校の教員のための「性教育の手引」を改訂した。これまでの超保守的なスタンスから脱却し、子どもや若者が日々曝されている性に関する情報の洪水や、性感染症、性的マイノリティやセクシュアリティをめぐる最近の問題などに取り組むための、より効果的な教育を促すものになっている。手引書には、学習指導要領の範囲を超えた内容に関して、どのように保護者の同意を得るべきなのかという問題についても詳細な記述がある（東京都教育委員会 2019）。こうした流れは、これまでの「寝た子を起こすな」というスタンスか

ら、よりリベラルで実践的なスタンスへの移行を示唆している。しかしながら、こうした最近の注意深いアプローチも、ユネスコをはじめとする国連機関が推奨する CSE にはまだまだ遠く及ばない。

　2016年、文部科学省は、LGBT に関する教員用ガイドラインを改訂し、性自認や性的志向性といったテーマを人権教育の授業で扱ってもよいと明記した（文部科学省 2016）。LGBT への認識を高めようというこうした動きが、正しい第一歩であることは間違いない。実際、ヒューマン・ライツ・ウォッチは、文部科学省によるガイドラインの改訂は、インクルーシブ教育の達成に向け本気で取り組もうという意思のあらわれだと評価している。しかしながら、それだけでは不十分だとも指摘している。彼らが行った日本全国の生徒、教員、学校管理者を対象とした独自の調査では、学校がすべての生徒にとってインクルーシブで安全な場所となるためには、提案にとどめるのではなく、こうしたガイドラインを義務化していく必要があることが明らかになったという。そして、日本の性教育の政策と実践は、とりわけ性的志向性と性自認に関して、国連が推奨する基準には達していないと結論づけている（Human Rights Watch 2016）。

　昨今のこうした動きが、正しい方向への第一歩であることは間違いない。と同時に、CSE を日本の学校に取り入れたいと願っている教員や医療従事者にとって、そしてその導入を心待ちにしている保護者らにとって、まだまだ問題が山積していることもまた間違いない。例えば2018年には、東京都足立区の教員が「不適切な性教育」を行ったと判断され、東京都教育委員会に訴えられるという事件が生じている（斉藤＆山田 2018）。

8.　おわりに

　本章では、ユネスコをはじめとした国連機関が推奨する ITGSE を取り上げた。続いて、英国バーミンガムで起きた No Outsiders プログラム、とりわけ LGBT のインクルージョンをめぐる学校と保護者の対立を、深く掘り下げて考察した。No Outsiders プログラムが導入される前における学校側から保護者側

への説明が不十分であったがために、保護者からの抗議や誤った情報の流布を回避できなかったという事情がそこにはあった。その結果として、抗議活動がエスカレートし、教員は嫌がらせを受け、子どもたちは学校へ行けなくなってしまった。イギリス政府は、すべての子どもたちは小学校卒業時に、非伝統的な家族のあり方、性転換、ジェンダーの平等についての知識を持っているべきであるという方向性を明らかにしている。このバーミンガムの一件では、教員らと一部の保護者らが協力して追加教材となる『No Outsiders for Faith Communities』をつくり上げた。最終的には、裁判所が保護者らによる抗議活動に対して判断をくだし、学校の周りに立ち入り禁止区域が設けられることになった。この対立では、宗教コミュニティの権利とLGBTの子どもたちおよびその家族の権利という双方の権利の保障について、両者に受け入れ可能な妥協案を模索する中で、よりリベラルな宗教グループ、イスラム教徒、そしてキリスト教徒からさまざまな反応が寄せられることとなった。

　続いて、同様の論争が続いている日本における性教育、ジェンダー平等、トランスジェンダーの状況を、英国の状況と比較する形で取り上げた。日本では、1990年代後半から2000年代にかけて性教育への反対運動が強まり、独自の性教育プログラムを作ろうとする学校が厳重注意を受けたり、ひどい場合には裁判沙汰になったりするリスクを抱えていた。東京都教育委員会による「性教育の手引」改訂版や、文部科学省によるLGBT問題に関する教職員向けパンフレットの作成はなされたものの、日本における性教育は、さらに発展すべき余地を残している。内外の専門家は、日本はアジア太平洋地域においても、先進諸国のなかでも、まだまだ遅れを取っていると指摘する。日本では、文部科学省や教育委員会によるトップダウン式のやり方に、教員や保護者が異議を唱え、抗議活動を起こすような動きはほとんど見られない。ただ一部の熱意ある推進派とその支持者が、強硬な立場をとるのみである。日本では、主要なステークホルダー（学校当局、教師、学校長、保護者、児童・生徒）が有意義な協議を行うための仕組みづくりはいまだ生み出されていない。それができれば、有意義な議論を通じて、日本の性教育もさらに発展していくことができるのではないだろうか。問題解決に向けた共生学的アプローチの視点からいうな

らば、すべてのステークホルダーがカリキュラムのガイドラインや教材作成に共に関わること、それこそが必要とされているように思われる。

（Beverley Anne Yamamoto）

（翻訳　岩浅拓磨、小笠原理恵）

【参考文献】（ウェブサイトはすべて 2019 年 12 月 27 日閲覧）

斉藤寛子・山田佳奈（2018）「性教育授業を都議が問題視、都教委指導へ　区教委は反論」朝日新聞
　https://www.asahi.com/articles/ASL3Q74RPL3QUTIL08G.html

東京都教育委員会（2019）「性教育の手引き」に関する改訂について」
　http://www.metro.tokyo.jp/tosei/hodohappyo/press/2019/03/28/22.html

橋本紀子ら（2011）「日本の中学校における性教育の現状と課題」教育学研究室紀要：「教育とジェンダー研究」9 号　3-20　女子栄養大学

文部科学省（2016）『性同一性障害や性的指向・性自認に係る、児童生徒に対するきめ細かな対応等の実施について（教職員向け）』
　http://www.mext.go.jp/b_menu/houdou/28/04/1369211.htm.

Brazell, E.（2019）All schools to get support on teaching LGBT lessons after angry parents protest., *Metro.* 1 Sept. 2019.
　https://metro.co.uk/2019/09/01/all-schools-to-get-support-on-teaching-lgbt-lessons-after-angry-parent-protests-10665028/

Department of Education（2019）*Relationships Education, Relationships and Sex Education, and Health Education in England.* February 2019.
　https://assets.publishing.service.gov.uk/government/uploads/system/uploads/attachment_data/file/780768/Government_Response_to_RSE_Consultation.pdf

Epstein, D. and Johnson R.（1998）*Schooling sexualities*. Buckingham : Open University Press.

Gagnon J. and Parker R.（1995）'Conceiving sexuality' in Parker and Gagnon eds. *Conceiving sexuality : References : approaches to sex research in a postmodern world*, New York : Routledge.

Haynes, J.（2019）More Birmingham schools suspend No Outsiders LGBT lessons underpProtest. *Birmingham Live.* 27 May, 2019.
　https://www.birminghammail.co.uk/news/midlands-news/more-birmingham-schools-suspend-no-16000250

Human Rights Act of 1998, Article 2 of the First protocol : Right to education.

https://www.equalityhumanrights.com/en/human-rights-act/article-2-first-protocol-right-education

Human Rights Watch（2016）Human Rights Watch submission on Japanese school curriculum revision.
https://www.hrw.org/news/2016/10/07/human-rights-watch-submission-japanese-school-curriculum-revision

McDonagh, M.（2019）Should Muslim parents be allowed to challenge LGBT lessons?. The Spectator. 19th October 2019.
https://www.spectator.co.uk/2019/10/should-muslim-parents-be-allowed-to-challenge-lgbt-lessons/

Muslim Engagement and Development（MEND）（2019）*MEND Statement: Parkfield School*. https://www.mend.org.uk/resources-and-publications/briefing-papers/

Moffat, A.（2017）No outsiders in our school: Teaching the equality act in primary schools. Abingdon, Oxon: Routledge

Pew Research Centre（2019）Fact Sheet: Same sex marriage around the world. 28, October, 2019. https://www.pewforum.org/fact-sheet/gay-marriage-around-the-world/

Rahim, M.（2019）Faith should be no barrier to schools teaching about LGBT rights. *Guardian*. 4 February, 2019
https://www.theguardian.com/commentisfree/2019/feb/04/faith-religion-lgbt-rights-school-no-outsiders

Rubin, G.（1992）'Thinking sex: Notes for a radical theory of the politics of sexuality', in Vance Carol（ed.）*Pleasure and danger: Exploring female sexuality*, Boston: Routledge & Kegan Paul

Scott, Joan Wallach（1999）*Gender and the politics of history*, New York: Columbia University Press.

Smith, M.（2019）*No Outsiders. Church Society*. 26 June, 2019.
http://churchsociety.org/blog/entry/no_outsiders

UNESCO（2018）International technical guidance on sexuality education, Revised edition. Paris: UNESCO.

UN（United Nations）（2019）Convention of the Rights of the Child: Concluding observations on the 4th and 5th periodic reports of Japan. Committee on the Rights of the Child, UN. March, 2019.
https://tbinternet.ohchr.org/_layouts/15/treatybodyexternal/Download.aspx?symbolno=CRC/C/JPN/CO/4-5&Lang=En

Vance, C. ed.（1984）*Pleasure and danger: Exploring female sexuality*, Boston: Routledge & Kegan Paul.

Weale, S.（2019）Teacher targeted over LGBT work shortlisted for $1m global award.

The Guardian. 21 February, 2019. https://www.theguardian.com/education/2019/feb/21/teacher-targeted-over-lgbt-work-shortlisted-for-1m-global-award

Weeks, J.（1986）*Sexuality*, London: Routledge.

Williams C. and Stein A. eds（2002）*Sexuality and gender*, Oxford: Blackwell Publishing

Yamamoto, B.A.（2009）A window on trends and shifting interpretations of youth sexual behaviour: The Japan Association of Sex Education's 'wakamono no hakusho' reports 1975 to 2006. *Social Science Japan Journal*, 12(2), pp. 277-284.

第Ⅲ部

ともに生きる

第 7 章

国際的支援と住民の自助を再考する
—— ケニア・スラムの無認可私立学校を事例として

【国際協力】

1. 共生とコンヴィヴィアリティ

　本章の目的は、国際的支援が行われる現場において、そのような外部からの支援と住民の自助の関係について、「共生的視点」から捉えなおすことにより、支援者・被支援者の間で起こる事象を読み解くことである。国レベルでは、国際協力・開発協力を行う理由や必要性について、古くから議論が行われてきた。そのような場合、これから議論をしようとする「共生的視点」は、大して重要な課題ではなかったかもしれない。なぜなら、基本的には二国間や多国間の事柄であり、個人的な要素は、深く考慮する対象ではなかったからである[(1)]。

　国家間の国際協力として実施される生活改善プロジェクトであれば、発展途上国（以下、途上国）の人びとは必要な知識を持たず、自らの努力も十分ではないことを前提として、プロジェクトが開始されることが多い。これは伝統的な技術協力の宿命でもあり、そのようなケースもあるだろう。しかし、援助機関側の関係者がそのような立場に立つ背景には、裨益者である草の根の人びとと接触する時間が少なく、個々人の生活実態を十分把握していないことがある。そのような反省もあり、近年、コミュニティの人びととの協働が前提となるプロジェクトは、それを得意とする NGO が実施することが多くなった。

---

(1)現在では、「人間中心の開発」や「人間の安全保障」という考え方が前提となっているが、このような概念が出てきたのは 1990 年代以降のことである。逆にいえば、それまでは開発において「人間」が軽視されてきた経緯がある。

　このような国際的な支援と住民の自助の関係性を捉えなおすため、その事例として、ケニアの首都ナイロビのスラムにおいて運営されている、無認可かつ低学費の私立初等学校（以下、A校）を取り上げる。この理由は、この小さな学校をめぐって、外部者の支援と住民の自助について、われわれに再考を促す「事件」が起こったからである。特に、このA校を創設した人物（以下、C氏）に焦点を当て、学校を設立し、運営することの意味、そして国際的支援を受けたことにより起こった事柄を見ていく。この私立校は、キベラ・スラム（後述）内に暮らすC氏の個人的な意志により2009年に設立され、それから2年後に米国のNGOから支援を受け始めた。財政的には安定し、新たな校舎が建設され、生徒数も増えていたところであるが、NGOとの運営方針の食い違いから、C氏は突然、学校を追放されることになった。

　しかし、驚くことに、このC氏は、解雇されてからわずか2週間後に、新たに学校として使える施設を探し出し、再び学校（以下、B校）を運営し始めたのである。そのB校の財政状況を尋ねると、収入に比べて、支出が明らかに超過しており、赤字を垂れ流しているような状態であった。収入の中心は授業料になるが、それを支払っているのは、2割程度の保護者であるという。外部者が慈善事業として行うのであれば理解できるが、C氏はこの危機的状態を大して心配しているふうでもない。教師の任務は、本人の知り合いで中等学校を卒業したスラム出身の若者や長期休暇中の大学生が担っていたが、ほとんど給与を受け取っていない。それでも、教師は働きに来るのである。いったいなぜなのだろうか。

　このC氏と筆者の出会いは、生徒の保護者を通じた偶然なものであった。2014年に初めて会った時、C氏は32歳（1982生まれ）であった。初等学校4年までスラム内の学校にいたが、その後、祖母の住むビクトリア湖に近い西部地域に引っ越し、中等学校を2002年に卒業している。授業料を工面するため、授業の始まる前、早朝5時から畑仕事を手伝っていたという。2004年からナイロビの警備会社で夜間働きながら、コミュニティ開発の専門学校に2年間通い、2006年に卒業している。印刷会社でも働いたが、2008年からコミュニティ組織に参加し、そこでの活動に専念することになる。このようなキャリアを積

みながら、2009 年に自ら学校を設立し、運営することになるのである。就学機会のない子どもを目前にして、コミュニティのために働きたいという思いからこの学校を始めたということであった。

　このような C 氏の行動は、筆者にとっては、本当にそのとおりなのか、にわかには信じられないことであった。財政的な裏付けがなく、あまりにも美談に聞こえたからである。しかし、それを解くカギと思えるのが、冒頭で掲げた「共生的視点」であり、共生という概念に関連するコンヴィヴィアリティ（conviviality）である。このコンヴィヴィアリティは、英和辞典で調べると、酒興・宴会気分・陽気さ・上機嫌など、およそ本章で扱おうとする深い意味はないように見える。しかし、古くはイヴァン・イリイチ（Ivan Illich）、近年ではフランシス・ニャムンジョ（Francis Nyamnjoh）[2] が提唱するコンヴィヴィアリティは、その時代背景やそれが包含する意味から、前者では「自立共生」（1989 年）という訳語が充てられ、後者では「共生的実践」（2016 年）と訳されている。それぞれ、相当に苦労して、議論を重ね、訳出した形跡がある。この両者に共通する用語が「共生」であり、本章での「共生的視点」を探り出す糸口とすることを考えた。

　現地調査は、2015 年 2 月と 9 月、2016 年 9 月、2017 年 3 月ならびに 2018 年 9 月にそれぞれ数日から 1 週間行った。2015 年の調査は、B 校の開設前であり、A 校のみで行ったが、2016 年以降は A 校と B 校の両方で行った。C 氏を中心とする教師に対する半構造化インタビューに加え、教師と 7 年生あるいは 6 年生を対象として、学校や同僚の教師、キベラの生活環境に対する意見を知るため、質問紙調査も実施した。

　以下、ケニアにおける低学費私立校の勃興とその役割、事例として取り上げる A 校の設立経緯、財務状況および教員・生徒、C 氏の A 校からの追放と B

---

(2) カメルーン出身でケープタウン大学社会人類学部教授である。京都大学が中心になり行っている研究プロジェクト（「アフリカ潜在力」と現代社会の困難の克服：人類の未来を展望する総合的地域研究）に関わる中で、その存在を知った。近年、『思想』（1120 号、2017 年）や『世界』（924 号、2019 年）にその論考が掲載されている。また、「アフリカ潜在力」シリーズ全 5 巻（京都大学学術出版会、2016 年刊）は、フィールド経験豊富な研究者による斬新な論考が展開され興味深い。

校の新設、財政状況・教員、そして共生的視点からこのような学校運営が行われる理由を読み解いていく。最後に、なぜ人びとは生活が苦しい中で学校をつくり、薄給でも教師として働くのかについて考察する。

2. 低学費私立学校の勃興とその役割

公教育を支える私立学校

ケニア政府は、国連のミレニアム開発目標のひとつとして、初等教育の普遍化を積極的に推進してきた。しかし、それを達成するだけの十分な財政基盤はケニア政府にあるはずもなく、その多くは援助機関に依存することになる。その一方で、公立校に比べてはるかに速いスピードで、私立校が増加するという現象が起こっている（表1）。

この私立校の大半は、小規模な学校であり、公立校は授業料が無償であるのに対して、私立校は有償である。それでも私立校に通わせる保護者が貧困層の中でも多い。この理由は、公立校の学級規模が大きいこと（都市部では100人以上の場合もある）、授業料以外の名目で費用を徴収するなど、費用と便益を考えた上で、私立校を選択する家庭も少なくないからである。これには、ケニアが学歴社会であるという背景がある。少しでも高学歴を得るには、初等学校修了試験（KCPE）で好成績を得て、上位の大学に入学できる可能性の高い、優秀な中等学校へ入ることが重要になるため、公立校に比べて少人数で、質の高い教育を提供している私立校に人気が集まることもある。

こうした低学費の私立校は、インド、ガーナ、ナイジェリアなど多くの途上国にあり、数多くの先行研究が存在する（たとえば、Tooley & Dixon 2005; Srivastava ed. 2013）。一連の研究で明らかになったことは、これらの学校は初等教育の普遍化を達成するために重要な役割を果たしてことに加え、学業成績が公立校に比べても良好で、質の悪い教育を貧困層に対して提供しているわけではないことである。

本章で事例とするA校とB校は、このような政府の統計にも表れない無認可の学校である。私立校が勃興していることは、先に述べたとおりであるが、

表 1　ケニアの初等学校数の年次推移（公立・私立別）

種別＼年	2014	2015	2016	2017	2018
公立	21,718	22,414 （3.2）	22,939 （2.3）	23,584 （2.8）	24,241 （2.8）
私立	7,742	8,919 （15.2）	10,263 （15.1）	11,858 （15.5）	13,669 （15.3）
計	29,460	31,333	33,202	35,442	37,910

注：括弧内の数値は、対前年比増加率（％）
出所：KNBS（2019, p.225）

このような無認可の学校を含めれば、民間による学校の新設数は、もっと多い
ことになる。次に述べる就学率統計の不一致からは、そのような学校が少数で
はなく、公教育を支える重要な役割を果たしていることがわかる。しかし、政
府は私立校の設置を推進するような政策をとっているわけでもなく、これだけ
の数の初等学校が個人の手により増える理由は、利潤を追求してのことだけで
は説明できない。

都市部での無認可私立学校の存在

ケニアの初等教育就学率統計としては、教育省が行う学校調査（全数）に基
づくデータベース（Educational Management Information System：EMIS）と、家
計調査（標本）である人口保健調査（Demographic and Health Survey：DHS）
のデータによるものの 2 種類がよく使われる。本来、近い値を示すはずの
EMIS と DHS の純就学率（NER）であるが、両者を比較すると、ケニア全国
の平均には大差がないものの、ナイロビ県の数値は EMIS データの方が 15 ポ
イントも低いことがわかる（表 2）。さらに、両者の NER をナイロビ県と全国
平均で比較すると、EMIS データではナイロビ県の値は 10 ポイントも低いが、
逆に DHS データでは 7 ポイント高い。

このような大きな不一致が生じる理由は、先に触れたとおり、ナイロビ県に
おいては教育省に正式に登録されていない無認可の私立校に就学する子どもが
非常に多いためである。たとえば、家計調査により就学・不就学の確認をすれ

表2　初等教育就学率の EMIS および DHS データの比較（単位 %　2014 年）

地域		EMIS			DHS		
		男	女	計	男	女	計
ナイロビ	NER	77.7	77.9	77.8	92.3	93.2	92.8
	GER	84.3	83.7	84.0	105.7	101.2	103.3
全国平均	NER	90.0	86.4	88.2	84.8	86.7	85.7
	GER	105.6	101.4	103.5	109.2	105.5	107.3

注：EMIS は教育省、DHS は統計局によるデータ。
　　NER：純就学率、GER：総就学率。
出所：MoEST（2015）；KNBS et al.（2015）

ば、通学する学校が認可か無認可であるかは、調査者および家族にとっては関係ないことである。一方で、教育省の調査は、登録されている認可校だけを対象とするので、無認可校で学ぶ子どもの数は、算入されることがない。

キベラ・スラム内の無認可私立学校

　ケニアの首都ナイロビの住民（336 万人）は、その 6 割がいわゆるスラム、非正規市街地で暮らしているといわれている。ナイロビの土地面積のわずか 6% に相当するスラム地域にこれだけの人びとが集住しているのである。市内には 10 カ所のスラムがあり、キベラは、最大の人口を有し、アフリカ最大規模の都市スラムである。このキベラにおける学校の状況は、ナイロビ県教育局に確認しても適切なデータがなく、具体的な状況はほとんど把握されていない。

　このようなキベラ・スラム内の学校について、NGO であるマップ・キベラ・トラストによる 2014 年 8 月から 2015 年 4 月にかけての調査結果（Map Kibera Trust 2015）が公開され、学校の位置と教員・生徒数などの詳細が明らかになった。これによれば、キベラ（エステートと呼ばれる区画整理された私有地を含む）には、公立校を含め、確認されただけでも 335 の学校（就学前教育 144、初等教育 147、中等教育 31、職業教育 13）があり、その 81% が無認可であるとされている（同報告書）[3]。キベラ地区の初等教育就学者数は、29,047 人で

表 3　キベラ地区の公立・私立初等学校の比較

項目＼学校種別	公立校	私立校
学校数	11	136
生徒数（男女計）	13,056	15,991
男	6,418	7,831
女	6,638	8,160
1 校あたりの平均生徒数	1,187	118
教員数（男女計）	274	791
男	52	314
女	222	477
1 校あたりの平均教員数	24.9	5.8
教員 1 人あたり生徒数	47.7	20.2

出所：Map Kibera Trust（2015）のデータベースを使って算出

あり、このうち公立校に通っている子どもは 13,056 人である。キベラのスラム地区に開設されている初等学校の数は、筆者が地図上で選別したところ、キベラ全体の初等学校 147 校のうち 92 校である。

　キベラ地区の学校をマップ・キベラ・トラストが公開するデータベースをもとに、私立校と公立校に分けて、両者の特徴を整理したものが表 3 である。そこからわかる特徴は、次のとおりである。①私立校の数は、公立校の 12 倍以上ある。②各私立校の規模は、公立校に比して、生徒数は 10 分の 1、教員数は 4 分の 1 以下である。③教員 1 人あたりの生徒数は、公立校が私立校の 2.4 倍ある。④教員の男女比は女性が優位であり、その格差は公立校で顕著である。⑤就学生徒数では私立校が 55％を占める。⑥就学生徒数のジェンダー格差はいずれもほとんどない。

　公立校と私立校では、その学校規模の差は歴然としているが、半数以上の子

---

(3) 政府の認可であっても、教育省ではなく、学校教育外の施設として、他省の認可を得ている場合もある。初等教育に限れば、11 校の公立校を除いた 136 校の私立校のうち、教育省に認可されている学校は、ほとんどないことが想定される。

どもは私立校に在籍している。何よりも教員1人当たりの生徒数で見ると、私立校の方が少なく、人数面では質の高い学習指導が実践されていることが推測される。それを裏付ける一例として、ナイロビのスラムにある低学費私立校と公立校生徒の英語、スワヒリ語、数学の成績を比較したところ、スワヒリ語と数学については、低学費私立校が上回っていることが報告されている（Dixon et al. 2013）。また、初等教育が無償化（2003年）された後も、保護者は無認可私立校を積極的に選択する動きがある（Oketch et al. 2012）。そして、学校選択の要素としては、各学校の学業成績および必要経費（授業料など）が重要であり、政府による認可・無認可は関係ないことがわかっている（大塲 2011）。

3. A校の設立経緯、財政状況および教員・生徒

設立経緯

C氏が一個人として、2009年にストリート・チルドレンなど、厳しい状況にある子ども30人（男5人、女25人）を受け入れたのが、A校の始まりである。2011年には生徒数は182人（就学前クラスの3歳から2年生まで）にまで増えている。教室としては、子どもの数により、作業小屋や少し広めの集会所を間借りしていた。現在の土地に2012年に引っ越せたのは、その前年に子どもとサッカーをしていた広場で米国のNGO関係者と出会い、その支援を得て校舎1棟（6教室と調理場）を建設できたからである。

この時点では、4年生までを受け入れ、生徒数は248人であった。その後、学年進行により高学年の生徒を受け入れるようになり、2014年には最初の校舎から50メートルほど離れた場所に2棟目（4教室と職員室・校長室・倉庫）が建設された。2015年には7年生までの341人（男171人、女170人）が学んでいる。

財政状況

2015年の調査時には、生徒から月500シリング（約5ドル）の授業料を徴収し、主に教員等の給与と給食代に充当していた。しかし、この納付率は低く、

約 340 人の生徒のうち、全額を支払う者は 100 人程度で、約 80 人はまったく支払わないという。仮にその他の生徒の支払額を 250 シリングとすると、全収入は約 90,000 シリングになる。それに加え、NGO が毎月約 60,000 シリングを教員給与の一部として負担しているとのことで、総収入は約 150,000 シリングである。支出は、教員 13 人に加え、ソーシャルワーカー、看護師、調理人などを 5 人雇用しており、18 人に月額 6,000 シリング、全員で 108,000 シリングとなる。これに加え、給食代が毎月約 90,000 シリング必要となり、すでに大幅な赤字である。

教員

　2018 年 9 月の時点で、全教員数は 15 人（男 6 人、女 9 人）であった。いずれもキベラで暮らしている。年齢は、58 歳の 1 人を除けば、平均 29 歳である。生まれは 4 人がキベラであるが、残りの 11 人は 2005 年から 2016 年の間に（年齢的には、10 歳代後半から 30 歳代前半が大半）移り住んでいる。学歴としては、初等教員養成カレッジを卒業した者が 6 人、中等学校卒業が 9 人である。学校までの通勤時間は 20〜40 分で、同じスラム内に暮らしているとはいえ、自宅までは一定の距離がある。民族的には、スラム内の A 校のある地区には、主にルオ人とルヒヤ人が居住しており、全教員がこのいずれかである。

　教師として働くことの動機付けは、2018 年 9 月に行った質問紙調査によれば、主に 3 つある。まず、生徒に教えるという重要な役割を担えること。次に、教職員の中に一体感（unity）があり、皆が協力的（cooperative）なこと。最後に、給料が定期的に支払われることである。教師にインタビューしたところ、子どもに対する責任感と共感の度合いが明らかに高かった。公立校ではそれほど感じられないことであり、同じような境遇にあった経験と同じコミュニティに暮らしているからであろう。実際に、生徒の家族の苦境を知り、個人的に食料や現金を提供している教師もいる。子どもが変われば家族も変わる、子どもが家族にとってのロールモデルとなることを期待する声なども聞かれた。

生徒

多くの生徒は、両親と兄弟姉妹などと生活し、1軒、1間の部屋をカーテン等で仕切り、6〜8人で暮らしている。キベラの嫌いな点は、排水などの住環境の問題を挙げる生徒がほとんどで、それに加え、けんかや窃盗、家のつくりというものもある。一方、好きな点はさまざまであり、学校や病院、教会が近くにある、人びとが助け合っている、店が多く経済活動が活発、電気がある、水道がある、学校があり勉強やスポーツができる、といったもので、スラムに住むことの利便性が挙げられている。

2015年9月の調査時に、7年生全員（男8人、女11人）に対して、インタビュー調査も行った。通学時間に20〜30分かかっている生徒が多いが、A校を選んだ理由は、教育の質（成績、教員、建物など）が良いことに加え、ここで働く教職員の兄弟姉妹や親戚であるなど、具体的な血縁があるケースも多く、ルオ人あるいはルヒヤ人が9割以上である。特筆すべきことは、ほぼ全員が教員の質の高さ（毎日来て、しっかり教えてくれる）を誇りに思い、勉強することを楽しんでいることである。

4. C氏のA校からの追放とB校の新設、財政状況・教員

A校からの追放とB校の新設

住民の自助により、順調な成長を見せていたA校は、支援するNGOからすると、短期的な効果も出やすく、魅力的な存在である。そして、2012年から本格的に支援が始まり、校舎などの学校施設もコンクリート造りで新しくなった。生徒数は増え、教員給与なども補填され、創設者であるC氏や教員は満足し、その経営は安定していた。ところが、このような蜜月期は4年ほどで終わり、C氏は、2016年1月4日（1学期の始業日）に突然、C氏の運営方針を好ましくないと考えるNGOから学校を追われることになる。

しかし、追放されてからわずか2週間後の1月18日に、C氏はA校から500メートルほど離れた場所に学校を作り開校したのである。C氏を信頼し、2015年に7年生であった12人（男2人、女10人）がA校から転校していた。

この時点での生徒数は、これらの 7 年生を含め、45 人であった。逆にいえば、この 2 週間という短い期間で、33 人の新たな生徒を獲得したということでもある。2016 年 9 月には 60 人にまで増え、2017 年 3 月に訪問した際は、80 人とのことであった。

　2018 年 1 月には、家賃がそれまでの 5,000 から 8,000 シリングと、高額になるにもかかわらず、よい物件に空きができたということで、引っ越しをしている。そして、2018 年 9 月の生徒数は、学校の場所が人びとの集まりやすい幹線道路沿いになり、126 人に増えている。生徒数の点では、順調なように見えるが、大きな問題は、授業料の徴収がうまくいっていないことである。たとえば、2018 年 5 月分の授業料を一部でも納入しているのは、出納簿で確認したところ、わずか 27 人（21％）だけであった。

B 校の財政状況

　2017 年 3 月に訪問した際に総収入を尋ねたところ、月額 6,000～7,000 シリング（約 60～70 ドル）とのことであった。80 人の生徒数で、月額授業料は 500 シリングなので、全員が完納すれば、40,000 シリングになるはずである。家賃だけでも月 5,000 シリングが必要なので、まったく収支が合っていない。教員の給与と家賃は、1 月から未払いの状態であるという。このような学校がなぜ存続できるのか。C 氏自身に個人的なゆとりの資金があるとは思えない。それでも、学校を続けられるのはなぜだろうか。

　まず、教員がほとんど給与を受け取っていないことが挙げられる。通常の仕事であれば、給与が支払われなければ、転職をするか、勤務をしないであろう。それが教員は生活給を他の仕事で稼ぎながら、学校に来て教えているのである。まさにボランティア活動である。施設を貸す大家にしても、家賃の納入が滞っていても、厳しく請求しにくいという面がある。地域で子どもたちを守り、育てていくという価値観が共有されているように思える。

B 校の教員

　2018 年 9 月の時点で、教員は C 氏を除くと 4 人（男 2 人、女 2 人）である。

この4人は、いずれも20歳代で、中等学校を卒業しているが、カレッジには進学していない。このうち3人は、2017年1月から勤務し始めている。その1人（23歳、男性）へのインタビューによれば、給与は2か月に1度ぐらい支払われるとのことであった。それに対して、不満を漏らすことがまったくない。そこで、どのようにして生計を立てているのか尋ねると、近くの食堂でウェイターやクリーナーとして働き、月7,000シリングを得ているという。夜の8時から12時まで働き、深夜に帰宅すると危険なので、朝になって自宅に戻るという。家賃は3,000シリングで、もう1人とシェアしているので、自己負担分は1,500シリングである。

　同教師に、なぜ給与も払われないのにこの学校で教えているのか質問したところ、他の教師との関係がよい、C氏がロールモデルで、励ましてくれたり、助言をくれたり、信頼できるから、という返答であった。自身が中等学校に行っていた時に、C氏がサポートしてくれたことを恩義に思い、また少しのものでもシェアすることを誇りにしているという発言があった。また、7年生の女子生徒は、母が亡くなった時、涙を拭いてくれた教師に対して特別に感謝していた。

5.　共生的視点から学校運営を読み解く

スラム内にある学校の特質

　A校およびB校での調査結果から、スラム内にある学校の特質として、次の4点が挙げられる。まず、学校の設立はスラムに暮らす個人の意志で始まることである。政府による教育の提供が行き届かない地域では、人びとは自ら行動を起こし、学校をつくり、自立的な運営を行っている。また、スラムであるからこそ、教員と生徒が同じ地域に住み、信頼関係ができている。そして、無認可であるからこそ、行政的な手続きが不要で、教員資格の有無にかかわらず教師として働き、規則に縛られない学校運営が可能となっている。

　第二に、最貧困家庭に配慮した学校運営が行われていることである。特に、B校においては、経済的に困窮度の高い家庭が多く、授業料全額を支払う家庭

は、全体の2割程度である。保護者に授業料の督促はしても、未払いにより出席を禁止することはしていない。学校側も、現金がなければ仕方がない、と簡単にあきらめている。このような未払いを容認することは、最貧困層にある子どもの就学機会を保障しているとも理解できる。

　第三に、学校が持つ結節点としての機能である。学校や個々の教員は、子どもを通して家庭にまで関わりを持とうとしている。C氏は、「質の高い教育を10人の子どもに提供できれば、10の家庭を変えることができる」という。困窮度の高い家庭には、個人的に食料を提供する教員もいる。スラムで好きな点として、困っていれば誰かが助けてくれる、ということを挙げた生徒が多かった。学校などの場を通して、他者を支えるという、相互の助け合いが日常的に行われている。学校を結節点として、貧困層にある人びとがつながり合い、より貧困にある人びとを支援するセーフティネットが設定されているのである。

　最後に、教師の勤労意欲を高める要因として、同じコミュニティに暮らす教師が持つ子どもに対する使命感は大きい。特に住居がお互いに近い教師との間には、密接な関係性と信頼感が醸成されている。特にC氏がいた頃のA校には、教員間に連帯感があり、それが薄給でも教員の勤労意欲が高い要因であった。教師は、学校組織として一体感があると表現し、それを誇りにも思い、そのことは自身が働くことの動機づけでもあった。教師としてのやりがいを話す者も公立校に比べて多かった。このように子どもに教えるという行為は、教師側にも便益があり、そのことが質の高い教育を提供できる一因でもあると考えられる。

学校運営とコンヴィヴィアリティ

　C氏が授業料不払いの生徒に対しても同情的で、仕方のないこととして受け入れる理由は、同じコミュニティで生活する連帯意識からであろうと思っていた。しかし、この状況をコンヴィヴィアリティ（共生的実践）の観点から考察すると、より深く理解できる。ニャムンジョは、相互に依存し合い、集団として行動することにより、人びとは自分たちの利益だけを追い求めるのではなく、コンヴィヴィアリティを重視するようになるという。そして、次のように

述べている。

> 　賞賛と評価は、もっとも卓越した人びと、とりわけ集合的な利益のために
> 貢献することを厭わない諸個人に与えられる。自らの才能を共同体のため
> に提供することを拒む者は、彼らの個人的な欲望を明快に提示するための
> 公共的空間を与えられることはない。　　　　（ニャムンジョ 2016、p. 332）

　このような価値基準が存在することを認識できると、Ｃ氏が同じスラムに暮
らす子どものために、さまざまな困難に直面しながらも、学校を運営すること
にこだわり、行動を起こしている理由がわかる。スラムの人びとは、利害が共
通する他者との深い関係性の中で生きているのであり、したがって同じコミュ
ニティに暮らす保護者から、強制的に授業料の徴収を行えないことにも納得で
きる。
　一方で、イリイチの『コンヴィヴィアリティのための道具』（原著は 1973 年
刊）に目を向けると、相互依存と個々人の自由について、次のように先のニャ
ムンジョに近い議論が行われている。

> 　私は自立共生（コンヴィヴィアリティ）とは、人間的な相互依存のうちに
> 実現された個的自由であり、またそのようなものとして固有の倫理的価値
> をなすものであると考える。私の信じるところでは、いかなる社会におい
> ても、自立共生が一定の水準以下に落ちこむにつれて、産業主義的生産性
> はどんなに増大したとしても、自身が社会成員間に生み出す欲求を有効に
> みたすことができなくなる。　　　　　　　　（イリイチ 2015、p. 40）

　コンヴィヴィアリティが社会で行われなくなると、個々人が有する願望をう
まく満たすことができなくなるという論理は、後述するニャムンジョのいう
「不完全性」にもつながる。そして、教育もイリイチがいう「道具」の一つで
あることは、明示されている（同書、p. 58）。
　イリイチの有名な著作である『脱学校の社会』（原著は 1970 年刊）は、産業

社会の進展に向けた制度化された教育に対しては批判的である。前述の『コン
ヴィヴィアリティのための道具』においても、次のように述べている。

> 学習を学校化と再定義したことは、単に学校を必要と思わせただけではな
> い。それはまた、学校教育を受けていないものの貧しさを、教養のないも
> のへの差別と結びつけたのである。　　　　　（イリイチ 2015、pp. 55-56）

> 自立共生的な社会はあらゆる学校を排除するわけではない。それは、落後
> 者には特権を与えない強制的な道具へとゆがめられた学校制度を排除する
> のである。　　　　　　　　　　　　　　　　　　　　　（同書、p. 65）

　しかし、スラムの学校は、イリイチが批判する「教えられ、学ばされる」制
度化された学校そのものである。テストの成績ですべてが評価され、まさに学
校教育を受けていないものは差別される。逆にいえば、そのような堅固な学校
制度があるからこそ、C 氏のような意識を持つ人びとによりスラムの学校は運
営され、存続しているのである。もちろん、その背景には、スラムであるから
こその長所、すなわち土地の所有権も含め、非合法であるからこそ、家賃が安
価であり、コミュニティとしての結束度や連帯感が強いことがある。無認可で
あり、教員資格も含め、政府の定める学校設置基準を満たす必要がなく、個人
の意志で自由に開設できることが最大の利点であり、コンヴィヴィアリティで
このような行動をすべて理解できるものではない。

人間の不完全性と他者との相互依存
　筆者は、個人的に年間 1,000 ドル程度の資金を提供し、B 校を支援している。
この程度の少額の支援は、NGO なども行うことはなく、責任や使途を明確に
した文書を交わしたこともない。しかし、不思議なことに、何もいわなくても、
資金提供者の立場を考慮するかのような使い方を考えてくれる。そして、要求
もしていないのに領収書を写真で撮って送ってくれるのである。その使途は、
多くの場合、家賃（月額 100 ドル）と給食費の一部であり、教員給与の補填に

は使われたことがない。新学期が始まる少し前になるとC氏から電子メールがあり、これまでのサポートに対する謝辞と新しい依頼が届く[4]。

　その中で、C氏とのやり取りで、まったく意思疎通ができていないと思うことがあった。それは、持続可能性（sustainability）に関することである。援助の世界では、近い将来支援が終わることを前提としてプロジェクトを開始する。したがって、支援終了後の自立的な持続可能性は、重要な観点である。そこで、B校が自立的かつ持続的に発展するよう、どのような方策を持っているのか、と尋ねたことがある。彼からの返事は、「もちろんわかっている。今後もお前を頼りにし続ける」というものであった。

　通常の国際援助の論理からすれば、想定外の反応であった。C氏のいうところの、筆者に将来ともに依存し続けようとするスタンスには驚いた。しかし、他者との相互依存を肯定的に捉える社会、人と人がつながり合うことは不可避であり、このように他者との深い相互依存関係の中にこそ、独立した個人としての存在があると考えれば、C氏の反応はかなり理解できる。コンヴィヴィアリティを基礎として暮らしているからこそ、苦しいながらも一定の生活が可能なのである。

　ニャムンジョは、個人の存在が不完全であることによって、その可能性が無限に広がることを示唆し、アイデンティティや帰属意識などに対する固定的な考え方はなく、柔軟な見方のできるアフリカ人の特質を「フロンティア的」と表現し、相互依存のあり方とそうあることによる可能性について、次のとおり提示している。

　　たしかにグローバルなレベルにおいても、ローカルなレベルにおいても、不平等な序列秩序は今も変わらず存在している。それにもかかわらず、アフリカの人たちはこうした不平等な階層構造のなかにおいても、異なるも

---

(4)貧困層にある人びとも、コミュニケーションの重要な手段として、携帯電話（スマートフォン）を持っているのが普通である。維持管理費用が不要で、プリペイドカードを購入し、必要に応じ通信料金を支払うシステムで、それを使って送金から出金、支払いまでもできる。

のと相互に繋がり、ほどけないほど複雑に絡み合い、創造的な相互依存関係を築くことによって、排他的なアイデンティティに自閉することなく、彼らが育んできた潜在力を十全に開花させることができるのである。

（ニャムンジョ　2016、pp. 326-327）

　国際的な援助では、自立的発展性がない場合、問題案件だと評価される。しかし、このような価値意識やイリイチのいうところの倫理的価値が存在すれば、支援を受け続けることは、相互依存の一部と捉えられ、批判されるべきことではないことになる。相互依存については、国際援助をする理由の一つとして、主要国の援助政策には必ず含まれている。しかし、それは国と国との関係であり、たとえば、資源を発展途上国に依存している、というようなもので、個人的な相互依存を想定していない。

　しかしながら、アフリカの人びとがコンヴィヴィアリティを発揮できる潜在力があるのは、貧富の格差があり、政府が機能していないことの裏返しであるとも考えられる。不公正な社会であることこそが問題で、アフリカ社会でのコンヴィヴィアリティを過大評価することにも注意が必要である。社会保障制度として、セーフティネットがあり、最低限の生活が保障されれば、特に金銭を媒介する相互依存のあり方は、今より低くなるだろう。

　コンヴィヴィアリティのイメージについて、ニャムンジョ自身は次のように端的に表現している。

　　自然の事物であれその他のものであれ、不完全であることが常態であるとするならば、コンヴィヴィアリティによって私たちは不完全であることを肯定的に評価できるようになり、不完全な状態を維持し保全することに何ら問題を感じなくなる。さらには、完全であろうとする野心や欲求が生み出す壮大な妄想を抑制することさえできる。　　　　（同書、p. 333）

　個々の人間が不完全な存在であるからこそ、他者との相互依存的な関係において、コンヴィヴィアリティへとつながるわけである。完全な人間など存在す

ることはなく、だからこそ他者と深い人間関係を結べるというのである。

　このニャムンジョの議論に対して、ナイロビのスラムにおける人類学的研究を先導してきた松田素二は、次のような総括的な解釈を示している。

　　それに対してアフリカ社会には、自らを「不完全なもの」としてとらえ、同じような「不完全」なものである他者と排斥しあうことなく相互に依存しあって共生的秩序を想像する力を秘めている。ニャムンジョは、この異なるものを繋ぎ、混淆させ、補完しあうコンヴィヴィアルな力こそがアフリカの文化的な潜在力の核心だと指摘する。　　　　　（松田 2016、p. 16）。

6. なぜ人びとは学校をつくり、教師は薄給でも働くのか

　「なぜ人びとは学校をつくり、教師は薄給でも働くのか」という命題は、これらの学校がスラムにあることと関係がある。一般的な教師としてのやりがいや使命感が根底にあるにしても、コミュニティに対する貢献という意識が一段と強い。貢献というよりは、コミュニティの中で自己の存在を肯定的に証明できる居場所といってもいいかもしれない。教師と生徒の精神的な距離感が近いことは、公立校ではあまりないことである。公立校では教員資格がないため教師になれないが、この無認可の私立校では、それが可能なのである。中等学校卒業だけの学歴の若者が、教師であることにより、子どもの成長に関わり、コミュニティのために貢献できるのである。他者から信頼され、依存される対象になれることは、スラムの暮らしの中ではそう多くはなく、自尊心を持つことにもつながる。学校の受益者は、決してそこで学習する生徒だけではなく、そこで働く教師も同じなのである。

　そのようなコンヴィヴィアリティが日常である場に、大きな資金を持った支援者が乗り込んでくると何が起こるのか。支援を受けるということは、支援する組織のやり方に従うということであり、自律性を失うことでもある。「不完全な被支援者」と「完全な支援者」という立場であり、相互依存関係ではなく、主従関係となり、ニャムンジョが示唆するような新たな可能性を期待すること

は無理かもしれない。B 校が新設されてから 4 年が経過するが、国際的な支援
は受けられていない。それでも、スラムで生活する人びとの間の相互依存関係
の中で、B 校は存続し、運営を続けている。

　本章を終えるにあたって、共生学をめぐる研究には、筆者の人生経験がその
分析に自然に反映されることを再認識した。30 歳代半ばまで日本政府の援助
実施機関で働いていた経験が大きい。小さなプロジェクトでも、数千万円単位
の資金が動く世界である。担当者としては、効果的・効率的な資金の使い方に
苦心してきたが、そこでの支援が最貧困層に直接届くという実感が持てるプロ
ジェクトは、ほぼ皆無であった。それに対して、先に述べた 1,000 ドルは、
100 人の子どもが学ぶ学校の年間の家賃に相当し、過去の経験を踏まえれば、
効率が良く効果がけた違いに大きいのである。これは、個人の責任で行うから
こそできるもので、組織化している NGO などでは決してできない。資金の使
途を相手に一任するなど、考えられないことである。それはアカウンタビリ
ティの問題とも関係するが、個人の資金で、相互に一定の信頼関係があればこ
そ可能になる[5]。これも公的資金を扱う援助機関には、できないことである。
筆者が B 校を支援したいと思うその理由の多くは、C 氏に対する敬意である。
個人同士が信頼関係でつながり合う、そんな形での国際協力が主流化する可能
性も将来あるかもしれない（澤村 2016）。

　最後に、学問として、その良し悪しはあるが、共生学は実践とのつながりが
深く、あいまいな部分も多く、そのあたりが伝統的な学問分野と違う点でもあ
ろう。本章で度々引用したニャムンジョの論考の中には、この点について、次
のようにある。「コンヴィヴィアルな学問においては、最終的な回答が提示さ
れることはなく、永遠の問と問いかけがあるだけなのである」（ニャムンジョ

（5）アカウンタビリティが教育において重要であることは、2017/8 年版の『グローバ
　　ル エデュケーション モニタリング レポート』（UNESCO 2017）の特集としても
　　取り上げられていることからもわかる。ただし、このレポートでは、本章で取り上
　　げている無認可の私立校は、アカウンタビリティのない学校の代表格として、非常
　　に批判的に捉えられており、政府が規制することを強く求めている。正論ではある
　　が、政府が質の高い教育機会を保障することができない現状において、そのような
　　学校を規制することは、負の効果をもたらすことが危惧される。

2016、p. 343）。

（澤村信英）

【参考文献】

イリイチ、イヴァン（2015）『コンヴィヴィアリティのための道具』（渡辺京二・渡辺梨佐訳）ちくま学芸文庫（原著は Ivan Illich（1973）*Tools for Conviviality*）

大塲麻代（2011）「低学費私立小学校間の比較からみる学校選択要因―ケニア共和国首都ナイロビ市内のスラム地域を事例に―」『国際教育協力論集』14 巻 1 号　15-28 頁

澤村信英（2016）「発展途上国の教育開発、国際協力、住民自立」河森正人・栗本英世・志水宏吉編著『共生学が創る世界』大阪大学出版会　263-273 頁

ニャムンジョ、フランシス（2016）「フロンティアとしてのアフリカ、異種結節装置としてのコンヴィヴィアリティ―不完全性の社会理論に向けて」（楠和樹・松田素二訳）松田素二・平野（野元）美佐編『アフリカ潜在力 第 1 巻　紛争をおさめる文化―不完全性とブリコラージュの実践』京都大学学術出版会　311-347 頁

松田素二（2016）「序章「アフリカ潜在力」の社会・文化的特質」松田素二・平野（野元）美佐編『アフリカ潜在力 第 1 巻　紛争をおさめる文化―不完全性とブリコラージュの実践』京都大学学術出版会　1-28 頁

Dixon, P., Tooley, J. and Schagen, I.（2013）The Relative Quality of Private and Public Schools for Low-income Families Living in Slums of Nairobi, Kenya. In P. Srivastava （ed.）, *Low-fee Private Schooling: aggravating equity or mitigating disadvantage?* Oxford: Symposium Books, pp. 83-103.

KNBS（2019）*Economic Survey 2019*. Nairobi: Kenya National Bureau of Statistics （KNBS）.

KNBS, Ministry of Health, National AIDS Control Council, Kenya Medical Research Institute, National Council for Population and Development and ICF International （2015）*Kenya Demographic and Health Survey 2014*. Nairobi: Kenya National Bureau of Statistics（KNBS）

Map Kibera Trust（2015）Kibera Schools Map. ［http://openschoolskenya.org］（2019 年 10 月 1 日閲覧）

MoEST（2015）*2014 Basic Education Statistical Booklet.* Nairobi: Ministry of Education, Science and Technology（MoEST）.

Oketch, M., Mustiya, M. and Sagwe, J.（2012）Do poverty dynamics explain the shift to an informal private schooling system in the wake of free public primary education in Nairobi slums? *London Review of Education*, 10(1), pp. 3-17.

Srivastava, P. (ed.) (2013) *Low-fee Private Schooling: aggravating equity or mitigating disadvantage?* Oxford: Symposium Books.

Tooley, J. and Dixon, P. (2005) *Private Education is Good for the Poor: A Study of Private Schools Serving the Poor in Low-Income Countries.* Washington, D.C.: Cato Institute.

UNESCO (2017) *Global Education Monitoring Report Summary 2017/18: Accountability in education: Meeting our commitments.* Paris: UNESCO.

第 8 章

共生社会にむけての共創
── 宗教と科学技術による減災のアクションリサーチから

【宗教と科学技術をめぐる共創】

1. 現代社会に生きる「私」の立ち位置

　「共生」とは何か。共生には多様な様態や領域があるが、そのあたりの議論は別稿に譲り、ここでは、端的に、共に生きることとしよう。**共生は理念であり、ビジョンでもある。従来の人文社会科学とは異なり、共生にむけてさまざまな方法論を導入し、社会の多種多様なアクターと協働する、それが共生学だ。**共生の場には自己と他者が存在する。時には争いも生じようが、他者のために行動することもある。自利と利他の相克もある。このような自己と他者の問題は宗教的思想、世界観、利他主義で多くのことが論じられてきた。

　利他とは、読んで字のごとく、自己の利益ではなく他者の利益になる行為である。利他主義は、英語では、アルトルイズム（altruism）という。19 世紀のフランスの社会学者、オギュースト・コント（1798-1857）による造語だが、利他主義に関係する人間の心と行いについては、人類の歴史において古くから論じられてきた。そこには大きく分けて三つの見解が存在する。人間性悪説、人間性善説、そのどちらでもないとする三つの見方である。人間性悪説はマキャベリやホッブズなどの社会思想の出発点となっている。人間は生まれながらにして自己中心的で、ルールがなければ自己の利益のために悪さをするという考え方である。反対に孟子に代表される人間性善説は、人間は本来的には善なるものであるという考え方だ。そして、第三の考え方は、環境によって人間は善人にもなれば、悪人にもなるというものである。20 世紀末からの研究

は、利他主義は社会生活によって学ぶことができるという第三の考え方をベースにした結果を数多く提示している。とりわけ宗教は利他主義と深い関わりがある。筆者は、その利他主義と宗教の関係を研究してきた。そのような研究に進みはじめた1995年、阪神・淡路大震災が起こった。当時、兄が神戸で被災したということもあり、筆者も神戸に駆けつけ、避難所となっていた六甲小学校で3カ月ほど子どものケアに関わった。その神戸には全国から駆けつけたボランティアの活動に加えて、宗教者の緊急支援活動もあった。

　なぜ、宗教者は支援活動をするのか。しかも、目立たないところでトイレ掃除などの地道な土台の取り組みをするのか。宗教の利他主義、宗教の社会貢献を研究したいという思いが更に強くなった。しかし、当時は、ナイーブな研究とも揶揄された。欧米ではそのような研究の蓄積があるにもかかわらずだ。その後、日本社会において、メセナやCSR（企業の社会的責任）といった言葉、そして、社会貢献がさまざまなところで問われるようになり、宗教法人の公益性の議論から、宗教の社会貢献にも関心が向けられてきた。社会が後から追いついてきた感じだ。そして、宗教の社会貢献を研究する仲間が増えた。2006年には筆者が発起人となり20人ほどの研究仲間で「宗教の社会貢献活動研究プロジェクト」（2011年6月から「宗教と社会貢献」研究会と名称・体制を一新）をはじめた。2009年にはプロジェクトのメンバーで『社会貢献する宗教』（世界思想社）を刊行した。今では、宗教研究の一領域ともいえるほどになっている。

　2011年4月には、『宗教と社会貢献』と題した電子ジャーナルを世に送り出した。学術情報の公共性という観点と、宗教と社会貢献というテーマ設定から学者だけでなく広く宗教者にも社会一般の人にも読んで欲しいとの願いからオンライン上で無料にした。筆者が編集委員長をつとめ、10人ほどの研究者からなる編集委員会で刊行している。その年の3月11日に東日本大震災が発生した。研究者も1人の人間として心を寄せ、支援活動、その後の復興にさまざまに関わってきた。筆者も発起人の1人、世話人として、宗教者と宗教研究者による災害支援及び情報交換の場、「宗教者災害支援連絡会」にも関わっている。

　利他主義、社会貢献、災害支援に関わる人がいる一方で、自分の利益しか考えない人がいる。この国で収益を上げながら税金を逃れようと海外に拠点を移す企業や資産家がいる。消費者の安全をないがしろにして利潤を上げ、それを隠蔽する企業がある。人びとの「思いやり」の度合いに格差が生じているという実感から、筆者は、2008 年、『思いやり格差が日本をダメにする』という本を上梓し、「思いやり格差」社会へ向かいつつある社会に警鐘を鳴らし、「思いやり」の心を育て、「支え合う社会」の構築のためのアプローチを提案した。

　ここで、内閣府が毎年 1 月に実施している「社会意識に関する世論調査」の結果を見てみよう。この世論調査は、世相をどのように見ているかを尋ねるものだ。1998 年には、「おもいやりがある」社会だと捉えている人は 6.0% しかいなかった。「自分本位である」という見方をしている人が 42.5% と圧倒的に多かった。それが 2010 年 1 月、つまり東日本大震災が起きる前年の調査では、「おもいやりがある」が 11.8% に増えている。これは、この 12 年の間に NPO の数が増え、ボランティアに参加する人たちも少しずつ増えて、その人たちが、思いやりのある社会になってきたのではないかと見ていると考えられる。一方で、「自分本位である」という人が 42.7% と、若干だが増えている。ある人は、行き過ぎた利己主義に違和感を持ち、思いやりを持って、人のために、ボランティアなどの実践をしている。その一方で、食の偽装や粉飾決算といった、自分さえよければいいという企業の在り方、社会の在り方が問題化したように、自分が得をすればいい、人を蹴落としてもだましても儲かればいい、という人がいる。思いやり格差は広がっている。社会の分断化、人間関係の希薄化、事実を偽って自己の利益のみを考える社会の風潮、拝金主義、このような社会に不安を抱いている人も多い。しかし、果たして、支え合う利他的な社会、共生社会を構築することは可能なのか。

　ダーウィン（1809-1882）は、人間における自然淘汰を説き、優生学の流れとなった。スペンサー（1820-1903）は「最適者生存」という考えから、社会進化論を説き、人間の互酬性や博愛は社会的無用物と指摘した。そこに、デュルケーム（1858-1917）による批判があり、連帯、共同性、利他主義の重要性が説かれた。今、リバタリアン（個人・経済の自由と権利を主張）とコミュニ

タリアン（「共同性」や「公共善」を主張）の対立がある。筆者は、デュルケーム社会学、そして、コミュニタリアン（ベラー、マッキンタイア、サンデル）の流れから、更にネオ・コミュニタリアンともいうべきバランスを考えた中道、従来型の村社会、北米・ユダヤ・キリスト教的共同体（結束型ソーシャル・キャピタル）ではない「無自覚の宗教性」[1] を含みこんだ「つながり」（橋渡し型ソーシャル・キャピタル）による利他主義・共生社会論を主張している。

　筆者の立ち位置は明確だ。出来ようが出来まいが、理想主義と揶揄されようが、共生社会にむけて共創、協働実践を進めることだ。無論、共生といってもその領域は幅広く、自分が取り組める領域は限られる。しかし、その中で、精一杯の共創をし、後述するアクションリサーチにより社会をより良い方向へ進めていきたいと思っている。

　筆者は母子家庭育ちのいわゆる鍵っ子であった。今は、鍵っ子も多いであろうが、当時は、小学校のクラスに母子家庭の鍵っ子は筆者１人であった。「あの子は父親がいないから」と世間から後ろ指を差されないよう、頑張っている母親をがっかりさせないようにと幼心にも思い、小学校時代、何でも率先して取り組んだ。中学高校生時代は、男子校で蛮カラに過ごし、自己中心的な性格が強かったと思う。しかし、青少年期を通して、信心深い仏教徒の母の生き方に、朝から晩まで一所懸命働き、女手ひとつで兄と私の２人を経済的不自由を感じさせることなく育ててくれた母の姿に、漠然とではあったが、世のなかのために何かをしたいという心が少しずつ育っていた。

　思いやりの心、思いやり行動は、崇高な理念に支えられた特別な人だけに備わった特異なものではなく、ある環境において誰にでも陶冶され、身につくも

---

(1)「無自覚に漠然と抱く自己を超えたものとのつながりの感覚と、先祖、神仏、世間に対して持つおかげ様の念」を筆者は「無自覚の宗教性」と名付けた。たしかに、自覚的に「自分は宗教者だ、宗教を信じている」という人は少ない。しかし、その一方で、無自覚ではあるけれども、漠然とした、自分を超えたものとの「つながりの感覚」や、先祖、神仏に対する「感謝の念」、世間に対する「おかげ様の念」を多くの日本人が抱いている。この「つながりの感覚」や「おかげ様の念」が、大災害をはじめ、いざというときに、困っている人、苦しんでいる人のために自分も何かできないかという思いを生じさせると考えられる。

のだ。強制されるのではなく、ポジティブにわき上がってくる思いやりの心と思いやり行動こそが、さまざまな問題を抱える現代社会を支え合う共生社会へと導くコミュニティの原動力になる。「世の中はもっと厳しい」と批判されるのを承知で、共感、思いやり、そういった私たちのもつ内なる力を信じたい。そして、自分の子どもたち、次の世代が「思いやりのある共生社会」で生きられるよう、親として大人として、今できることをしようと思って実践している。

　では、今、共生社会にむけての課題は何か。現代社会の問題は何か。

2.　問題の所在

　東日本大震災が起きる前年、2010年にNHKが「無縁社会」という番組をつくった。阪神・淡路大震災の起こった1995年はボランティア元年と呼ばれ、支え合う社会に向かうかと思われた日本社会は、思いやりなき自分本位な社会、自死、孤独死に象徴される「無縁社会」となってしまったのだ。

　なぜ、このような社会になってしまったのか。1960年代、70年代の高度経済成長は、都市人口の過密化、住宅難、交通地獄、公害問題など深刻な問題を生みだした。しかし、そのまま社会は走り続けた。原子力発電はそのような時代に誕生した。この背景には、私たちが生きてきた社会の在り方が、未来学者のアーヴィン・ラズロのいう「近代の価値・信念体系」、つまり、自然・環境の全てを人間がコントロールできる、効率が一番重要という考え、また、極端な個人主義や市場万能主義といったものに基づいていたからではないか。

　この「近代の価値・信念体系」が私たちの社会にあまりにも深く浸透していたために、阪神・淡路大震災を経て、思いやりのある社会へ変わっていくと考えられたにもかかわらず、結局は元に戻ってしまった。それどころか、人を蹴落としてでも自分の利益を得ようという利己主義の風潮が一層進んでしまった。一方では、そうした考え方に頼らなければ生きていくことができないほどに、生きる意味や、何のために人と関わって社会生活を営んでいるのかがわからなくなっていることも指摘できる。生きる意味とは何なのかといった問いに向き合うのを後回しにして、効率・利益重視、自分が得をすればいいといった

社会のあり方の中で、私たちは生きてきた。

　東日本大震災で福島第一原発の事故に見舞われたが、利益や効率を重視するなかで安全神話を受け入れた原発依存社会の根底にも、人間が科学技術で全てをコントロールできるという傲慢な考え方があったといえるだろう。私たちは戦後、そうした近代の価値観が浸透した社会に生き、変わることができなかったのだ。

　格差社会、個人化・無縁社会、リスク社会に生きる現代人は分断され、他者と公的私的な諸課題をシェアすることが困難となった社会、そこに東日本大震災が起きた。多くの人が東北に駆け付けた。義援金を送った。血縁や地縁がなくとも、たとえ他人であっても苦難にある人へ心を寄せた。

　先ほどの内閣府の調査をもう一度見てみよう。東日本大震災の翌年、2012年1月の調査では、「おもいやりがある」という見方の人が21.7%であった。震災直前に行われた前年調査の2倍近くにはね上がった。「自分本位である」は35.0%と、前年より3.9%減った。そして、このときの調査では約8割の人が、東日本大震災前に比べて社会における結びつきが「前より大切だと思うようになった」と答えている。データの上では、世相に大きな変化が生まれたのは確かだといえる。

　利益と効率のみを追求し、人を物のように使える・使えないで切り捨て、自己責任論のもと個人に過剰な負担がかかる社会、勝ち組・負け組の分断社会、地縁・社縁・血縁が失われた「無縁社会」に、東日本大震災後、「共感縁」が誕生した（稲場 2013）。社会は変わるだろうか。

　少子高齢、地方の過疎、災害の頻発、子どもの貧困など諸難題を抱える社会にあって、同時代的にさらには世代を超えて誰もが人間としての尊厳を持ち、さまざまな困難に立ち向かえるレジリエントな共生社会の構築が望まれている。災害多発国である日本は、科学技術や土木技術によるレジリエンス構築において世界の最先端に位置する。しかし、他方では、科学技術や経済発展への信頼が揺らぎ、障がい者・高齢者・外国人・病者・子どもなどのマイノリティが排除され、貧困層が増加し、さらには死者を悼むことさえ不十分な社会でもある。こうした現代社会の文脈において、頻発する災害に対してレジリエントな

社会を構築することは喫緊の課題であると同時に、平常時の見守りのシステムを構築していることが重要となっている。そのキーとなるのが、地域資源としての宗教と科学技術と筆者は考えている。

　本章の事例は、従来の地縁のネットワーク（自治会組織と寺社等）を再評価する一方で、NPO を含めた市民の新たな動きと連携して、理工・人文社会系の技術と知の融合による ICT を利用したソーシャル・イノベーションによって、従来のリジットな共同体ではなく、組織、人、知の壁を越えた多様性・流動性を前提とする新たなコミュニティの構築、利益・効率を超えた、利他・支えあい、共生という共通価値を創出し（Creating Shared Values）、安全・安心社会の共生社会の実現に貢献しようとしている、まさに今のチャレンジである。

　AI や IoT などの科学技術による第四次産業革命と Society5.0 の進展にあって、利他的な支えあい、共生という共通価値の創出は、利益・効率のみを追い求める後期資本主義の陥穽を根本から問い直す。それ自体が人類史上の大きなソーシャル・イノベーションとなる。ICT を現実の諸困難に接続し、従来にはない社会的アクター間のつながりを創出する過程において、人類の諸困難に共感し、その解決にコミットする人材、データリテラシーとアントレプレナーシップを併せ持つ人材が育成される。社会的諸課題が発展的に解消され、利他的かつレジリエントな共生社会が生みだされていく。方法論と結果が循環する安心・安全の共生社会のシステムの構築である。では、その方法論とは何か。次の節で検討しよう。

3.　方法論

　時代の変革期に、今、①社会課題を見つける「観察力」と「分析力」、②当事者と対象に思いをめぐらす「想像力」、③それらを伝える「表現力」・「発信力」、③人と社会を巻き込んで動かす「行動力」を持った人材が必要とされている。そのような人材は、学問的な知とさまざまな現場にある知をキュレーションする。キュレーション［curation］とは、無数の情報の中から、自分の価値観に基づいて情報を拾い上げ、新たな意味を与えて、多くの人と共有する

ことだ。知と人のキュレーションにより、社会を変えるソーシャル・イノベータを筆者は 2016 年に「知のキュレーター」と名付けた。

　さまざまな社会的課題の解決には、人と知のキュレーション、大学と企業や社団法人等多様なステークホルダーによる「共創」が必要だ。その共創の仕組みとして「大阪大学オムニサイト（OOS）」が、大阪大学大学院人間科学研究科附属未来共創センターのプロジェクトとして 2017 年 4 月に始動、「人間科学版知のキュレーター」の養成も進んでいる。OOS は、支え合う社会、共生社会を創造していくための新たな共創の仕組みで、産官学民の連携により、学内外、企業・財団・社団・地方自治体・NPO/NGO などのあらゆる（オムニ）活動の「場（サイト）」を活用する。行政や市町村・地域社会とも連携し、産官学民による共創を推進し、教育、研究、社会貢献に活かしている。

　共創には、部分しか知らない専門家ではなく、全体を掴むことのできる人が必要だ（清水・前川 1998）。部分に詳しい専門家だけを集めると「競争」になるが、共感する「場」を共有していれば、そして、全体を掴む人がいれば「共創」になる。清水・前川（1998）は、20 世紀末に既に、地域社会のコミュニティのあり方や生活に根ざしつつ、地球環境をも視野にいれた産官学の「共創」的ネットワークの構築の必要性を語っている。そこで重要なのが「場」である。清水博（2003）は、人間が生きていくうえで重要な「場」として、「生活の場」と「人生の場」という 2 種類の場があると論じている。「生活の場」とは即興的な生活体験がリアルタイムにおこなわれている場であり、「人生の場」は、多様な「生活の場」におけるさまざまな生活体験を反省的に振り返ってその生活体験を編纂し、人生という個人の歴史を編成する「場」である。この編纂というプロセスにおいては、「人生はかくあるべきである」という哲学や「人生をこう生きたい」という願望があり、さらに、創造には「世のため、人のため」という志や使命感が存在すると主張する。

　　創造では解く価値があると心から信じることができる問題を発見することが何よりも肝要である。しかし自分が生きている世界にどっぷりと浸かっていると、「住めば都」とばかりに矛盾に慣れ親しんで本当の問題が見え

てこないことが多い。したがって、自分が慣れ親しんでいる世界とは異質な世界から、自分の世界を眺めることや、考え方や文化的背景の違う人々と付き合うことによって、また時には摩擦や争いを通じて自分が生きている世界の矛盾や限界を知ることも大切である。（清水 2003、p. 110, 111）

　これらにある「場」や異質な他者との交流の重要性は、非日常的な場、たとえば、大災害の現場での関係性にも通じる。一方で、半世紀前、中根千枝（1967）は、日本人の社会的集団のあり方は「場」を重視するところに特徴があり、そこには排他性があると指摘していた。この「場」を重視する日本の集団意識のあり方は、自分の属する職場、会社とか官庁・学校などを「ウチの」という表現を使って言い表すことに象徴される。すなわち、会社や学校などは、自分が個人として一定の契約や関係をもつ「客体」として認識されるのではなく、「私の」「われわれの」「ウチの」会社・学校として自己と一体化した「主体」と認識される。この自己と一体化した「主体」としての「ウチ」という認識は、「ヨソ者」なしに「ウチの者」だけで何でもやっていける、というきわめて自己中心的な・自己完結的な意識を内包している。「ウチ」と「ヨソ」という意識は「ウチ」の者以外の人に対しては非常に冷たい態度をうむ。「ヨソ」に対しては冷たく、「場」の共通性によって設定された排他的集団でもある。このような日本の集団社会では、集団内部において非常識な行動をとると「仲間はずれ」などの制裁がある。江戸時代以来の「村八分」などがそのもっとも厳しい制裁であろう。

　「場」における日本の社会は、排他的で、内部でも制裁が待っているのである。そこには、内輪主義、部外者の排除、個人の自由の制限、規範の強制などがある。仲間集団の閉鎖性は、自国中心主義、社会の分断化も生んでいる。21世紀、このような排他的な動きが世界各地で起きている。世界を見渡すと○○ファーストが横行し、民族・人種の多様性を尊重する多文化主義は瀕死の状況となってしまった。生物的特徴ではなく、文化的特徴による人種差別が生じてきた。文化が肯定的に捉えられる一方で、文化に基づく差異や隔絶が人間を分断させることにもなっている。

　多様な人種が住んでいる UK もアメリカ合衆国もメルティング・ポット（人種のるつぼ）ではない。メルト（融合）しておらず、モザイク、あるいはサラダ・ボール状態となっている。民族や人種で分かれている地域がある。そして、今、多様な民族や人種の共生がますます困難な時代に突入した。グローバル化の問題、異質な他者との共生の問題は、なにも欧米だけのものではない。日本にも浸透している現代的な問題である。日本で生活する外国人たちの中には自分たちの信仰の場をつくりだす集団もある。日本全国に 80 ほどのモスクが存在し、10 万人以上のムスリムが日本で生活している。その彼らは、東日本大震災の被災地に駆けつけた。カレーライスの炊き出しを行った。海外からも仏教系 NGO、キリスト教系 NGO などさまざまな団体が被災地で支援活動をした。しかし、日常では、生活習慣の違い、価値観の衝突もある。異質な他者との「共生」の関係をどのように構築するのか。グローバル化する現代、社会の枠組みが大きく変容している今、「共生」は世界的なテーマである。

　分断され、つながりが希薄になった現代において、生きることに困難を感じている人がいる。行政主導のお上という「公」ではなく、つながり、支え合いによる共生社会を構築しようという動きも起きている。宗教者もそこに社会的な力となって存在している。それが、次に論じるソーシャル・キャピタルとしての宗教という視座だ。

4.　ソーシャル・キャピタルとしての宗教

　社会のさまざまな組織や集団の基盤にある「信頼」「規範」「人と人との互酬性」が強く、しっかりしているところは、組織、集団として強い。人びとの支え合い行為が活発化し、社会のさまざまな問題も改善される。そのような考え方に異論は少ないだろう。組織や集団にあるこの「信頼」「規範」「人と人との互酬性」がソーシャル・キャピタル（Social Capital、社会関係資本）といわれるものである。

　欧米では、ソーシャル・キャピタルとしての宗教に対する関心が高い。宗教が、人と人とのつながりを作りだし、コミュニティの基盤となる可能性がある。

そして、そこに宗教的利他主義との関連が論じられる。アメリカの教会がソーシャル・キャピタルを創出するのに成功している理由として、教会参加が情緒的なニーズを満たす、聖職者が地域社会を良くしてメンバーをつなぎとめる努力をしている、社会的責任を説く宗教教育がある、移動性の高い社会で、地域社会も変化し、宗教組織だけが主なローカル地域社会の担い手となったなどの理由があげられている。日本においても、宗教のもつソーシャル・キャピタルに着目した研究が盛んである。そして、今、宗教団体、宗教者のボランティア活動、社会貢献活動は少しずつ増えてきている（稲場 2018）。そこでは、宗教が与える世界観と信仰というバックボーンが個々のボランティアの精神的支えになっている。さらには、世界観と信仰を共有するボランティア同士のつながりも重要な精神的支えである。それゆえ、宗教的世界観を共有したメンバーたちによって構成される活動は、宗教的世界観を共有しない人には、閉鎖的な感覚を与える可能性がある。いわゆる、結束型のソーシャル・キャピタルになる。一方で、宗教団体の社会貢献活動、宗教者のボランティア活動が、社会的共感を呼び、宗教を超えて世の中に利他的な倫理観を伝えていく、拡散効果の可能性も否定できない。これは橋渡し型のソーシャル・キャピタルとなる。政府の財政難から、宗教による社会貢献、ボランティアに対する期待もある。そして、そのような宗教者によるボランティア活動、社会貢献活動が、公共空間における宗教の再加入を後押ししている。ここでも橋渡し型のソーシャル・キャピタルの重要性が指摘されている。

　現代社会を見渡せば、宗教団体と宗教者による社会貢献活動は、活動の実質的な担い手としての機能に加えて、思いやりの精神を育てる公共的な場を提供する機能をも併せ持っているといえよう。宗教の社会貢献が、支え合う共生社会を醸成する一助となるか。現代社会の重要なテーマである。さて、この重要なテーマに研究者としてどのように関わることができようか。

5.　政策志向の学とアクションリサーチ

　社会学においては政策志向の研究というものが少ない。ウェーバー

（1864-1920）に始まる価値自由や、御用学者と批判されないようにといった理由からだ。しかし、この10年ほど、とりわけ東日本大震災を経て、時代の転換期と呼ばれる今、少子高齢、分断社会、格差社会、地方の過疎化といった課題において社会学が政策にコミットしようといった動きがみられる。政策革新は、武川（2012）によると6段階を経る。すなわち、第1に社会問題の認知、第2に問題解決の模索、第3に合意形成の過程、第4に立法化の過程、第5に行政による準備、第6に制度の実施である。このうち、第1の社会問題の認知の段階と第2の問題解決を模索する段階では調査や分析において、第3の合意形成の過程では政策サークルにおける論点整理や事前評価において、社会学者の貢献が期待されている。しかし、筆者は、その先の制度の実施もふくめたトータルな社会的コミットメントを考えている。それがアクションリサーチだ。アクションリサーチは、ディタッチメントという従来の研究姿勢を自覚的に超え、現場に共にある協働実践研究である。

　アクションリサーチには、計画・実践の先に、評価・修正・適用の段階がある。他の環境・社会事象への適用へと進むのである。調査の知見を今後に生かす、他の地域に生かすということである。アクションリサーチの知見が社会に広がるには、ナラティブを受けとめる聴衆が必要である。社会的認知度をあげ、サポーターを増やす必要がある。実践に強くコミットした研究に対して、研究者のやる事か、といった反応もあるが、アクションリサーチを知っている人、実践している研究者は、そのような反応を荒唐無稽なものと感じる。対象との相互作用、振り返り、リフレクティブな作業自体がアクションリサーチの研究実践なのである。調査研究は同業者集団による成果（factory production）でもある。

　筆者のアクションリサーチ（2016 稲場）は、宗教者による支援活動・復興イベントや宗教施設と市町村の災害時協定・協力の仕組み作りでの協働実践である。被災地での調査は、成果という側面よりも、とりわけ情報の共有、より良い支援へという流れが重要である。そのアクションリサーチの意義であるが、フィールドに出る宗教研究者の社会的責任と言い換えたい。この研究手法では、価値観が強く打ち出される。研究者が、よりよき社会の構築につながる

可能性のある実践研究を自覚的に行う。被災地では、研究者と、支援活動をする宗教者、その対象者である被災者との関わりは双方向であり、研究者も宗教者、被災者から観察される。場合によっては現場を混乱させ、被害を生み出す危険性もあることを自覚しながら宗教者の現場の実践に参画し、たえず自分の関わりを顧みる再帰的な取り組みである。では、具体的にそのアクションリサーチを見てみよう。その前に、先回りして一言述べておきたい。本稿のアクションリサーチについては、経緯や共創する組織などについて詳細な記述をする。それはなぜか。共生社会や共創という言葉は巷間に流布するようになったが、抽象的な議論が多い。しかし、理念や観念のみでは共生社会の構築への営みも共創も生まれない。言うは易く行うは難しだ。そこで、具体的にそのプロセスも記しておく。

6.　災害への対応：地域資源としての宗教施設

　平成の時代は大災害が頻発した。1990 年代には雲仙普賢岳火砕流、北海道南西沖地震（奥尻島地震）、そして、1995 年の兵庫県南部地震（阪神・淡路大震災）があった。阪神・淡路大震災では多くのボランティアが活動し、1995 年は「ボランティア元年」と呼ばれた。被災地には多数のボランティアが集う。被災者のニーズに応じて効率的にボランティアが活動できるようにする仕組みとして、被災地に社会福祉協議会による災害ボランティアセンター（以下、災害 VC）が設置されるようになった。ボランティアは、行政が対応しきれない部分で活動し、状況に応じて時には行政に協力する補完的な動きともなっている。宗教者による災害時の支援活動もその一つである。

　2000 年代に入っても新潟県中越地震や新潟県中越沖地震等が発生し、2010 年代には新燃岳噴火、そして、2011 年 3 月 11 日、東北地方太平洋沖地震（東日本大震災）が発生した。この時、宗教者の対応は迅速であった。現地へ先遣隊を送り、宗教界全体が安否確認・救援活動へと動いた。さまざまな宗教者・宗教団体が救援・支援にかけつける中、互いに情報を共有して、支援の現場で発生している問題についての認識を深めあい、より有効な活動にしていくこと

を目的として、宗教者災害支援連絡会が同年4月1日に発足した。筆者も宗教研究者の1人として、そこに世話人としてコミットしている。

　指定避難所になっていない寺社教会等の宗教施設に住民が多数避難した。指定避難所となっていた小学校の体育館は板張りで避難生活には身体的負担がかかる。一方、寺院には畳があってよかったという声もある。被災地では100以上の宗教施設が緊急避難所となった。被災地で宗教は地域資源として一定の力を発揮したことが明らかになった。すなわち、宗教施設には、「資源力」（広い空間と畳などの被災者を受け入れる場と、備蓄米・食糧・水といった物）があり、檀家、氏子、信者の「人的力」、そして、祈りの場として人びとの心に安寧を与える「宗教力」があった。

　地方では寺社がソーシャル・キャピタルの源泉として機能しているところもあり、災害時の避難所として関心がもたれている。都市部でも帰宅困難者対策として、宗教施設が一時避難所として行政から指定されるケースが増えている。2014年7月、筆者は、全国の自治体と宗教施設の災害時協力の調査を実施し、1184の自治体から回答を得た。宗教施設と災害協定を結んでいる自治体は95（399宗教施設、うち指定避難所は272宗教施設）、協定を結ばずに協力関係がある自治体は208（2002宗教施設、うち指定避難所は1831宗教施設）あった。宗教施設が収容避難所として678施設、一時避難所として1425施設指定されており、合計2103宗教施設が指定避難所となっていることがわかった。また、東日本大震災後に自治体と宗教施設の災害協定の締結が増加していることも明らかになった。

　宗教者の災害への備えが進む中、2016年の熊本地震の際には、災害VCの運営に宗教団体が深く関わった。益城町では天理教災害救援ひのきしん隊が災害VCの対応できないニーズに対応した。西原村では、公益財団法人・世界宗教者平和会議日本委員会と公益財団法人・新日本宗教団体連合会の青年会が立ち上げた連携支援組織Vows（Volunteers of WCRP & SYL）が災害VCを通じて活動をした。また、熊本市東区では、真如苑熊本支部の敷地内に災害VCのサテライトが設置され、社会福祉協議会と真如苑救援ボランティアサーブ（SeRV）が共同で災害VCを運営した。

　災害の被災地で、このような宗教者と社協の連携が進む中、東京都宗教連盟は、2017 年 5 月 30 日開催の理事会において、東京都および周辺地域で大規模災害の発生が想定されている実情を踏まえ、東京都下宗教法人による災害支援に関する体制を可及的速やかに整えるために、東京都との間における災害支援に関する協議の開始および推進の必要性を認識し、その旨を東京都に要望することを決議した。2017 年 9 月 21 日、東京都宗教連盟の小野貴嗣理事長（当時）、新倉典生理事らが都庁を訪問し、小野理事長が小池百合子知事に「災害支援に関する協議についての要望書」を手渡した（筆者は東京都宗教連盟の防災顧問として関わっている）。東京都宗教連盟は都内約 4000 カ所の寺や神社、教会といった宗教施設での災害時の帰宅困難者受け入れの方針と災害対策における都と同連盟の連携と情報共有のための連絡会の設置を申し入れた。その後、東京都と東京都宗教連盟は 3 回の準備会で協議を重ね、「東京都及び東京都宗教連盟の防災対策連絡会」の設置を決め、同年 12 月 22 日、都庁において「東京都及び東京都宗教連盟の防災対策連絡会」第 1 回幹事会を開催した。

　東京都においては首都直下地震発生時の迅速な避難体制の構築が急務の課題となっている。一方で、増加する訪日観光客への対応も必要である。この災害時と平常時の対応は宗教施設においても大切な取り組みであると東京都宗教連盟は認識し、その取り組みのための現状調査、「東京都宗教施設における平常時・災害時の受入体制調査」を、東京都宗教連盟が実施主体となり、東京都宗教連盟、大阪大学大学院人間科学研究科（稲場圭信、東京都宗教連盟防災顧問）、JTB 総合研究所が共同で実施した（稲場・河野 2019）。

　本調査で、耐震建築物がある宗教施設が 34.6%（461 施設）井戸水を有する施設が 20.5%（273 施設）あることがわかった。そして、区市町村の防災対策への協力意向については、49%（651 宗教施設）が積極的な協力意向を示している。一方で、行政組織と、防災に関する連携協定等を締結している施設は 4.3%（57 施設）にとどまっている。このような現状を考えると、区市町村から宗教施設に働きかけることで協力施設を増やしていける可能性は高く、行政と宗教施設のさらなる連携が求められる。「東京都及び東京都宗教連盟の防災対策連絡会」にて、これらのデータをもとに検討がなされ、具体的な連携の協

議が進んでいる。さて、このような地域資源としての宗教施設との共創の次に
科学技術との融合を見ていこう。

7. 災害への対応：科学技術との融合

　災害が頻発する中、2018 年には、大阪府北部地震、西日本豪雨、台風 21 号、
北海道胆振東部地震が、2019 年 8 月 28 日には九州北部豪雨、9 月 9 日には、
台風 15 号により千葉県をはじめ、関東が被災した。これらの災害で大規模停
電や通信断絶も生じた。

　筆者らの研究グループは、この問題に 2017 年から取り組んでいる（「ITを
用いた防災・見守り・観光に関する仕組みづくりの共同研究」および、2018
年 1 月に設立された未来社会を構想する大阪大学のシンクタンク「社会ソ
リューションイニシアティブ」（SSI）の基幹プロジェクト「地域資源と IT に
よる減災・見守りシステムの構築」として推進）。東日本大震災以降、前述の
ように宗教施設と行政との協力的な体制が生まれている中、筆者らは宗教施設
を含めた防災スマートフォンアプリ、「未来共生災害救援マップ（災救マッ
プ）(2)」を開発した。平常時から使用しないものは非常時には使えない。また、
平常時に関わりがない宗教施設と災害時に連携をとるのは難しい。過去の教訓
から、さまざまなアクションリサーチが行われている。2017 年 2 月 5 日、大
阪府泉大津市において、ある寺の住職が中心となり、筆者らが協力して災救

---

(2)　全国の寺社等宗教施設および避難所あわせて約 30 万件のデータを集積した日本最
　　大級の災害救援マップ（「未来共生災害救援マップ」http://www.respect-relief.net/）。
　　インターネット上で無償提供している。各地域の防災の取り組みとしての防災マッ
　　プは存在するが、全国の指定避難所および寺社教会等宗教施設を集約したマップは
　　存在しなかった。全国の宗教施設および避難所情報を集約した災救マップは、ス
　　マートフォンアプリも提供している。アプリ起動と同時に、GPS 機能により現在
　　地周辺の避難施設が表示される。大災害時に避難所や宗教施設に避難した時に、施
　　設アイコンをタップし、自分で救援要請メッセージ（被災状況、「コメント」、「投
　　稿者連絡先」）を発信することができる。アプリへの投稿はパソコン版の災救マッ
　　プにも表示される。このような情報発信により、行政や NGO、NPO 等の支援組織
　　は、施設の被災状況を確認できる仕組みとなっている。

マップを用いた防災まち歩きを行った。参加者の中のある 1 人が次のように
語った。「(防災が) こんなに楽しくていいの？」しかしそのような防災こそ、
社会にとって役に立つ防災だということができる。災救マップアプリを用い
て、寺社宗教施設、避難所を回るこのような防災は、防災にもともと興味のな
い、逆説的に「最も防災訓練に参加してほしい」対象者を引っ張り出す可能性
がある。東日本大震災の被災地で緊急避難所、活動拠点として機能した宗教施
設の多くが、日頃から地域社会に開かれた存在だった。宗教者が、平常時から
自治体、自治会、社会福祉協議会、NPO、ボーイスカウト等と連携していると
ころは災害時に力を発揮した。今回のような防災まち歩きなども含めて、平常
時の取り組みから連携につなげていくことが肝要である。

　上記の共同研究では、ICT を用いて、全国に存在する約 20 万の宗教施設、
約 30 万の自治会組織を地域資源とし、防災対応を基礎に地域をつなげる、新
たな縁を実践的に模索する試みである。共同研究構成員は、大阪大学、一般社
団法人全国自治会活動支援ネット、株式会社ナブラ・ゼロ、NTN 株式会社、
ソフトバンク株式会社、株式会社日新システムズ、日本電業工作株式会社、パ
ナソニックホームズ株式会社、宗教者災害支援連絡会、認定 NPO 法人日本災
害救援ボランティアネットワーク、一般社団法人地域情報共創センターであ
る。

　2017 年 8 月、大阪大学吹田キャンパス内に、風力発電、太陽光発電、蓄電池、
通信、カメラといった機器を備えた独立電源装置（風速 60 m、震度 7 の地震
にも耐える）実験機 3 台を設置し、実験・内部検証を行ってきた。概ね必要な
技術と課題が見えてきたところ、2019 年 9 月、台風 15 号により千葉県を中心
に大規模被害が発生し、広域かつ長期間の停電及び通信遮断が発生したため、
被害概要の把握が困難であったのと同時に、要救援情報の発信もうまく出来な
かったために救援活動も困難な事態となってしまった。本共同研究・プロジェ
クトで取り組んできた内容は、まさにこのような事態に対応するものだ。

　2019 年 11 月 7 日、大阪大学吹田キャンパス人間科学研究科周辺を仮想被災
地と想定した実証実験を実施した。仮想被害状況を人間科学研究科屋上から工
学研究科棟屋上経由で、2.5 km 離れた吹田市立津雲台小学校（想定被災地外・

救援本部）まで実測値約 40 Mbps で長距離無線伝送することに成功した。大災害時に光ファイバーなどの固定通信網や携帯電話サービス等の大手キャリアサービスは輻輳による通信障害やインフラ設備自体の被災が想定される。本実証実験では大手キャリアサービスを用いずに特定小電力無線（Wi-SUN FAN：消費電力が Wi-Fi 通信の 10 分の 1）によるテキスト送受信や画像の伝送に成功した。

　なお、この共同研究の成果である独立電源装置とセットになった「助かる」仕組みは、大阪発の仕組みであることから名称を "たすかんねん" とした。このインフラ機能である "たすかんねん" の仕組みと、以前からの研究の成果である災救マップとの組み合わせを社会実装し、減災・見守り社会の構築に寄与していく。無論、共同研究なので、その成果が問われる。宗教施設とテクノロジー、人文社会系と科学技術の融合という、これまでに例のない新たなつながりを創出する共創、アクションリサーチである。今後も各方面に働きかける必要がある。防災・危機対応のみでは社会的波及効果が薄い。そこで、平常時の見守りと観光をセットで、日常でも役に立つ機能によりトータルに危機対応する「地域情報共創システム（仮称：Regional Information Co-creative System：RICS リックス）」を構築する。そのために、「一般社団法人地域情報共創センター」を 2019 年 10 月に共同研究のメンバーで設立した。そこには、地域の宗教施設の情報、祭りや年中行事の情報、近所の商店街の情報や、自治会の回覧板、イベント情報なども、双方向で発信する仕組みを構築する。

　全国の自治会組織や地域資源である寺社教会等ならびに小中学校と連携して地域コミュニティに独立電源通信機「社会実装名：たすかんねん」を整備し、ICT を用いて、①自然災害への対応、②高齢者の認知症による徘徊や子どもの誘拐などの事件への対応、③サル・クマ・イノシシ・カラスなどの鳥獣被害・動物ハザードへの対応をする技術の確立を目指す。平常時の見守りから非常時への対応、そして子どもから高齢者まであらゆる世代へのハザードへの対応をして、安全・安心社会の実現に貢献することが本アクションリサーチの目的である。

8. 共創がもたらすもの

　既存の制度や学問体系および方法論は社会の分断を解消する助けにはならず、利他的な支えあいを困難としている。今日、理工系の技術と人文社会系の知の融合による実践志向の研究が必要である。また、近年の社会調査・データの増加や科学技術の進歩の一方で、そのような知見や技術を社会認識につなげたり、社会実装したりすることは容易ではない。本アクションリサーチは、一般社団法人全国自治会活動支援ネットや防災教育を日常的にも行っているNPO 法人日本災害救援ボランティアネットワーク、宗教者災害支援連絡会や宗教連盟などのネットワーク、防災技術関連の企業、東京都や地方自治体等との産官社学産連携を進めてり、この連携組織でさまざまな調査データをもとにした災害教育や対応も進めている。ICT を用いて、全国に存在する約 20 万の宗教施設、約 30 万の自治会組織を地域資源とし、防災対応を基礎にソーシャル・キャピタルを見える化、つなげる化し、新たな縁を実践的に模索する試みである。神社・寺院は、昔から地域の集いの場、住職、神主は地域住民を把握している場合が多く、地域の高齢者の見守り、子育て支援とも親和的である。防災の取り組みは、新たなコミュニティの構築であり、大災害時のみならず、日常の新たな「縁づくり」ともいえよう。

　今、東海地震、首都直下巨大地震、南海トラフ巨大地震などに備えた防災への取り組みがある。このような大災害が発生すれば行政の力だけでは足りない。広域にわたり電力が失われる。連絡もとれない。道路が寸断され、流通備蓄も機能しない。宗教者の災害ボランティア活動、宗教施設の避難所運営、そして科学技術との融合による減災の取り組みは社会的要請でもある。

　思いやり（利他主義）、共生、社会貢献といったものは、さまざまな所に標語のように掲げられている。しかし、言葉だけを発信しても結局、人は変わらない。一つには、さまざまな共同作業を通して、人びとが互いの価値観の衝突を乗り越える経験をすることが大事だ。仲良しグループの中だけで、予定調和的に顔色をうかがいながら表面的に仲良くしていたのでは、心の底から相手を

尊敬し、相手の立場を思いやることはできない。そこからは本当の意味での利他的な行動は生まれない。筆者は「価値観の衝突は心の栄養剤」といっている。

　もう一つは、思いやり、利他的精神を持った人の実際の行動を見るなど、生きたお手本と接することが必要だ。これまで筆者がさまざまな場で出会ってきた、社会貢献している人たちに共通するのは、皆、あの人と一緒なら参加したい、頑張りたいという思いを起こさせる人たちだ。彼ら彼女らは、周りから信頼され、誠実に物事を進めていた。そして、「頑張り過ぎて倒れてしまわないように楽しく取り組もう」というような思いやりも持っている。社会貢献できる人間力というのは、こういったところにあるのだろう。

　支え合う利他的な社会、「共生」社会の構築のために、人文社会系の知と理工系の知、大学外の知との融合による「共創」は可能か。答えはイエス。理想主義と揶揄されようが、すぐに成果が見られなくとも粘り強く継続する姿勢が大切なのではないか。共生社会にむけて、いま居る場での自分なりの社会貢献が求められている。日々の営みのなかで小さな実践を積み重ねようというひとりひとりの意識によって、社会も変わっていく。マハトマ・ガンジーはいっている。「この世界に変化を望むなら、自分がそのように変わらなくてはならない」。社会に何か問題があり、変化を望むなら、まず自分が動き、関わっていかなければいけない。筆者もそのように実践したいと、自らの足りなさに涙しながらアクションリサーチを進めている。

（稲場圭信）

【参考文献】

稲場圭信（2008）『思いやり格差が日本をダメにする〜支え合う社会をつくる8つのアプローチ』NHK出版、生活人新書270
————（2011）『利他主義と宗教』弘文堂
————（2016）「利他主義と宗教のアクションリサーチ」河森正人・栗本英世・志水宏吉編著『共生学が創る世界』大阪大学出版会　211-222頁
————（2018）「宗教の社会貢献—宗教的利他主義の実践と共生社会の模索—」池澤優編『政治化する宗教、宗教化する政治：世界編Ⅱ』岩波書店　211-226頁

稲場圭信・河野まゆ子（2019）「『東京都宗教施設における災害時の受入体制調査』
　報告」『宗教と社会貢献』第 9 巻第 1 号　49-61 頁
清水博・前川正雄（1998）『競争から共創へ──場所主義経済の設計』岩波書店
清水博（2003）『場の思想』東京大学出版会
武川正吾（2012）『政策志向の社会学──福祉国家と市民国家』有斐閣
中根千枝（1967）『タテ社会の人間関係』講談社

■ 第9章 ■

共生のグループ・ダイナミックス、その技法
── 中越地震からの復興過程を通して

【災害復興とボランティア】

　本章では、2004年新潟県中越地震の復興過程に関する長期的なフィールドワークを事例として、グループ・ダイナミックスが、共生をどのように理論的に捉えているか（フィロソフィー）、どのような方法（的態度）を用いて実践へと繋げているか（サイエンス）、それはいかなる技法（アート）なのかということについて示す。被災地における研究・実践活動に焦点を当てるが、他の多様なフィールドで研究を進める大学院生にもヒントとなれば幸いである。

1. グループ・ダイナミックスから考える（フィロソフィー）

グループ・ダイナミックス

　まず、一般的な事柄から始める。グループ・ダイナミックスの大枠については、学部生向け教科書『共生学が創る世界』の中（渥美、2016）で紹介しておいた。ここでは、そのポイントを大学院生に向けて簡単に再説する。

　グループ・ダイナミックスは、研究者自身が、さまざまなコミュニティや組織といった現場に入り込み、現場の当事者と一緒に現場の改善を行っていく物語（narrative）─設計（design）科学（Atsumi、2007）である。グループ・ダイナミックスは、グループ（＝集合体）のダイナミックス（＝動学）、すなわち、関係の動態を研究する。

　関係（の動態）を研究する際には、さしあたって、関係の性質は問わないから、研究対象となる関係には、友愛関係も含まれれば敵対関係も含まれる。ま

た、集合体には、生者だけでなく、死者も含まれるし、未来に生まれてくる子どもたちも含まれる。さらに、ヒトに限定することはなく、ペットなども含まれる。そして、モノや物理的環境、制度的環境も含む。ただ、本書で檜垣が言及しているモノと人との同権を前提とした理論的検討は、グループ・ダイナミックスではまだ始まったばかりである。

　一方、（関係の）動態を研究する際には、そこに導入される時間は、物理的時間に限定しない。心理的時間も含む。また、設定した目標へと向かう時間（手段的時間）と時を過ごすこと自体に充足感を得る時間（充足的時間）を分けて考察すること（たとえば、宮本 2016）もある。

　グループ・ダイナミックスがユニークなのは、人や社会に関する、一見、常識とは異なる考え方をもつことである。まず、「人の内面に心が内蔵されている」という常識的な考え方を捨てる。グループ・ダイナミックスが個体主義を採らず、関係主義に立つわけである。グループ・ダイナミックスでは、たとえ個人の意志から発したとしか思えないような行動であっても、それに先立つ関係を捉えようとする。すなわち、関係という場合、個体 A と個体 B が存在して、そこに関係が生まれるという考え方を採らない。何らかの現象が立ち上がっており、それに参加しながら観察していると、その先に個体 A や個体 B と呼び習わされている存在が立ち現れるという風に考える。グループ・ダイナミックスでは、意志をもった個人を第一義としないという点が他の分野（たとえば、心理学）と一線を画すところである。

　次に、現場に入る時に予め研究計画を準備しない。その代わり、まずは何であっても現場で必要とされる事柄を遂行する。このことは、現場における研究者の姿勢や取り組みを示している。初めて訪れる現場では、まず研究だという前に、現場の人びとと何であれ実施する段階がある。これを協働的実践（collaborative practice）と呼ぶ。その段階が熟してきたところで、おもむろに研究が始まる。その研究は、現場の改善をめざして現場の人びととともに行うものであり、アクションリサーチ（action research）と呼んでいる。協働的実践は、アクションリサーチの必要条件であるが、十分条件ではない。無論、協働的実践の期間については、数日や数ヶ月の場合もあれば、数年かかることも

ある。初めて訪れる現場ですぐに研究を始めるというのは、協働的実践の期間が無限小の場合であって、実践的には考えても仕方のない、あり得ない事態である。

　最後に、研究成果は、現場で交わされる言葉、現場を記述する言葉などの言葉遣いの変化として現れてくる。我々は、言語によって世界の意味を把握している。言説の変化は、現場の人びとと研究者にとって世界の意味が変化したことを示している。グループ・ダイナミックスは、工学のように道路や建物といった物理的な環境の変化を志向するわけではないが、言説の変化がそうした物理的環境の意味の変化となって現れる場合もある。グループ・ダイナミックスの研究成果は、物理的環境をも含めて変化する現場の意味を言説の変化によってすくい取ろうとするのである。

共生のグループ・ダイナミックス

　序論で志水が論じたように、共生は、A + B = A' + B' +αと書かれる。グループ・ダイナミックスは、集合体 A や B が現出する過程、A や B が A' や B' へと変化する過程、α の動態を理解することに関心をもつ。そして、関係の動態を研究するグループ・ダイナミックスの最大の関心事は、演算子「＋」に注目することである。

　ここで急いで付け加えておくべきことは、誰が A や B という集合体の存在を承認するのかという問題に潜む権力性である。A を被災者（集合体）、B を研究者（集合体）としてみよう。いったい誰が誰のことを被災者集合体 A と認定するのだろうか。集合体 B は研究者集合体ではあるが、研究者集合体として現れていることもあれば、研究者集合体として現れていない場合もある。A'、B' も同様である。さらに、α についても誰が何として承認するのか。そこに権力性が含まれることには十分な注意が必要である。

　先述のように、グループ・ダイナミックスでは、A と B が存在してそこに共生という関係が生まれるという風に考えるのではなく、共生関係が育まれようとする事態においてその一方に A を見出し、他方に B を見出すという考え方を採る。その際、本来は、A と B は同権である。しかし、ここに A が存在

するというとき、Aと指し示されることを忌避する機会への配慮が失われる可能性について常に注目しておかなければならない。また、同権のAやBの存在を認めたとしても、それらをそもそも式にして提示し、展開すること自体が、AやBにとって抑圧をもたらすことがあることには自覚的であるべきである。

　本章では、災害復興過程を事例とするので、ここでは、研究者と被災者の共生として具体化しておこう。被災地に被災者がいて、研究者が訪れ、研究が始まるように見える。しかし、実際には、災害救援から復興支援の流れの中で、まずは実に多様な活動があることに注目する。活動によっては、被災者もない、研究者もない、いや、あらゆるモノもさまざまな人びとも混在している。まさに混沌である。研究者として、心はその人に内在するという常識を捨て、特に研究計画も持たずに訪れ、何であれ活動をともにしていく。無論、しっかり観察しているだろうし、記録も欠かさないけれど、言説の変化が起こる（変化に気づく）のはまだ先のことであって、ただただその場で活動していく。そこから、研究者がどのように立ち現れ変化していくか、被災者がどのように立ち現れ変化していくか、そして、そこから何が生まれてくるのかといったことに関心を向ける。その際、特に注目するのは、研究者と被災者がどのように出会っているのか、自ら変化した研究者や被災者がどのように出会うのか、また研究者や被災者が現場で生み出した事柄にどのように向き合っているのかといった相互の関係（演算子「＋」）の様態である。

2. グループ・ダイナミックスの現場（サイエンス）

　さて、ここからは、グループ・ダイナミックスの現場を紹介する。具体的には、2004年に発生した新潟県中越地震の直後から被災地となった新潟県小千谷市塩谷集落で行ってきているアクションリサーチを採り上げる。この集落における筆者（ら）の15年にわたる研究実践活動は、国内外の学術雑誌にいくつも掲載している（最近では、たとえば、Atsumi, Seki, & Yamaguchi, 2019；山口・渥美・関、2019）ので、ここでは、その要約に留めるのではなく、アクションリサーチを進める中で何を考え、何に注目していったかという内実を開示す

る。いうまでもなく、長期にわたるアクションリサーチの中で出会ったことや考えたことは無数にあるが、ここでは、研究を進める大学院生にとってヒントになることを願って、いくつかのポイントを紹介していく。

　まず、災害復興過程と災害ボランティアに関する背景を簡単に説明して研究の文脈をおさえる。次に、筆者が展開した協働的実践とアクションリサーチを、そこで考えた事柄を含めて紹介する。具体的には、新潟県小千谷市塩谷集落で展開してきた塩谷分校の経緯を通して、分校という比喩が集落にさまざまな言説を生み、集落が変化していった様子と、その過程で考えたことを綴る。

事例の背景：災害復興と災害ボランティア

　災害ボランティア元年と呼ばれた阪神・淡路大震災（1995 年）以来、救援場面での活動に注目が集まっていた災害ボランティアは、約 10 年が経過したときに発生した新潟県中越地震（2004 年）を契機に、災害復興の場面でも活動することが目立つようになった（渥美 2014）。中越地震の被災地は、被災前から過疎高齢化に悩む中山間地であった。したがって、たとえ災害救援活動が成果を上げて復旧が叶ったとしても、過疎高齢化の問題は加速し、解決への展望は容易には得られないように思われた。そこで、災害ボランティアとして駆けつけた人びとの中から、被災地の長期的な復興過程に注目する声が上がり、長期的な復興過程を念頭に置いた継続的な活動が展開された。実際、地元の人びとを中心に結成された民間組織の名称は中越復興市民会議という復興を冠したものであった。学界もこれに呼応し、地元で成立した復興デザイン研究会をもその一部として吸収する形で日本災害復興学会が設立された。その後、災害復興とは何かという問いに関する議論はずっと継続していて、明確な応答はなされていない。海外でも同様で、アメリカにおける復興研究も、2005 年のハリケーンカトリーナの復興過程でようやく緒に就いたばかりでもある（e.g., Tierny, 2007）。

　しかし、考えてみれば、定義に含まれるべき要素が同定されていれば、復興に関する公的な定義など必要ないのかもしれない。定義に含まれるべき要素とは、被災地の住民が自ら主体的に生活の場を動かそうとしている状態、という

ことであろう。グループ・ダイナミックスの立場からいえば、被災地の住民達が自ら生活の場の意味を（再）構築していく過程ということになる。被災地では、災害ボランティアの支援も重なって、むしろ住民の主体的な動きが阻害されることもあろう。そして、それは急性期には仕方のない面もある。しかし、ある程度時間が経過した後に展開する復興過程では、災害ボランティアや専門家のような外部者が牽引するのではなく、住民自らが主体的に取り組むことが肝要である。言い換えれば、復興支援は、いかにして、住民の主体的な取り組みによって被災地という世界の意味が（再）構築されるように振る舞い、それを支援していくかということになる。

塩谷集落における恊働的実践とアクションリサーチ：「塩谷分校」

　新潟県中越地震は、阪神・淡路大震災後初めて震度7を観測する地震であったこと、余震が極めて多かったこと、広範な地盤災害をもたらしたこと、中山間地に点在する集落からヘリコプターによる集団避難が行われたことなど、いくつもの特徴をもって記憶されている災害である。そして、中越地震は、災害過程の中でも復興に焦点が当たった災害でもあった。

　筆者は、新潟県小千谷市の塩谷集落で実践と研究を継続してきた。塩谷集落は、小千谷市東山地区の最も奥、標高約400mに位置し、旧山古志村と接する地域に点在する20戸からなる集落である。東・北は尾根を隔てて旧山古志村と接し、南は旧川口町峠集落、トンネルを介して同木沢集落に至り、西には尾根を隔てて同荒谷集落へと至る。冬期は4mもの積雪があり、伝統行事や旧来のイエ制度に基づく運営が色濃く残る集落である。ただ、小千谷市の中心市街地には車で20分程度の距離にあるため、市街地や近隣の都市へ通勤する人も多く、都市社会と山村社会が併存している集落である。

　塩谷という地名の由来はアイヌ語の「ショウ・コタン（岩・村）」である（星野 1954）。つまり、この地域にはかつてアイヌ民族が住んでいたことになる。今、塩谷集落を含め東山地区で闘牛がおこなわれているのも、アイヌの風習の影響であるとも考えられている。約2000年前には、大和民族がこの地に移り住んだといわれる。この地は越後の中央にあり、海陸交通の要所であったため

栄え、大きな町があった。しかし、戦国時代の戦乱により荒廃し、稲越村という寒村となる。その後、現在の塩谷集落は 1875（明治 8）年まで、上村と下村に別れて、それぞれ魚沼郡と古志郡に属していた。下村は現在では長岡市川口町である木沢（中越地震の震源地）の枝村であった。

　かつて塩谷集落は「二十村」と呼ばれる地域の一部であった。二十村とは、古志郡の旧種苧原村・大田村・竹沢村・東竹沢村・東山村を含む東山山地南端の総称であった（山崎 1962）。その後の、市町村合併に伴い、小千谷市、長岡市、川口町（現長岡市）へと併合されていったのである。つまり、現在の行政区画は彼らの歴史的民俗的視点と必ずしも一致しない。

　塩谷集落は、中越地震前 49 戸あり、農業（兼業）に加え、錦鯉を育て販売する養鯉業が盛んであった。しかし、中越地震で子どもばかり 3 人の犠牲者を出し、全戸避難となり、ようやく集落に戻れるようになった時には、地震から 2 年近くが経過していた。しかも、全世帯の約 60%（29 戸）は、離村という結果になった。地震直後から、災害ボランティアが地域、避難所、仮設住宅へと支援を展開し、その一部は、集落に残った一軒家を改装して「芒種庵」と名づけ、集落を去った人びとと集落に残った人びととの懸け橋となる象徴的な活動の場とすることを目指した。また、集落の合言葉として「絆」を選択し、背に絆と書かれた T シャツを販売したりしてきた。またこれらと並行して、田植えや稲刈り、そして、山菜祭や村祭など、さまざまなイベントが開催され、集落に残った人びとと、集落外の人びととの交流が進んできた。

協働的実践

　2004 年 10 月 23 日夕刻に地震発生の報を受けた筆者は、翌日、災害 NPO（特定非営利活動法人日本災害救援ボランティアネットワーク）の一員として現地を訪れた。また、ある程度時間が経つと、大阪大学人間科学部で立ち上がった fromHUS という学生ボランティア団体と一緒に、長岡市内に避難された方々に対し、避難所および仮設住宅での支援活動に従事した（諏訪・渥美、2006）。中越復興市民会議の設立にも立ち会った。当時は、緊急期を過ぎれば被災地を去ることを想定していた。ところが、避難している方々と話し、甚大な被害を

受けた中山間地のいくつもの集落を訪問していると、避難者の集落復興への想いと、集落が直面していた高齢過疎問題がいわば身に染みるようにわかってきた。そこで、中越復興会議のメンバーとともに訪れたことのあった小千谷市塩谷集落への関わりが始まった。

　その後、災害NPOを通じたボランティアや大学生ボランティアらとともに継続的に塩谷集落に通うことになった。最初の関わりは、仮設住宅から集落へ人びとが戻り始めた時期（2006年）に行われた田植えであった。見よう見まねで田植えに取り組んでいた筆者を見て、「大学生が来ると聞いていたけど、やけに年取った学生がいるもんだなぁと思った。先生だったとはねぇ」というのは語り草である。この時点では、いわゆる研究者は田植えをしないのではないかというステレオタイプをお互いにうまく利用している。集落の人びとは、筆者を「いわゆる研究者」ではない存在として扱うきっかけを得ているし、筆者も「いわゆる研究者」ではない存在として集落の人びとと親密になるきっかけを得ているからである。言い換えれば、田植えという共同の作業を通して、集落の人びとと筆者の間に、束の間であれ対等の関係が成立し、お互いに研究や研究対象という関係からは一線を越えて話ができるという関係を演出していたことになる。

　田植え以降、文字通り集落に足繁く通った─この頃からの8年で288日塩谷集落に滞在している（Atsumi, Seki, & Yamaguchi, 2019）。最初は、田の草取り、盆踊り、稲刈り、錦鯉を池から越冬ハウスに移す作業、大根植え、小正月行事の塞の神、山菜採りなど集落でのさまざまな活動に積極的に参加していった。それまで、田んぼに入って草取りをしたことはなかったから、たとえばむしり取った草をどうすればいいのかさえわからない。地元の盆踊りは知っているし盆踊りに関する書物も繙いたけれど、踊れなければ意味がない。刈った稲を束にする技術にはちょっとしたコツがあってなかなかわからない。錦鯉はどこをどう持てばおとなしく抱けるのか知らない。大根の植え方にも拘りがあるようだが知らない。塞の神は雪の上に櫓を組んで火を灯す行事だと聞いてはいたがその火でするめをあぶるために使われる木の枝についてはわからない。山菜があれほど急な崖に生えているなどとは想像もしていない…つまり、何も知らな

い中で、当然ながら失敗の連続である。作業が終われば、その不格好な失敗を
ネタに宴会が始まる。そんなことを2年ほど繰り返していた。すると、集落内
に宿泊できる場所（倉庫の2階）をお借りすることもでき、数日から1週間程
度の滞在を繰り返すことになって、集落にいつもいる人という風に認めてもら
うことになった。日々の対話や手伝いを通じて信頼関係を築いていったことに
なる。田植えや盆踊り、稲刈りや小正月の伝統行事などには、学生達にも参加
してもらい、断続的ではあるが、賑やかな集落になっていった。

　大切なことは、何を研究するかという具体的な計画はないということであ
る。計画がないというよりも、むしろ、日々変更になるといった方が正確かも
しれない。そしてさらに大切なことは、集落の人びとも何を研究しに訪れてい
るのかはっきりはわかっていないということである。しかし、もちろんお互い
に何を研究していくのかということを気にしてはいる。お互いがどのように動
くかを探り合う中で信頼関係が深まる。ただ、信頼関係とは何もいつも笑顔で
接するということではないことには注意しておきたい。むしろ逆でもある。あ
る日、集落の中心人物の1人と意見が食い違ったことがある。人の内面に心が
内蔵されているわけではないと考えてはいるが、目の前で住民が反対の意見を
強く主張するのであるから、そういう考えを持つに到った経緯も含めて理解し
ていくつもりではあってももはやその人の内面に反対の意見が存在している
としか感じられなくなるのは正直なところである。夕方から始まった対話は、次
第に口論となり、お酒が入って、もはや怒鳴り合うまでになった。結局、夜も
更けてから、近所の家に2人で行って、どちらの議論が正しいかを裁定しても
らうことになった。こうしたことから信頼関係が深まっていったことは確かで
あるが、その時に何を議論したかという記憶は薄れ、議論したということだけ
が思い出される。

アクションリサーチ

　3年を過ぎる頃から、塩谷集落独自の動きを作って復興していきたいという
声をちらほら聴くようになった。それを契機に、集落の復興について一緒に考
えていく住民ワークショップを開催させてもらった。山菜を販売したい、山菜

を加工する作業小屋があればいい、米を販売したい、雪を商品化すればどうかといった生業を支えるための活動を志向する意見。自分の飼っている牛が角突き（闘牛）で勝つことが楽しみだ、塩谷ならではの野菜（神楽南蛮）に拘りたいといった文化伝統に着目する意見。そして、ボランティアとしてやってくる大学生との交流が楽しい、おもてなしの精神が大切だといった交流を継続する意見などが出された。そこで、これからの塩谷集落としては、地元の文化伝統を改めて学びつつ、交流できるような場を継続的に開くことに意見がまとまった。いよいよ集落の住民が主体的に復興に向けて動き出そうと考えた時期であった。

　復興の具体的な動きが出てきたわけであるから、早速、米の収量、単価、販売先候補などさまざまな情報を整理して持って行ったところ、「先生はわかってない！」と一喝された。よくよく聴いてみると、会議では収入のことは話題に上るが、それが最も重要なことではないという。むしろ、米を作っているプライド、村を離れた親戚に米をきちんと送ること、外部の人びとと交流できる題材であることなどが重要であるとのことであった。無論、収入は度外視できないが、米が売れればいいと聞いてすぐに計算書を提出するという流れは忌避されるわけである。

　さて、今後の集落を考えていこうとするその場に名前を付けることになった。筆者からは、鳥取県智頭町のまちづくりで有名な杉下村塾（杉万 2006）を念頭に「塩谷塾」といった提案をしてみたが、「塾なんか行ったことがないからわからねぇな」と一蹴され、「分校なら通ったよ」という声が出て、2008年秋のワークショップで「塩谷分校」と決まった。生徒は集落の住民と筆者ら外部から訪れる者であり、本校は生徒の心の中にあるということになった。

　主として冬に開かれる授業は座学と呼ばれ、外部の講師から住民が学ぶ。雪氷学を専門とする研究者や闘牛をはじめとするこの地域の民俗を調査している民俗学の研究者に講演をお願いした。夏は、生徒と先生が反転し、外部者である筆者やボランティアとして訪れる学生が生徒となって、住民から農業を中心に実地に学ぶ。講演や農作業を通した「授業」の終了後には懇親会が開かれる。懇親会は「給食」と呼ばれ、「給食係」が準備し、「日直」が簡単に「いただき

ます」と宣言して開始されることとなった。

　毎月有志の参加で開かれる分校定例会による企画運営のもと、田植え交流会や稲刈り交流会には、大阪大学、関西学院大学、立命館大学、そして、地元の長岡技術科学大学の学生らが多く参加するようになり、交流人口としての集落の賑わいは

写真 1　塩谷分校 10 周年記念式典・交流会
（2018 年 11 月 3 日）

確保されていった。そのうち、住民達は、分校の生徒になった学生が分校を卒業していくのだからと「塩谷分校卒業式」を開催するようになった。また、分校は学校なのだから、「クラブ活動」もあってよいのではないかという提案が住民からなされ、楽器を演奏する住民や学生ボランティアらが「軽音楽部」を結成した。現在では、塩谷分校卒業式で演奏することが恒例となっている。さらに、大学を卒業して社会人となった学生達は「塩谷分校同窓会」を結成して、塩谷集落の関係人口（田中 2017）として定着していっている。このように、分校は、住民が自らそれぞれの役割を担って運営していくツールとなり、2018年 11 月 3 日には分校 10 周年を迎えた（写真 1）。集落の住民が主体的に復興に向けて動き出すことを目指したアクションリサーチが一つの区切りを迎えた瞬間であった。

　ここまで、塩谷集落における恊働的実践と塩谷分校にまつわるアクションリサーチの現場をその時々に考えたことを散りばめながら記してみた。通常の論文には書かないようなエピソードも積極的に取り入れてみた。現場に向かう大学院生の参考になればと願っている。では、この節の終わりに、塩谷分校を巡るアクションリサーチがどのような意味で事態を改善するアクションリサーチ

になっていたのかという点を整理しておこう。

サイエンスとして

　塩谷分校は、そもそも塩谷集落の復興に寄与することを目指して行われてきた活動であった。ここで、災害復興過程におけるアクションリサーチという観点から塩谷分校を捉え直してみよう。そもそも災害復興とは、住民の主体的な取り組みによって被災地という世界の意味が（再）構築されることであった。したがって、アクションリサーチは、住民の主体的な取り組みを通して、世界の意味を変更していくことを目指す実践となる。上述した塩谷分校の活動は、住民自らが提案し、実践していった活動である。アクションリサーチとしては、そのきっかけを作ることであった。ここで、分校というのは、もちろん比喩である。校舎もなければ、組織も校則などもない。しかし、比喩が活動の意味を変えていくことは十分に予想された。たとえば、Lakoff & Johnson（1980）は、ある事柄を別の事柄を通して理解したり経験したりすることを比喩の機能とし、何も言語的な比喩に限らず、我々の生活のあらゆるところに比喩が満ちていると指摘した。比喩の機能は、組織論（たとえば、Morgan 1986）や神経科学といったハードサイエンス（たとえば、Bohrn, Altmann, & Jacobs, 2012）まで幅広い分野で検討されてきた。社会心理学でも、Gergen（1982）は、比喩は人びとの環境に対する理解を再形成することを通して人びとの生活に変化をもたらすと指摘し、最近の著書（Gergen 2009）では、比喩によって人びとが新たな行為に取り組むようになることについて改めて検討している。研究者の側は、こうした議論を念頭に、塩谷分校という比喩が人びとの世界に対する意味が変化していく契機となることを仮説として抱いていた。このような理論的に考えられる仮説を念頭に、実践を重ねていって、新たな言説が生まれれば、復興に一歩近づいたことになる。したがって、塩谷分校の取り組みは、比喩を用いて復興を推進するアクションリサーチとして位置づけられる。

　具体的には、塩谷分校は、当初から筆者らと一緒になって「給食」などの比喩を積極的に使ってきた。そのうちに、集落の人びと自らが、「塩谷分校卒業式」や「軽音楽部」という比喩によって活動を展開し、そこからさらに参加者

も含めて「塩谷分校同窓会」が活動を開始している。このように、塩谷分校という比喩をワークショップを通じて選ぶことで、集落の住民自身がその比喩を縦横に使いこなし、被災地となった集落の意味を変化させていっている。実際、集落では「自分は生徒だから」とか、「この前の座学はどうだった？」、「今度の給食はどうしようか？」といった会話が自然に交わされるようになっている。ここにアクションリサーチを通した言説の変化が生じ、意味が（再）構築されている。このことがグループ・ダイナミックスの成果なのである。

　ここで、サイエンスとしてのアクションリサーチにおいて考慮すべき事柄を3点指摘しておく。まず第一に、塩谷集落の復興過程で、筆者らが果たした役割は、ワークショップを開き、「分校」という学校の比喩が飛び出したときに、それをもり立てていったことに尽きるだろう。分校の運営について、またチラシの作成や広報などさまざまな活動は分担したが、外部者だからこそできたことといえば、ワークショップを開催し同席したことだけである。無論、ワークショップを型どおりに開くのであれば、突然訪れた専門家であってもできるだろう。しかし、そんなワークショップで集落の人びとは意見をいうはずがない。ずっと集落に滞在し、ワークショップ以外の場で、一緒に時を過ごし、活動（＝協働的実践）を継続してきたからこそ、ワークショップでいわゆる本音の意見も出たのだろうし、もめ事が発生しても徐々に解消していったのだろうと思う。ここで注意したいのは、研究者と集落の住民の間の緊張関係も極めて大切であるということである。研究者側から提案をしても、けんもほろろに拒否されることはある。集落住民から提案が出されれば、研究者は真剣に議論し、反対であれば反対を告げる。

　第二に、そもそもさまざまな事柄はワークショップや会議で決まるわけではない。さまざまな事柄を変更したいときにワークショップが用いられる。ワークショップさえすれば人びとの意見を聞いたことになるとでもいいたげな議論や実践が散見されるのも事実である。確かに、それらは虚偽ではないであろうが、ワークショップにしか目を向けずに集落なら集落のもつ特性を見落としていることもある。実際、前回のワークショップで決定した事柄であっても、次回集落を訪問したときには覆っていることも多々ある。当然ながら、研究者が

いないときに集落でさまざまなネットワークが作用して議論が行われているからである。不思議なことではない。実は、集落の復興は、こうした議論が活性化していくことにこそある。

　第三に、復興過程に関わるアクションリサーチははいつ終わるのか、それは誰が決めるのかという問題がある。集落の人びとと一緒に決めていくというのが、現時点で示すことのできる応答である。外部者である研究者が、集落の人びととの信頼関係を十分に樹立しないままに自らの企画を推進し、その成果を得られたら（得られないと見切ったら）撤退するといった事態だけは回避しなければならない。これでは、被災した集落の住民は外部からの研究者に使われているだけであって、集落の復興などおよそおぼつかない。

3.　アートとしての協働的実践・アクションリサーチ

　最後に、ここまで述べてきた塩谷集落における協働的実践と塩谷分校をめぐるアクションリサーチをグループ・ダイナミックスの技法・アートとして捉えてみよう。塩谷集落に通い、信頼関係を深め、ワークショップで比喩を後押ししていった技法は、いかなるアートなのか、そして、それを極めるとはどういうことなのか。

　アートを極めることについて、西平（2019）は、世阿弥の「風姿花伝」をもとにした興味深い議論を展開している。ここではその議論に沿いながら、共生のグループ・ダイナミックスの技法・アートについて考えてみる。西平（2019）は、学習から脱学習を経て、その先のアートへ到る過程を見渡し、学習論の刷新を稽古の思想として語っている。世阿弥の言葉でいえば、「似する」「似せぬ」「似得る」の3段階、また「守・破・離」の3段階に対応する議論を展開し、「似得る」「離」の境地へと到るプロセスを述べている。その境地は、「離見の見」と呼ばれる。書道や楽器演奏、あるいは、スポーツなどを考えるとよい。まずは上手な人の行いを見てまねる（似する）段階がある。その結果、何らかの技を習得する。次に、その技をあえて忘れていく過程（似せぬ）がある。これを脱学習（unlearn）としている。これで独自に書が書けるようになり楽器を演奏

できるようになる。が、その先、すなわち、模倣するのでもなく、独自性を強調するのでもなく、芸を我が物として自然に「似得る」という段階、その境地こそが大切だと筆者・世阿弥は指摘し、そこへ到る一連の訓練過程が稽古なのだという。

　西平（2019）の議論で興味深いのは、脱学習という概念を充てた部分である。音楽でいえば楽譜から離れ、身体に染みこませていく段階、学んだことを忘れる・離れる段階である。模倣が行き詰まり、最初から徹底して模倣をやり直していると偶然全く異なる地平が拓けてくることがあり、この回り道をもつゆとりが脱学習でもある。そして、脱学習を介してこそ、「似得る」という境地が訪れる。「似得る」は、意図的に計画することができないし、持続もしない。それでいて「似せぬ」を否定したものというわけでもない。学習と脱学習が互いに互いを乗り越え合うような緊張関係の中で新たな気づきが生じ、その時、その場の中で状況とのやりとりの中で創発的に「似得る」が現れるのだという。「似得る」の境地は、「離見の見」ともいわれる。離見とは自分の姿を外側から他者の目で見ることである。

　こうした議論を現場における恊働的実践とアクションリサーチに一般に広げて当てはめて考えてみよう。筆者が塩谷集落で繰り広げた恊働的実践とアクションリサーチには、学生時代に参加させていただいた合宿における故池田寛教授の現場でのご姿勢や、駆け出しの頃に当時鳥取県智頭町で活動しておられた恩師杉万俊夫教授のお姿に「似する」段階があった。たとえば、塩谷分校という名前に決まる際に、塩谷塾という提案をしたことや集落の人びとと研究者が先生と生徒を入れ替わりながら進めていくという方針は、智頭町で開かれていた杉下村塾に似せたものである。一方、自分なりに集落の人びとと丁々発止議論し、最終的には分校という比喩が生み出され、比喩が集落の人びとの主体性を導き、ひいては、災害復興に繋がるという風に独自に展開していったことは「似せぬ」を目指した活動であるだろう。無論、その先、すなわち、お2人の先達を模倣するのでもなく、独自の展開ばかりに注目するのではなく、現場での研究実践活動を我が物として自然に「似得る」という境地には、まだまだ到っていないと自覚している。今回は紹介できなかったが、阪神・淡路大震災

の被災地に 25 年、東日本大震災の被災地の一つ岩手県野田村では 9 年近く、そして、塩谷集落に通い始めて 15 年近くになるが、まだまだ稽古中であって、技法を極める境地には到っていない。

　次に、現場に入るという一般的な事柄から離れ、塩谷集落の内側に目を向けてみよう。塩谷集落での稽古を通してどのように「似得る」に到ることができるのだろうか。上述のように、「似得る」は、意図的に計画することはできない。「似得る」は、先達の活動の学習とそこからの脱学習が互いに互いを乗り越え合うような緊張関係の中で創発的に現れる。西平（2019）は、「離見の見」といわれる「似得る」の境地の例として、森全体で蝉時雨が聞こえている場面を採り上げている。眺めていると、徐々に一匹一匹の蝉が見えてくる。あぁ、これが鳴いているのだなとわかる（学習）。しかし、稽古の思想は、この蝉を見るなという。見えているものを見ないようにして、森全体の蝉時雨が聞こえるようにする（脱学習）。しかし、それに留まらない。蝉を一匹ずつ区別して明晰に見ながら同時に蝉にとらわれることなく森全体の蝉時雨を聴く（離見の見）。離見の見の「見」は、「似得る」を指している。つまり、「離見の見」は、見ているけれども見ていない中ですべてを見ているという状態に到った状態を指す。

　蝉時雨を塩谷集落に置き換えてみよう。塩谷集落で恊働的実践を重ねていると、徐々に住民のひとりひとりの姿が見えてくる。それぞれの住民の考えがわかってくる（学習）。しかし、ここでひとりひとりを見ずに、塩谷集落全体がどのように復興していくことを望んでいるのかを聴き遂げるようにする（脱学習）。そして塩谷分校が動き出す。ところが、そこに留まってはならない。ひとりひとりの住民の声に耳を傾けながら、同時に個々の住民の意見にとらわれることなく集落全体の復興を考えていく。これが離見の見である。ひとりひとりの意見を聴いているけれども聴いていない中ですべてを聴いているという状態であろう。もちろん、まだまだその境地には到らない。だから、引き続き塩谷集落に通うことになる。

　共生の現場に初めて赴く大学院生にとって、グループ・ダイナミックスが現場で用いる技法・アートを極めるには、まずは「似する」ことが肝腎である。

それは、何も複雑なことではないかもしれない。現地で、早起き、あいさつ、笑顔、お礼、そんなことを丁寧に行っている研究者を真似るところから始まるであろう。そして、恊働的実践の姿勢を真似ていく。アクションリサーチに入れば、背後にある仮説めいた理論的検討にも参加して学ぶ。次には、「似せぬ」の段階があって、学んだことから脱する努力が進む。それまでに学んだことを少し変えてみたり、自分なりの工夫をしてみたりする段階である。それがうまく行かないときは、また「似せる」に立ち戻る。こうして「似せる」と「似せぬ」の往復を繰り返しているうちに、「似得る」に到る、ということになる。ただ、この「似得る」の段階については、やはり、筋道立てて説明することは筆者の力量を超えている。

　実は、世阿弥の「風姿花伝」には、秘匿されてこそ花となりという言葉がある。本章では、災害復興の現場で、研究計画の有無も定かでない中で、恊働的実践が始まり、そのうち研究者が研究者として現れ、被災者が被災者として現れながら、アクションリサーチを展開していく姿を描いてみた。その時々に考えていたことなどもエピソードを交えて添えてみた。しかし、書いてみれば、凡庸で陳腐に見えてしまうのも否めない。そこには、どうも言語化できない、得もいわれぬ事柄の存在が察知される。もちろん、何であれ言語化に向けて弛まぬ努力を続けるのが研究者の使命ではあるが、結局、共生のグループ・ダイナミックスの技法（アート）は、「秘すれば花なり」として、黙しておくしかないのかもしれない。

（渥美公秀）

【参考文献】

渥美公秀（2001）『ボランティアの知：実践としてのボランティア研究』大阪大学出版会

──────（2014）『災害ボランティア：新しい社会のグループ・ダイナミックス』弘文堂

──────（2016）被災地における共生のグループ・ダイナミックス　河森正人・栗本英世・志水宏吉編著『共生学が創る世界』大阪大学出版会　223-235 頁

渥美公秀・稲場圭信編（2019）『助ける』大阪大学出版会

杉万俊夫（2006）『コミュニティのグループ・ダイナミックス』京都大学学術出版会

諏訪晃一・渥美公秀（2006）「学生による災害時のボランティア活動と状況的関心：新潟県中越地震における fromHUS の活動から」『ボランティア学研究』6号　71-95頁

世阿弥（1958）『風姿花伝』岩波文庫

田中輝美（2017）『関係人口をつくる―定住でも交流でもないローカルイノベーション』木楽舎

西平直（2019）『稽古の思想』春秋社

星野亀吉（1954）『東山村沿革史』東山村公民館

宮本匠（2016）「現代社会のアクションリサーチにおける時間論的態度の問題」『実験社会心理学研究』56巻1号　60-69頁

山口洋典・渥美公秀・関嘉寛（2019）「メタファーを通した災害復興支援における越境的対話の促進―新潟県小千谷市塩谷集落・復興10年のアクションリサーチから」『質的心理学研究』18号　124-142頁

山崎久雄（1962）「二十村郷の山村発生」『新潟大学教育学部長岡分校研究紀要』7号　17-35頁

Atsumi, T. & Goltz, J.D.（2013）Fifteen Years of Disaster Volunteers in Japan: A Longitudinal Fieldwork Assessment of a Disaster Non-Profit Organization. *International Journal of Mass Emergencies and Disasters*, 32(1), 220-240.

Atsumi, T., Seki, Y., & Yamaguchi, H.（2019）The Generative Power of Metaphor: Long-Term Action Research into the Recovery from Disaster of Survivors in a Small Village. *Disasters*, 43(2), 355-371.

Bohrn, I.C., Altmann, U. & Jacobs, A.M.（2012）Looking at the brains behind figurative language: A Quantitative Meta-Analysis of Neuroimaging Studies on Metaphor, Idiom, and Irony Processing. *Neuropsycologia*, 50(11), 2669-2683.

Gergen, K.J.（1982）Toward Transformation in Social Knowledge New York, NY: Springer-Verlag.

Gergen, K.J.（2009）Relational Being: Beyond Self and Community New York, NY: Oxford University Press.

Lakoff, G. & Johnson, M.（1980）. Metaphors We Live By. Chicago, IL: University of Chicago Press.

Morgan, G.（1986）Images of Organization Beverly Hills, CA: Sage.

Tierney, K.J.（2007）'From the margins to the mainstream? Disaster research at the crossroads' *Annual Review of Sociology*, 33, 503-525.

■ 第Ⅳ部 ■
さまざまな共生のかたち

第 10 章

死者との共同体
—— 記憶の忘却と存在の喪失

【死者との共生】

　あなたはいま、この論考を読んでいる。いろいろな理由があるだろう。期末レポートの参考になるかもしれないと思ったのかもしれない。あるいはパラパラとページをめくっていたらたまたま目についただけかもしれない。あるいは、「死者との共生」というタイトルに興味をもって、意欲的に読み始めたのかもしれない。

　あなたはどんな人だろうか。学生だろうか。遠い昔の卒業生だろうか。共生学という茫漠とした学問分野を志す研究者だろうか。このタイトルに惹かれたということは、ひょっとすると、あなたは最近身近なだれかを失ったのかもしれない。

　しかし、いずれにしても、あなたは死者ではない。それはたしかである。本章で登場する死者は、あなたではない。あなたは、死者に成り代わることができない。死者とはつねに他者である。あなたは死者に対して追憶することしかできない。

　もう一点、付け加えねばならない。あなたは死者に成り代わることができないという重要な事実は、死者に関するもう一つの性質をわたしたちに覚知させる。それは、死者とは、あるカタストロフを最も強く経験した当事者であるという点である。裏返せばこのことは、死者を基準とするとき、生き残ったわたしたちはつねに非当事者にしかなりえないことを意味する。たとえば、津波の当事者とは誰のことを指しているのだろうか。津波を見た人、津波から逃げた人、津波に飲まれたものの助かった人。さまざまな当事者がいる。しかし、津

波を最も強く体験したのは、津波によって犠牲になった人だろう。津波という出来事の当事者集団の中心にいるのは死者である。死者は、ある出来事における最も正統な当事者である。

　本章では、このような当事者性の極地にあるとみなされ、そしてそれゆえわたしたち非当事者にとって他者でしかありえない死者との共生の可能性について述べてみたい。あるいは、すでにわたしたちは死者と共生してしまっているという事実に目を向けるための視点を模索してみたい。

　わたしたちはときおり、死者と対話することがある。本章では、東日本大震災以降の幽霊譚をもとに死者との対話について論を深めていくが、もっと身近な場面、たとえばお墓で手を合わせるときなど、わたしたちは亡くなった祖先と対話することがある。社会学者の副田義也が指摘するように、現代日本の葬式における弔辞は、死者に対して呼びかけるという形式をとるという点で、世界に類を見ない（副田 2003）。このように、死者と対話するということ自体は、現代の日本に住んでいる限り、突飛な発想ではないだろう。

　しかしながら、本章でわたしは、死者との対話モデルをさらに一歩前に進めて、死者との共同体モデルを構想してみたい。これは、本書の序章で志水が述べたような「縦の共生」を考えるにあたっての理論的基盤の一つになると考える。

　そのため、本章は、「死者との共生」についての議論の長い序論のようになるだろう。それは、このテーマがまだほとんど論じられていないために、理論整備を行わなければならないという事情に端を発する。とはいえ、本章の末尾では、わたしがフィールドワーク中に聞いた語りをもとに、死者との共生の意義について先鞭をつけることにしたい。

　結論を先に述べておけば、わたしたちは、死者という不在の存在者を追憶することによって、共同体を創出しているのである。これは、丹念に見ればわかるが、じつは矛盾めいた言い回しである。つまり、これは、死者という不在の他者のその〈不在〉によって、共同性が立ち上がるというロジックになっているのである。この矛盾めいたことが起きる過程について、本章では述べていきたい。そのためにはまず、先行文献をレビューしながら、現在の死者論のトレ

ンドを確認しなければならない。

1.　東日本大震災と死者

　死者についてさまざまな分野で語られてきたことがある。たとえば、哲学では一人称的な死の経験不可能性（「私が死ぬこと」は記述できない）、心理学では遺族の悲嘆心理や死の受容の過程、民俗学では弔いの風習など、豊かな知見がある。しかしながらこれらは、暗黙の裡に死者を個人として捉えている。

　本章では、死者と私たちの関係についてだけでなく、死者たちと私たちの共同体について述べていきたい。東日本大震災以降わたしたちは、死者をわたしたちの世界から追い出すことができなくなった。まずは、東日本大震災以降の死者論について簡単に概観していこう。

　東日本大震災は 2019 年 9 月 10 日時点で死者 15,898 名、行方不明者 2,531 名、負傷者 6,157 名となり（警察庁 2019）、戦後の国内における自然災害において最も多くの犠牲者を出した。その中でも、全校児童 108 名のうち 74 名が死亡した「大川小の悲劇」は、その痛ましさとともに記憶に刻まれることとなった。ザ・タイムズ紙の東京支局長を長年務めていた Richard Lloyd Parry によるノンフィクション『Ghosts of the Tsunami』（Parry 2017）（邦訳：津波の霊たち──3・11 死と生の物語）は、大川小学校の遺族への長年にわたる取材をメインに書かれている。そこには、遺体と対面した遺族たちの語りも収められている。このような語りに耳を傾けることなしに死者との関係について述べることはできない。

　　ナオの 9 歳の妹であるマイは、それから 1 週間後に見つかった。父親が見つかったのはさらにその 1 週間後だった。「お姉ちゃんのほうはまるで生きているかのようだったんだけどね」とアベさんは言った。「お姉ちゃんはきれいなままだった。寝ているかのようだった。でも、1 週間後に──7 日間の違いがこんなにも大きいだなんて」そういうと彼は涙をぬぐった。

　　　　　　　　　　　　　　　　　　　　　　　　（p. 40、翻訳筆者）

きれいな状態で見つかった遺体がある。しかし、その一週間後に見つかった遺体は、状態が全然違っていた——いくらか腐敗もすすんでいただろう。アベさんは多くを語らない。いや、語るべき言葉などそもそも存在していなかったのかもしれない。

> チサトはそこにいました。泥にまみれていました。服は脱げていました。顔は穏やかで、まるで寝ているかのようでした。娘を抱き上げて何度も名前を呼んだのですが、返事はありませんでした。[…] 眼が半分だけ開いていました。それは、娘が寝ているとき熟睡しているときにいつもしているのと同じでした。でも、そのときの目には泥が詰まっていて、拭き取ろうにもタオルも水もありませんでした。だから私はチサトの目を舐めて泥を取ることにしました。でも、舐めても舐めても泥が溢れ出てきてきれいになんてなりませんでした。
>
> （p. 42、翻訳筆者）

津波に飲み込まれた遺体は、体中に泥が詰まっていた。目の中にさえ入りこんでいた。遺体として見つかったわが子の目の中の泥をふき取るとき、彼女は、自らの舌で舐めとった。タオルや水が無かったためだけでなく、それが彼女にとっての最後の愛情表現でもあったはずだ。

　遺体と対面することの辛さがある一方で、遺体と対面できない辛さもある。東日本大震災の特徴の一つとして、行方不明者の多さが挙げられる。行方不明者数の多さは、遺体と対面できていない遺族がそれだけ多くいることを示している。東日本大震災においては、遺族年金や保険金を迅速に受け取るために、戸籍法上の死亡届の手続きが簡素化されたが（渡橋 2012）、死亡届を出せない被災者もいる。ある被災者は、「本当に居なくなったと思いたくない」といい（Sankei Biz 2016）、またある被災者は、「親の自分が前に歩み出したらこの子だけが取り残される」という（産経 2018）。死亡を確定してしまうことで、行方不明者との絆がまるで断ち切られてしまうようである。

2.　死者との関係の継続：あいまいな喪失と死者との対話

　このような行方不明者遺族の喪失感は、「あいまいな喪失」（Boss 2006 中島・石井監訳 2015）と呼ばれる。その中でも特に、「さよならのない別れ leaving without good-bye」に注目したい。さよならのない別れとは、身体的には不在だが心理的には依然として存在しているという形態である。たとえば、津波で遺体が流され不在であるということによって、かえって遺族にとって死者の存在が心理的に大きくなる。その喪失のあいまいさによって、死を受け止めることができなくなってしまう。

　しかしながら重要なのは、死を受け入れられずにいることは、フロイトがメランコリーと名付けたり（Freud 1917＝2010）、DSM で複雑性悲嘆といわれたりされているような病的な状態では必ずしもないという点である。それは、むしろ、喪失とともに生きるということを可能にする。たとえば、金菱（2016）は、このような喪失とともに生きることを「痛み温存法」と呼び、その意義を述べている。というのも、遺族の方々の喪失の痛みを取り除くことはすなわち、死者との絆を断ち切ることにつながってしまう―先ほどの死亡届の事例を思い出してほしい―のである。いわば、「彼ら彼女ら被災者遺族にとっての心の痛みは、消し去る（治療される）べきものではなく、むしろ抱き続けるべき大切な感情なのである」（金菱 2016）。

　このように東北の被災地では、生者にとって身体的には不在だが心理的には存在しているという死者がある。そういう死者は、しばしば、幽霊という形でわたしたちに現前する（たとえば、工藤 2016、奥野 2017、石戸 2017）。幽霊譚についての詳細は後述するが、ここでは、幽霊の持つとある機能に着目したい。それは、生者が死者と対話することが可能になるという機能である。

　東日本大震災以降の死者論の大きなトレンドは、死者との対話モデルである。いくつかの事例を示そう。岩手県大槌町住民の佐々木格さんが私設した電話ボックスは、「風の電話」と呼ばれ、被災遺族の心のよりどころとなっている。そこには、「風の電話は心で話します　静かに目を閉じ　耳を澄ましてく

ださい　風の音が又は浪の音が　或いは小鳥のさえずりが聞こえたなら　あなたの想いを伝えて下さい」と書かれている。「風の電話」には電話線がつながっていないが、電話線がつながっていないことでかえって自由に、利用者は死者と「電話」をすることができるのである。震災後の東北において死者との対話は、極めて重要な役割を果たしている。

　しかしながら、ここでいう対話は、通常の生者と生者の対話というシンプルな構造ではない。そうではなく、以下の2点において複雑さを有している。第一に、死者は生者の記憶の中にいるということを考えれば、その対話は、生者1人で孤独に行われているものである。たとえば、墓前で手を合わせて亡き親と対話を試みるとき、極めてドライにいえば、自らの心の中の親に問いかけ、自らの言ってほしい答えを死者に代弁してもらっているのである。しかしながら第二に、死者との対話は、極めて集合的な行為でもある。言い換えれば、わたしたちは「死者との対話がたしかに行われている」ということを信じている（少なくとも無碍にはしない）共同体を構築している。死者との対話が妥当な意味を持った（つまり、空想といって斥けることはしない）集合体にわたしたちは内在している。まとめれば、死者との対話は、極めて個人的・内的な行為であると同時に、極めて集合的な行為でもあるといえるだろう。

　この2点——個人的でもあり集合的でもある——を「当事者性」という概念を導入することで整理してみたい。そもそも当事者性とは閉鎖性に端を発する概念である。当事者とは、「越境不能な『内側』という領域を切り分ける」（阪本 2007）という閉鎖性をともなう概念である。死者との対話も、その対話を行う当事者は「ほかならぬわたし」であるという点において、その死者を記憶している「当事者としてのわたし」の中に閉じた行為となる。しかしながら、この閉鎖的あるいは代替不可能性（わたしたちは死者に成り代わることはできない）によって、逆説的に、その周囲にいる「非当事者としてのわれわれ」という共同性が醸成される。つまり、死者との対話は、閉じこもった行為であるがゆえに、その周囲に共同体を創出するのである。そこで、まずは死者という当事者について議論を追っていこう。

3.　死者という当事者

　災害の当事者とはだれのことを指すのだろう。わたしたちは、ごく自然に被
災経験には中心があると考え、同心円を思い描き、自分よりも内側にいる人の
ことを「当事者」であると考えている。たとえば東日本大震災について、外国
人にとって日本人は当事者であるし、日本人にとって東北の人は当事者である
し、東北の人にとって沿岸部の人は当事者であって…ということが繰り返され
ていく。もちろん、被災者の中にも被災の同心円はある。外から見ると同じ
「被災者」でも、被災の度合いによって当事者度は異なる。ある被災者は、同
じ村に住む知り合いに「被災していなくてごめんね」と謝られたことが心に
残っていると声を詰まらせながらわたしに語ってくれた。わたしからしてみれ
ば、被災地に住んでいる時点で同じ被災者であると思っていた。しかしなが
ら、「被災者」と一口にいっても、被災者の間には、どちらがより当事者であ
るかという違いが厳然として存在している。その被災自治体の住民、家を失っ
た人、家族を失った人となるにつれて同心円の中心に近づいていく。
　そして、あるカタストロフの同心円の最も中心に目を向けたとき、そこに存
在しているのは、死者である。
　わたしが東北のとある被災地で聞いた話を紹介しよう。わたしによく話かけ
てくれるおばあちゃんの話だ。その日は、幽霊の話をしてくれた。わたしに
とって初めて聞く東北での幽霊譚だった。

　　「津波のことは、津波にあった人にしかわかんない。わたしもさ、津波の
　　とき、体育館に避難して、一旦家に戻ってきたら、全部流されてしまって
　　て、どこに家があったかわからなくなってた。それから4か所の避難所を
　　あっち行ったりこっち行ったりさせられて、大変だった。[…] あのさ、
　　仮設で隣だった人が最近亡くなったんだ。年齢もわたしと同じくらいで、
　　仲良くしてた人。その人は津波で家族を流されたんだけど、そんなこと感
　　じさせないくらい、いつも明るくて元気だった。で、（復興住宅のある）

新町の高台にわたしが引っ越してから、しばらく会ってなかったんだけど、ある日、夜の12時ごろ、わたしはもう寝てたんだけど、その人に大声で叫ばれたんだ。ふだんからあの人は男勝りの働き者で声も大きかった。だから、なんかなあと思って、でもいつの間にか寝てしまってたら、翌朝の8時くらいに電話がかかってきて、それがその人の訃報の電話だったんだ。驚いた。あれ（昨夜の声）は、虫の知らせってやつだったんだな。おもしろい人だったよ。仮設のとき、かぼちゃ煮付けたから食べてねと言われて食べに行ったらじゃがいもだったりとかさ笑。[…]ここ（復興住宅）から買い物に出かけるのに墓地を通っていくんだ。それが一番の近道なんだけどさ、この前、真っ黒い蛇が出て、一緒に買い物行った小心者のおばあちゃんが驚いてた。あの蛇は黒かったねえ。いままで見たことないくらいだった。蛇って化けて出てくるっていうでしょ。（亡くなった）あの人のことを思いだしたんだよね。復興でいろんな大変なこともあったけど、あの人が一番大変だっただろうね。わたしなんかまだまだだよ」

（2017-6-17）

　彼女は被災して自分の家を流されている。そして、仲良くしていた仮設のお隣さんは家族を失っている。彼女はその後、公営の復興住宅に移り住み、町の復興を見届けている。お隣さんは、復興の半ばで亡くなってしまった。彼女は、ある夜に、お隣さんの声を聞く。翌朝、訃報を聞き、生前の姿を思い出す。買い物に出かけたときに黒い蛇に遭遇する。またお隣さんのことを思いだす。

　そう、思いだすことしかできないのだ。わたしたちは、死者に対して想起以外の方法で行為することができない。それゆえ死者とは、あるカタストロフを最も強く経験した当事者であり、それゆえ非当事者の記憶の中にしか存在しえない存在者である。

　しかしながら、わたしたちは、ときおり、死者の語りを創出することがある。たとえば、「亡くなった特攻隊員たちは、首相の靖国への参拝を望んでいる」という語りに明確にみられるように、生者が死者を代弁することがある。このような語りは、いったい誰の何を代弁しているのだろうか。死者とは、すでに

生者の記憶の中にしか存在していないのであった。であるならば、死者の語りの代弁は、死者の語りを生者が想像しているにすぎず、オリジナルなきコピーの様相を呈する。死者の語りは、このように、生者によって捏造されていく。

4.　代弁不可能性：犠牲のシステムと同心円モデル

つまり、死者の語りを生者が代弁することは本来であれば不可能なのである。このことを哲学者高橋哲也の論じた「犠牲のシステム論」をもとにひも解いてみよう。

高橋（2012）は現代日本には、犠牲のシステムという構造があるという。犠牲のシステムとは、「或る者（たち）の利益が、他のもの（たち）の生活（生命、健康、日常、財産、尊厳、希望等々）を犠牲にして生み出され、維持される。犠牲にするものの利益は、犠牲にされるものの犠牲なしには生み出されないし、維持されない。この犠牲は、通常、隠されているか、共同体（国家、国民、社会、企業等々）にとっての『尊い犠牲』として美化され、正当化されている」（高橋 2012、p. 42）という潜在的なシステムのことである。

そして、犠牲のシステム論が問いかけるのは、そのように「美化」し、「正当化」する生者たちの権力構造である。「だが、生き残った者たちは、そのようにみなし、語る権利を、どこから得るのだろう」（高橋 2012、強調筆者）。死者は、自らの言葉を発することができない。それゆえ、死者の語りは生き残った者が独占する。死者の語りを独占する権利が生き残った者に自動的に付与されるいわれは、無いはずである。

ここで、ひとつ重要な点を確認しておきたい。死者が生者の記憶の中にしか存在しないというとき、その記憶は、個々人によって異なる記憶である。それゆえ、ある生者が語った死者の代弁を間違いであると証明することはできない。たしかにその死者は「首相の靖国への参拝を望んでいる」のかもしれないし、そうじゃないかもしれない。亡くなった人の言質を取ることができない以上は、確かめようがない。そのため、わたしが「死者の語りの代弁不可能性」というとき、それを論理的な整合性が無いから代弁不可能であるとするのでは

なく、確かめようがないことをさも真実であるかのように語る「生者の権力構造」を問題にしたい。言い換えれば、死者からの反証不可能性を盾にとって、生者が自由に死者を代弁することの暴力性こそが問われなければならないと考える。

　このような暴力性に敏感である人ほど、死者について語ることをためらう。あるいは、死者とは一種の当事者であることを考えれば、当事者について語ることをためらうと言い換えてもよい。「わたしなんかまだまだだよ」と語ってくれた上述のおばあちゃんは、何を言おうとしていたのだろうか。想像にすぎないのだが、きっと「わたしは亡くなった彼女と比べれば、まだまだ辛いことも少ないから、いえることなんて少ないよ」と言おうとしたのかもしれない。ここには、非当事者である自分には語る資格など無いと感じてしまうような、出来事の当事者に近ければ近いほど、それについて語ることの正統性が付与されるという感覚がある。それについて語ることができるのは、それについて十分に経験した人のみである、という感覚と言い換えてもよいだろう。

　出来事の中心に近ければ近いほど、それについて語ることの正統性が付与されるという感覚は、被爆者研究によって示唆された「同心円モデル」によって理解できる。高山（2016）は、語り部への聞き取り調査や被爆者研究（たとえば、Yoneyama 1999）をまとめて、被爆したときの爆心地からの距離が、被爆の語り方に多大な影響をもたらしていることを示した。ある語り部は「四キロや五キロのように遠いところで被爆した人や、三歳や四歳で被爆した人に、いったい、何を語ることができるだろうか」（高山 2016、p. 16）と語り、またある語り部は「けっきょく、もし（被爆者に）等級を決めたとすれば、悲惨な順に、もう、第一級の人、第二級の人。『もう、私たちなんか、あいん人たちの話ば聞いたらね。そんげん人たちのまえで、話すようなことは、なんもない。』」（pp. 17-18）と語る。爆心地から離れたところで被爆した人は、被爆者でありながら、「第一級の人」と比べれば非当事者であると位置づけ、語ることをためらってしまう。このような、中心地に近いほど語りの正統性が付与されるかのような同心円構造が、先行研究では指摘されている。

　同心円モデルのその中心に据えられているのは、「第一級の被爆者」たちで

ある。しかしながら、読者の中にはすでに気づいている人もいるかもしれない
が、そのさらに中心には、もっとも爆心地に近い人びと＝死者がいるはずであ
る。しかし、死者は、声帯を持たないがゆえに声を出すことができない。死者
は、最も中心にいる当事者ではあるが、そうであるがゆえに語ることができな
い。死者の声は、生者の暴力的な権力性によって代弁された語り以外に聞こえ
てこない。

5. 「幽霊は実在している」ことを信じるという共同体

　死者は声を持たない。死者は語らない。そのため、死者は不在である。だか
ら同心円モデルの中に死者は入らない。しかし、語らないから存在しないとい
うロジックは、少なくとも、東日本大震災以降の幽霊譚の氾濫の前では説得力
を持っていない。

　わたしたちは、実際に幽霊を見ているのだ。東日本大震災以降を生きるわた
したちは、このことを前提としなければならない。そして、東日本大震災以降
の幽霊譚の特徴を一つ挙げるとすれば、それは、幽霊は決して幻想とか錯覚で
はなく、実際にそこに存在していたということへの強い拘泥である。東北学院
大学の大学生であった工藤は、石巻市のタクシードライバーへの聞き取り調査
を通して、タクシーに乗車してきた幽霊について明らかにした（工藤 2016）。
彼女が論考の中で強調しているのは、たとえば、「その存在を『生身』の人間
と思って疑わないほど、その存在が具現化しているケースがタクシードライ
バーの幽霊現象なのである」（p. 10）と述べているように、幽霊は実際に存在
したということである。このような、幽霊を実在する存在者と見なす議論は、
ほかの文献（奥野 2017、石戸 2017）でも共通している。

　ここで、実在という言葉遣いがややこしいので、用語を統一しよう。本章で
述べてきたような幽霊、つまり、身体的には存在せず語ることもないにもかか
わらず、実在しているという存在のことを、〈不在の存在者〉と呼ぶことにす
る。先述のあいまいな喪失における「身体的には不在であるが心理的には存在
している」という状態は、この〈不在の存在者〉を感知するということについ

ての論考であったということもできるだろう。

　このような幽霊論は、わたしたちの素朴な思考の仕方とは異なっている。たとえば、「凪いでいるのに柳の葉っぱがふわりと揺れた」とき、柳の葉が揺れたことの説明として理ならざるもの、すなわち幽霊がいたのだという説明をすることがある。あるいは、「ムラの子どもが山に行ったきり帰ってこない」という事例についても、幽霊や妖怪が攫っていってしまったのだ（いわゆる「神隠し」）という説明をする。このように、よく理由のわからない超常現象を納得するために「幽霊」という装置が利用されてきた。しかしながら、東日本大震災以降の幽霊譚で現れるのは、超常現象を「合理的」に解釈するために生者が仮構した幽霊ではない。わたしたちに何かを話しかけようとする、身体性を帯びている幽霊である。むしろ、わたしたちは、そういった幽霊に「あなたは〇〇のために現れたのですね」という説明を行うことさえ忌避している。それは、たとえば、あなたの友人に向かって「君は〇〇大学に入るために生まれてきたんだね」ということの暴力性に似ている（「僕の人生を勝手に一つの意味に落とし込むな！」）。

　言い換えれば、幽霊は何らかの現象の意味や原因ではない。そうではなく、生者と同じように、多様な意味や了解不能性を持った実在である（このことをもって、幽霊の存在論的転回と呼んでもいいかもしれない）。『遠野物語』（柳田 1910）の第99話に、津波の話が収録されている。福二は、妻を津波で亡くしている。ある夜、かれは、妻の幽霊を見る。言葉は交わすことができない。そして、妻とかつて心を通わせていた男とともに遠くて消えて行ってしまう。福二は、そこに何らかの意味を見出さない。まるで福二は、幽霊は、私たちにメッセージを伝えるためにやってきたのではなく、かれらにはかれらの日常があるのだということを了解していたかのようである。

　わたしたちは、あの津波以降、幽霊が見えるという共同体に属している。この共同体を成立させるためには、条件が2点必要である。ひとつは、誰かの死という記憶を、多くの人びとで集合的に共有すること、もうひとつは、幽霊の存在を明確に否定しない（できない）ことである。1点目については、理解しやすいだろう。やや詩的な言い回しであるが、「固有の悲しみを語る言葉　［…］

を積み重ねれば積み重ねるほど、他の誰かの心に届いて、共振していく。そこに『死者』があらわれてくる」（石戸 2017）のである。

　では、2 点目、幽霊の存在を明確に否定しない（できない）というのは、どういうことだろう。ここで、わたしが焦点化したいのは、幽霊を直接は見ていない傍観者たちの重要さである。超常現象を幽霊と見なしていた時代が終わったのは、それが科学的説明に取って代わられたからである。心霊写真は、光の当たり方やフィルムの汚れが原因などという科学的説明に還元され、いわば、超常現象としてしか説明できない部分が極めて少なくなった。いまだに説明のつかない怪奇についても、幽霊ではなく、まだ発見されていない物理的法則によって将来的に説明可能になると信じられるようになった。しかしながら、一見全く科学的ではない東日本大震災以降の幽霊譚における「幽霊は実在している」という主張は、多くの人に共感的に読まれるようになっている。つまり、現代における幽霊とは、論理的にあるいは科学的に正しいから実在しているのではなく、無数の傍観者が周りにいることによって、「幽霊は実在している」ということが確からしいと信じあえる共同体が構築されているがゆえに、実在するようになったのである。

6.　死者という不在を中心にした共同体：
　中空構造と環状島モデル

　ここで、ようやく、死者の共同体論のすべてのアクターが出揃った。すべてのアクターとは、死者、遺族、支援者や研究者、傍観者である。この 4 種の登場人物を医療人類学者である宮地尚子が提唱した「環状島モデル」（宮地 2018）をもとに理解していこう。

　環状島モデルは、トラウマにおけるポジショナリティを見通すために作られている。先述の同心円モデルは、ある一つの問題を抱えていた。いわば、中心に行けば行くほど語りの正統性が増しているのに、その中心部にいるべき、つまり、出来事についての最も純粋な当事者でありつつ語ることのできない死者という存在を、うまく配置することができなかった。これに対して、環状島モデルは、発想の転換を用いることでこの問題をクリアする。それは、中空構造

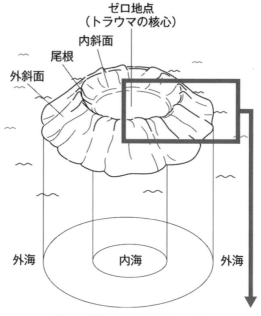

図1　環状島（宮地 2011、p. 9）

という空間として全体を捉えるということである。中空構造とは、中心が空洞になっているという空間構造のことである。そして、これをさらにわかりやすく地理的に表現したものが環状島である。

　図を示そう（図1、図2参照）。環状島の中心には、〈内海〉がある。ここが出来事の最も中心、つまりグラウンド・ゼロであり、「死者、犠牲者の沈んだ領域」（p. 11）である。ここにいる者は、語ることができない。かろうじて死は免れた者であっても、言葉を失った者たちがいる。ゼロ地点からさらに離れていくと、陸地に上がることができる。そうして〈内斜面〉に上がると、少しずつ語ることができるようになる。ここには、遺族や生存者がいる。斜面を登っていくにしたがって言葉は力を増す。そして尾根を越えると、〈外斜面〉に辿り着く。ここには、支援者や研究者がいる。被災はしていないが、その出来事について語ることのできる、あるいは発言力のある人たちである。かれらは、〈外斜面〉を登り、〈内斜面〉を登ろうとする人たちに手を伸ばそうとする。

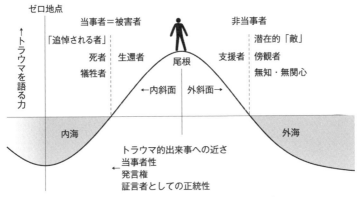

図 2　環状島の断面図 （宮地 2011、p. 9）

そして、そのさらに外側には、〈外海〉がある。〈外海〉は〈内海〉とは似て非なる海である。そこには、傍観者や「まったく無関心な者」、「まったくその問題について知らない者」（p. 12）がいる。かれらもその出来事について語ることはない。だが、それは、〈内海〉に沈む犠牲者やトラウマに苦しむ者たちとは全く異なっている。

　このように、中空構造あるいは、環状島として死者との共同体をイメージしたときに、本章の序盤で述べた論点―死者との対話は内的・閉鎖的であると同時に集合的である―が包括的に理解できる。つまり、死者との対話が閉鎖的なのは、語りえない〈内海〉があるからで、その周りに無数の生者が陸地にいるがゆえに集合的でもある。さらに、陸地の外側には、語らない傍観者のいる〈外海〉もあり、それによって、死者との共同体は支えられている。死者との対話は、語らない死者と、同じように語らない傍観者に挟まれることによって、成り立っているのである。

　『遠野物語』の分析を行った荻野（1998）は、興味深い指摘をしている。というのも、遠野物語に登場する日本の共同体は、神隠しなどで消失した村人を共同で追憶することによって共同体の秩序が生まれたのである。荻野の指摘は、死者を追憶することによって、いまを生きるわれわれ共同体の外部が設定され、そのことによって、共同体の内外を分ける境界が引かれ、ひいては内部

が形づくられることを意味している。これは、かつての日本の村落共同体、特に遠野地方の地形、つまり、山に囲まれた盆地という地形に強い影響を受けている。霊的なものは、つねに山の外からやってきていた。しかし、本章の立論にしたがえば、追憶される死者は、むしろ、共同体の中心部にある。それは、内なる外部を設定することであり、わたしたちの記憶の内部にある死者という他者を眼差すということである。環状島モデルにおける追憶の秩序は、内なる外部という矛盾によって機能する。これはまさに、死者との対話性が閉鎖的でありながら集合的であることを示している。

7.　縦の共生の意義：記憶の責任の感覚

　さて、最後に、このような死者との共同体がどのような意義を持っているのかについて簡単に構想を述べておこう。

　本章では、先行研究の不足により理論整備に終始してしまったが、死者との共生を考究するにあたって、その研究が実践的であるかどうかは常に問われなければならない。そのため、文献研究とともに、アクションリサーチなどの実践研究を含む研究を行うことが望ましいだろう。しかしながら、死者との共生にはつねに遺族の方々が重要な位置におり、かれらを脅かすような研究は厳に慎むべきである。それは、昨今、厳格になりつつある「研究倫理」としてではなく、1人の人間として注意しなければならないものである。わたしたち研究者は、死という問題については、非当事者として研究に携わることがほとんどである。その際に、当事者としていまだ渦中にいる、〈内斜面〉を登っている、遺族の方々の役に立つような研究成果とはどのようなものかについて、つねに内省しなければならない。

　たとえば、研究ではないが、文学の分野で昨年『美しい顔』という小説が話題になった。これは、東日本大震災で被災した少女の物語なのだが、著者である北条裕子氏が一度も被災地に行かず、被災者に取材もすることなく、いくつかの手記やルポをほとんど引用するかのように参考にして完成させた小説であったため、著者の震災に対する姿勢が厳しく問われた作品となった（詳しく

は、宮前 2019）。このように、遺族の言葉を扱うということは、それが、遺族の方にとってどのような影響をもたらすのかについて、自覚的でなければならないのである。

　死者との共生が、社会にどのような意義を持つのか。その一端として、宮前・渥美（2017）で紹介したある短いエスノグラフィとその再解釈を載せよう。それは、津波で流された写真を探しに来たあるおばあちゃんについて書いたものである。

「ある夢を見てね。津波で流された前の家が出てくるんだよ。で、ほかのことはくっきりとは憶えてねえんだけど、母の遺影だけが妙にくっきりと見えてね。喪服を着て額に入ったやつなんだけどさあ。なんだか、探しに来てくれっていわれてるみたいで、今回初めて来ました。」

　この日、写真返却お茶会に 80 歳ほどの女性――ここでは C さんと呼ぼう――が来た。初めて来たという C さんに、来ようと思ったきっかけを聞いてみると、上記のように返ってきた。さらに話を聞くと、C さんは、野田村の米田地区にできた高台に 10 月に移って、つい 2、3 日前にようやく庭をきれいに整えたところだという。そして、庭がきれいになったその日から C さんのお母さんの夢を見るようになったのだそうだ。

　遺影を探しに来たという人は、初めてだった。私たちチーム北リアス写真班は、ただならぬものを感じ、夢に出てきた C さんのお母さんの遺影を全員で探し始めた。C さんのお母さんは、白黒の写真しかなかった時代に亡くなってしまっているので、みんなで白黒の写真を洗いざらい探す。それらしい人が写っている写真を見つけるたびに、C さんに確認するが、一目見るだけで「おらほんのではないみたいだねえ」「おらほんのではない」といわれてしまう。しまいには、C さんは、「なにもかれも一気に流されたからなあ」と弱音を吐いてしまう始末であった。

　何か新たな手掛かりが聞き出せるのではないかと期待して、さらに話を聞いてみると、C さんは今回の津波で家族を 3 人亡くしたらしい。震災直

後、Cさんは、3人の写真を探し回って、何とか見つけることができた。Cさんは、3人の写真が見つかったときのことを「やっとこさ遺影をこしらえることができて、これで葬式があげられるとほっとした」と言う。

ただ、その後、写真返却お茶会に来る「勇気がなかった」。津波が襲ってきて「なんだか悪いことをした気分で背中が寒く」なってしまい、炊き出しも物資ももらわなかったそうだ。

Cさんは、生まれも育ちもずっと野田村だ。産湯は、なんと太平洋の潮水。海っ子だと笑顔で話してくれるのだが、それもつかの間、「海辺で生まれ育ったから、津波で流されてしまった」と悲しいことを言う。

1時間半ほど探したが、結局Cさんのお母さんの遺影は、見つからなかった。遺影ではない写真も出てこなかった。わずかな可能性に賭けて、カラー写真のアルバムを見てみてもダメだった。

そんなCさんの帰り際に私がかけることができたのは、通り一遍の「また来てくださいね」「いつか見つかるかもしれませんよ」ということばだけだった。しかし、ほかのメンバーの方は、そうではなく、「お茶飲みに来てください」と声をかけた。そのことばを聞いて、曲がってしまった背中を無理に伸ばそうとしている感じだったCさんの肩の力が、すっとゆるんだような気がした。

（2015-4-26）

　彼女にとって、お母さんの遺影は、いったいどのような存在なのだろうか。このことを考えるにあたって、もしも遺影が流されてしまったことを全く思いだすことが無かったとしたら、という仮定を置いてみるといいかもしれない。そうなったときにCさんは、もうすでに亡くなっているお母さんのことを思いだすことができただろうか。写真という外部化された記憶があれば、たとえ忘れることがあっても、また、思いだすことができる。しかしながら写真がなくなるということは、それを思い出すよすがが無くなるということである。言い換えれば、忘れてしまったということさえ思いだされなくなる――忘却の忘却と呼んでもいいだろう――のである。

　もし、自分が、ある死者について記憶している最後の1人だったとして、そ

れでもなお、その死者について忘れてしまうということはあり得る。そのとき、その死者は、もはや、誰からも思いだされることはなくなる。この状態、つまり、死者の記憶を有する生者が 1 人もいなくなってしまった状態のことを「死者の死」と呼ぼう。そう考えれば、死者を追憶することは、死者を延命することであるともいえる。死者と対話をしたり、死亡届を出さないでいたり、あるいは誰かの死の痛みを抱え続けることは、その死者を死なせないということである。

　このような感覚のことを、荒金（2009）は、「記憶の責任の感覚」と呼んでいる。

　　再経験することのできない対象の記憶は、それが人物の記憶であれ、風景の記憶であれ、出来事の記憶であれ、実在的な支えを失った、脆弱であるがゆえ貴重な、独特の価値を持つ。しかし、それがある「重み」を持ったものとして感じられるのはなぜか。思うに、この「重み」の感覚は、その記憶だけがその存在を支えているという、ある種の責任の感覚である。

　　　　　　　　　　　　　　　　　　　　　　（荒金 2009、強調本文）

　死者は、二度と帰ってこない。そのため、その一回限りの生は、複製されない。「その記憶だけがその存在を支えている」という責任の感覚は、記憶を失うということが意味の消失ではなく、存在の喪失にかかっているという感覚である。それゆえ、死者の記憶がだれからも忘却されるとき、死者は死ぬのである。

　死者との共同体は、死者との絆を集合的に持ち続ける共同体である。そして、それは、次の世代へとその記憶をその存在を引き継いでいくことを可能にする共同体である。死者との共生には、「死者と共に生きる」と同時に、「死者を共に生かす」ことをも含意している。

　　　　　　　　　　　　　　　　　　　　　　　　（宮前良平）

【参考文献】

荒金直人（2009）『写真の存在論　ロラン・バルト『明るい部屋』の思想』慶應義塾大学出版会

石戸諭（2017）『リスクと生きる、死者と生きる』亜紀書房

荻野昌弘（1998）『資本主義と他者』関西学院大学出版会

奥野修司（2017）『魂でもいいから、そばにいて 3・11 後の霊体験を聞く』新潮社

金菱清（2016）『震災学入門――死生観からの社会構想』筑摩書房

工藤優花（2016）「死者たちが通う街」、金菱清（ゼミナール）編『呼び覚まされる霊性の震災学 3.11 生と死のはざまで』新曜社　1-23 頁

警察庁（2019）平成 23 年東北地方太平洋沖地震の被害状況と警察措置.
　https://www.npa.go.jp/news/other/earthquake2011/pdf/higaijokyo.pdf
　（2019 年 9 月 27 日閲覧）

阪本英二（2007）「同じ〈場所〉にいること――『当事者』の場所論的解釈」、宮内洋・今尾真弓編『あなたは当事者ではない――〈当事者〉をめぐる質的心理学』北大路書房　146-156 頁

産経新聞（2018）【東日本大震災 7 年】「親の自分が前に歩み出したらこの子だけが取り残される」　わが子の生きていた過去に身をとどめる.
　https://www.sankei.com/affairs/news/180311/afr1803110016-n1.html
　（2019 年 9 月 27 日閲覧）

副田義也（2003）『死者に語る――弔辞の社会学』筑摩書房

高橋哲哉（2012）『犠牲のシステム　福島・沖縄』集英社

高山真（2016）『〈被爆者〉になる――変容する〈わたし〉のライフストーリー・インタビュー』せりか書房

宮地尚子（2011）『震災トラウマと復興ストレス』岩波書店

―――（2018）『環状島＝トラウマの地政学（新装版)』みすず書房

宮前良平・渥美公秀（2017）「被災写真返却活動における第 2 の喪失についての実践研究」『実験社会心理学研究』第 56 巻 2 号　122-136 頁

宮前良平（2019）「「被災者の言葉を奪った」とはどういうことか：小説「美しい顔」をめぐる論争から」『未来共生学』6 号　426-432 頁

柳田國男（1910）『遠野物語』

渡橋健（2012）「東日本大震災の行方不明者に係る法的課題等（死亡保険金の支払い等）について」『保険学雑誌』2012 年 619 号　43-62 頁

Boss, P.（2006）. *Loss, Trauma, and Resilience: Therapeutic work with ambiguous loss*. New York: W W Norton & Co Inc.

Freud, S.（1917）「喪とメランコリー」、新宮一成編『1914-15 年 症例「狼男」メタサイコロジー諸篇（フロイト全集 第 14 巻）』岩波書店

Parry, R. L.（2017）*Ghosts of the Tsunami*. London: Jonathan Cape.

SankeiBiz.（2016）【東日本大震災 5 年】死亡届出せない　行方不明いつまで.
　https://www.sankeibiz.jp/express/news/160311/exc1603110830004-n1.htm
　（2019 年 9 月 27 日閲覧）

Yoneyama, L.（1999）*Hiroshima Traces: Time, Space, and the Dialectics of Memory.*
　California: University of California Press.

■ 第 11 章 ■

消滅というリアリティに向き合う
── 非人間的な存在との関わりを捉えなおす

【潜在的な他者との共生】

世界がおわるとき、動物は人間になる（Danowski and Viveiros de Castro 2017: 78）

1. 何が社会を構成するのか

　人間の身体に内側と外側を隔てる皮膚があるように、社会の境界を考えることができるだろうか。国境や県境といった空間的な境界はすぐにイメージできるが、社会の構成員の境界となると話は複雑になる。人が生まれたり死んだりすることで、また移動によって流入や流出がおこるたびに、社会の構成員は入れ替わるし、とりわけ人・モノ・情報の移動が加速化している現代では、移動にともなう人の入れ替わりが急速かつ恒常的に進行するため、従来の社会の捉え方には変更が求められている（アーリ 2006）。それでもまだ、身体が新陳代謝をするように、社会も新陳代謝をし変化するのだと考えることはできるかもしれない。

　だが、移動とはある地点から別の地点への空間的な移動のことであり、そこでは社会に内側と外側があるという想定が維持されている。これに対して、社会の変化を考える別の軸を設定することができるだろう。それまで想定されてこなかった新たな存在者が社会の構成員として認められるようになり、参入するという問題である。このとき、空間的に捉えられた境界が変化するのではなく、構成員ないし構成要素の定義そのものが変わる。身体と社会はしばしばアナロジーを用いて表現されてきたが、こうなると、「あたかも身体が日々生まれ変わり変化するように」といった比喩で社会を考えることには無理が生じて

くる。

　新たな構成員の参入をめぐる問題は、たとえば「まだ生まれていない人間」をめぐる議論にその典型をみることができる。胎児が「われわれ」と同じ権利を有する人間なのか、人間以前の細胞の塊に過ぎないのか、それともまったく異なる精神的存在なのかが、新しい医療技術の登場とともに広く論じられてきた（たとえば、岩田 2009、ボルタンスキー 2018）。18 世紀の西洋社会において、妊娠直後の胎児が一種の「腫瘍」や「異物」として医者のカルテに記されていたことを考えれば、胎児についてのこうした認識は、歴史的に変化している（ドゥーデン 2001）。現代の日本では、妊娠後 22 週を過ぎた胎児を中絶することは禁止されており、そもそも中絶が認められるのは母体保護が理由となる場合に限られるが、これもそれぞれの時代のなかで変化しながら成立してきた理解である（ラフルーア 2006）。

　このとき、人間とそうでない存在との線引きをどの時期に設定するかということだけが問題となっているのではない。仮に、妊娠直後には胎児に権利や尊厳が未だ認められないのだとしても、胎児が「いずれ権利をもつはずの存在」として理解されはじめることには、決定的な意味がある。潜在的な他者の存在が、社会における「われわれ」の範囲を揺さぶることになるからだ。権利を認める範囲を拡張していく動きは、近代社会の歴史とともにあるが、それがいまや、明らかに人間を超えて、ときに人間の形象をともないながら、人間以外の対象へと広がりはじめている。

　動物の権利について考えてみると、権利を認める範囲が人間を超えていくことの別の側面が見えてくる。動物が権利をもちうることは、その根拠や適用範囲の考え方に相違があるとはいえ、現代の政治哲学において広く認められている（たとえば、シンガー 2011、ヌスバウム 2012）。このとき、動物が人間のように捉えられているのか、人間が動物のように捉えられているのかはともかくとして、社会の構成員はもはや人間に限定されていない。「われわれの社会」は、人間と動物の相互行為からなる共生の場として規定される。シチズンシップの概念さえ、動物が同じ社会の構成員であることを前提にして定義しなおされはじめている（ドナルドソンほか 2016）。

　ここに、川や森といった自然物が権利を有しているという議論をつけ加えることもできる。動物にまで拡張された権利の概念を植物（樹木）へと展開していくことは、近代的な権利拡張運動の一連の流れに位置づけられている（ストーン 1990、山村ほか 1996）。川や森は、明らかに動物のように痛みを感じる主体ではないし、そもそもその個体性を定義できるかどうかも曖昧だ。それにも関わらず、川が法的人格を有し、法廷に立つ権利をもつという議論が、アメリカ合衆国をはじめ、ニュージーランド、エクアドル、インド、コロンビアといった世界の各地ですでになされはじめている（Pecharroman 2018）。すると、自然に人格を認め、人間と川や森といった環境との共生を前提とした「われわれの社会」が構想される。自然を社会の構成員に含めてしまえるのであれば、近代的な意味での社会の定義は解体してしまうし、すくなくともその空間的・領土的な理解には大幅な変更が迫られることになるだろう。

　人工物が担うべき責任がある、という近年の議論にも触れておこう。現在急速に試験的導入が進められている自動運転車両は、自動化の程度によって1〜5 段階のレベル分けがなされており、レベル 4 以上の車両には従来の意味でのドライバーが想定されていない（官民 ITS 構想・ロードマップ 2019）。こうした技術が実用化されるのはまだ先のことと考えられているが、仮にドライバーのいない車両が公道で事故を引き起こした場合、その責任主体をどう設定するかが問題となる。自動操縦を可能にするアルゴリズムの開発者や、それをサポートする情報ネットワークの管理者が責任主体になるだろうか。ところが、機械学習を重ねたアルゴリズムが車両を操作するとき、事故の瞬間になされたブレーキやハンドル操作のプロセスや、そのとき処理される路上周辺の膨大な情報とその妥当性は、開発者や管理者にすら正確にその意味を理解することができなくなっている。そうなれば、事故の責任やその主体は、危機的な状況でこのアルゴリズムが行った判断そのものに帰す以外になくなるのかもしれない（Lin 2015）。こうした自動操縦の技術が広範囲に浸透すれば、無人戦闘機の倫理性といった問題も含めて、アルゴリズムの主体性がさまざまな場面で問われることになるだろう。そのとき、人工物と生きる共生の政治理論が必要になるのかもしれない[1]。

　ここでとりあげたのは一部に過ぎないが、いずれにしろ「われわれの社会」は今、さまざまな側面から、社会の新たな構成員の参入条件を定義しなおす必要に迫られていることは間違いない。そしてそれは、社会の境界を設定するということではなく、社会という概念そのものを定義しなおす必要性を示している。共生について考えるうえでも、それが誰との、いかなる共生なのか、という問いからはじめなければならないことになる。

　ここで用いている社会という概念が、近代社会を想定していることは確認しておきたい。というのも、非近代的とされる社会において動物や森やその他の自然物が主体として立ち現れることは、これまでにもくりかえし議論されてきたからだ。アニミズムやトーテミズムは文化人類学の古典的な主題であるし（タイラー 2019、レヴィ＝ストロース 1970、Descola 2005）、ヨーロッパ中世の社会史を紐解けば、動物が法廷に立たされていた記録が残っていることもわかる（池上 1990）。自然の人類学や科学技術社会論などにおいても、非人間的なアクターへの注目が重要な理論的関心を形成している（たとえば、Callon 1984、Latour 2011、コーン 2016、チン 2019 など）。動物、森、植物、菌類、そして細菌など、人間とともに生きる存在者が社会のなかに無数におり、それらが互いに影響し合って秩序を形成していると考えることは、そうした観点からみればけっして不思議ではない。

　問題は、動物、自然物、人工物といった、人間以外の存在者の権利、責任、尊厳という問題群が、近代社会の只中に立ち現れていることにある。中世や非近代への歴史的回帰が起きているのではなく、近代社会を支えてきた権利拡張運動の中枢から、社会の姿が更新されはじめているのだ。そこで立ち現れてくる集合体としての社会のイメージを、わたしたちが未だ持ちあわせていないことが問題なのである。

　本章では、こうした問題関心のもと、現代の日本社会でみられる地域の消滅という問題を主題にとりあげる。社会のおわりが意識されるとき、どういった

（1）人工物の責任という問題系には、このほかにも制度設計の主体といった問題が含まれる。意思決定をサポートすべく設計された医療環境に含まれる権力性や倫理性については（山崎・平井 2018）を参照。

存在者が、どのように立ち現れるのかを考えたい。もちろん、ひとつの地域の消滅を問題にすることは、社会全体や人間全体の消滅を論じることとは異なる。したがって、ここでの議論は、集合体としての社会の全貌を示すことにはならないだろう。むしろ、「社会のおわり」という主題を通して、従来の社会のイメージや、それを研究対象としてきた学問や方法論への反省をうながすためのきっかけを示してみたい。

　議論の導きとなるのは、地域の消滅に関する諸言説と、その候補地のひとつにリストアップされている京都市北部のあるコミュニティでの調査である。地域の消滅という危機意識が、そこに生きる人びとにとってどのように受け止められ、そして人びとの認識や行動にどう映し出されているのか、その一端を検討する。その上で、日本のローカルな問題とも思われるこの議論が、社会の構想力の変化という観点から、グローバルに広がる気候変動や人新世に触発された危機言説と重なりをもった、より一般的な問いへと接続しうることを検討する。これらの議論にはいずれも、われわれ——そこに何が含まれるのであれ——が生きる社会ないし世界が何から成り立っているのかという問いかけが含まれている。こうした問いかけが、来たるべき共生の姿を考えるうえで決定的な意味をもつことを示したい。

2.　消滅が喚起する世界

　地域の消滅について表立って議論がなされるようになったのは、2014 年に日本創成会議の人口減少問題検討分科会が発表したある提言書をきっかけとしている。この提言がセンセーショナルに受け取られたのは、2010 年から 2040 年にかけて、20〜39 歳の若年女性人口が半分以下に減少する地域が全国で 896 の市区町村に及ぶこと、またそのうち 523 の地区については、人口が 1 万人未満となり消滅の可能性が非常に高いことが、具体的な自治体名とともに公表されたからである。その後、提言の内容は一般書としてまとめられ、広範囲に危機意識を喚起することとなった（増田 2016）。

　日本社会において人口減少という問題が提起されたのは、これが初めてでは

ない。日本の総人口が減少に転じる可能性があることは、1970年代にははっきりと予測されていた。局所的にみれば、高齢化率が高まった集落で生活環境に大きな変化が生じていることは、1960年代には過疎問題として知られはじめていた。1966年に経済審議会の地域部会が記した報告書にはじめて登場したとされる「過疎」の語は、当初、高度経済成長にともなう都市への大規模な人口移動の背後で生じる、農山村の人口減少問題のことであった（今井 1968）。それから約20年後の1988年には、集落の人口のうち半分以上が65歳以上の高齢者となり、共同生活の維持が困難な状況となった集落が限界集落と呼ばれるようになる（大野 2008）。人口減少やそれにともなう社会問題は、半世紀以上にわたって論じられてきたにも関わらず、一向に解決されないどころか、ますます状況は進行している。消滅というセンセーショナルな表現は、こうした長年の危機意識を改めて確認し、一歩推し進めたにすぎないともいえる。

　だが、消滅という語には、人口の流出によって徐々に社会の姿が変わっていくという衰退のプロセスとはまったく異なるイメージが付随している。端的にいえばそれは、消滅したあとの、人間の住んでいない世界についての想像をともなうということである。のちにとりあげるように、こうしたイメージは、人新世にまつわる近年の言説において、「世界のおわり」が意識されるときに立ち上がるイメージと酷似している（ワイズマン 2009）。地域の消滅という表現は、提唱者の意図がどこにあったにせよ、消滅したあとの世界に存在するはずの他者を想起させるという仕方で、「われわれの社会」の見方を更新するきっかけとなる。

　以下では、京都市北部の京北地域にあるいくつかの集落を事例としてとりあげる。林業を主要産業とするこの地域は、京都市の4分の1を占める217.68平方キロメートルの広大な面積をもつ。町が発足した1955年に10,582人であった人口は、2015年の国勢調査では、5,127人と半減している。1970年に過疎地域対策緊急措置法の地域指定を受けて以降、2005年の市町村合併後も継続して過疎対策を講じてきているが、人口減少に歯止めはかからず、近年でも年間100人超のペースで人口が減り続けている。主要な産業である農林業は全国的にも衰退の一途をたどっており、この地でも例外ではない。その結果、

地域経済の衰退、若年人口の都市への流出の加速化、それゆえの空き家の増加、地域行事や祭りの担い手の不足、小中学校の合併、公共交通をはじめとする各種社会インフラの脆弱化など、過疎地域が共通して抱える負の連鎖に直面している。京都市が作成した過疎対策自立促進計画には、「この傾向が続くと、50年後には人口が 1,000 人を下回る」という予想が記されている（京都市 2015a）。それは、この地域のコミュニティが消滅するという切実な危機感である。

　この地域の様子をいくつかとりあげ、断片的に描写してみよう。たとえば、地域内の移動手段は、主に自家用車と公共バスによって成り立っている。近年、高齢者の免許返上が大きな社会問題となったこともあり、地域住民の日常の移動手段を確保することは重要な政策課題である。高齢者の事故対策として免許返上を促すことは一見理にかなっているが、一度免許を返上してしまうと、域内での移動手段は公共交通に限られてしまう。自家用車をもたない住民にとって、文字通りバスがライフラインとなるわけだが、域内を走る公共バスの本数は年々減少している。もともと人口規模の小さな地域で乗客数が多いわけではないため、京都市の中心街へと伸びる主要な路線を含めて、バス路線はすべて赤字経営である。住民の生活を守るためには、行政はたとえ赤字であっても路線を維持し続けなければないのだが、それが結果的に地域財政の悪化を招くことになる。

　「空気を運んでいる」と揶揄されるバス路線の切り上げにはじまり、増え続ける空き家、そこに住みつく野生動物の痕跡、管理がいきとどかなくなり荒れた山肌や河川、冬になれば人手不足のために実施が困難になる雪かきなど、これまであたりまえに成り立っていた社会の仕組みは、目に見えて縮退の一途をたどっている。それにともなって、日々の買い物や通院、隣近所との交流など、住民の日常生活も少しずつ、だが確実に変化している。

　同時に、野生動物が路上にあらわれ田畑を荒らしたり、路上に倒れ込んだ倒木が目立つようになったり、大雪によって停電が引き起こされたり、大雨によって橋を流されたり、台風後には土砂が道を閉ざし、その復旧に長い時間がかかるといった事態が目立って起こるようになっている。都市生活では意識す

ることの少ない、自然による社会生活への影響が、切実な問題として感じ取られている。人類が消えた世界の主役が、生い茂る草木、走り回る動物、そしてプラスチック、金属、コンクリートといった人工物なのだとしたら（ワイズマン 2009）、路上をシカが徘徊し、空き家に野生動物が入り込みはじめたこの地域は、新たな参入者によって社会のリアリティが変容していく徴候に満ちあふれているように思える（山崎 2017）。

　この地域には、八丁とよばれる場所がある。かつて集落を形成していたこの場所は、人口の減少と高齢化が進んだのち、大雪にみまわれた年に集落に通じる唯一の道路が遮断されてしまい、食料の供給が困難になった。それをきっかけとして住民が一斉に集落から退去することになり、一九四一年に廃村となった[(2)]。いまでは周辺は山林に覆われ、家屋の外壁の残骸、錆びついた発電機の部品、散乱する空き瓶などが、かつてそこに人が住んでいたことを思い起こさせるだけである（写真）。この土地は、集落が消滅した 70 年後の現在である。人間がいなくなることは、決して無秩序の到来を意味するわけではないが、そこにはまったく異なる世界が広がっている。消滅という言葉は、人間の社会のあとに生まれるそうした世界のイメージを含んでいる。

3.　リアリティの変容

　こうした状況を前にして、行政や住民は、消滅に向かって座して待っているというわけではない。いかに困難であるとはいえ、地域の再生に向けた取り組みは、京都市北部山間地域に限らず、日本の各地で行われている。日本創生会議の提言以降、その動きは全国的に加速化しているといってよい。2015 年にまとめられた京都市の計画においても、都市部との関係を強化することによって京北地域を発展させるという、明るい未来像が描かれている（京都市 2015b）。そうした活動には、移住対策の促進といった行政主導の取り組みがあ

---

(2) 今井（1968：87-94）に、廃村八丁の記載がある。比較的早い時期の記載については、森本次男『京都北山と丹波高原』（朋文堂 1938 年）、角倉太郎・今井浩一郎『京都北山・比良』（日地出版 1961 年）など。

八丁廃村の風景（筆者撮影、2015 年 6 月）

るほか、地域住民によるワークショップや、補助金をもちいた事業の促進、大学
との連携などが含まれている。地域の内部で結束を高め、外部とのつながりを
活かしながら協力して危機を乗り越えようと試行錯誤するのは、当然の施策と
もいえる。

　大学や研究者が地域と関わりをもつ際に、こうしたコンテクストを無視する
ことはできない。むしろそれは、調査や研究を実施するうえでの方法論に密接
に関わるといってよい。というのも、これまで現地調査を行う際には、大きく
二つのアプローチが想定されてきた。現場への参与を前提としつつ観察に徹す
る調査者の姿と、現場の実践に積極的に介入して変化に加担する実践者のイ
メージである。現地の視点から物事を理解するというのは、前者のアプローチ
を代表するフレーズである。そこで調査者に期待されているのは、先入観を極

力廃して、内側の視点から現場の実情を伝えようとする姿勢である。後者は、特定の価値観を持ち込むことをあえて隠さず、たとえば開発や復興に加担するなかから見えてくる現実の理解、あるいは実践そのものの価値に主眼がおかれる。実際に調査をおこなうなかでは、その両方が絡まり合うこともしばしばであるため、調査者はそれぞれ方法論上のジレンマに直面しながら、ときに倫理的葛藤を抱えながら現場と対峙してきたのが実情であろう。

　では、消滅の危機に直面した地域での調査はどういったものになるだろうか。研究者がこうした地域に入るなかでおそらくはじめに思い知ることになるのは、半世紀にも渡るさまざまな過疎対策を通じて、住民のなかにはある種の「疲れ」が蔓延しているという感覚ではないだろうか。場合によってそれは、調査をしては読まれもしない報告書や論文を生産するだけの研究者への批判として聞こえてくることもある。大学からやってくる学生や教員たちが、次から次へと地域の「課題」を探し出し、調査をしては数年単位で入れ替わり立ち去っていくということが繰り返されてきたのは事実だろう。学術的関心に導かれたものであれ、善意からくるものであれ、そうした外部からの参入者にふり回され、結果的に何も事態が好転してこなかったことへの疲れといってもよいかもしれない。

　国や行政から投じられる度重なる補助金事業とそれへの依存体質に関しても、同じことがいえる。毎月多くの地域おこしイベントをこなし、そのたびに一定の集客がありはするものの、祭りが終わればすべてが元に戻ってしまう。そうした活動を数十年間に渡って繰り返してきた上に、その数は近年ますます増えている。それにも関わらず、人口が増えるわけでもなく、生活環境の改善に目立った変化が生じているわけでもない。

　著者自身、こうした事情を肌で感じ取りながら、地域との連携事業にこれまで関与してきたことを記しておきたい[3]。以下では、その経験をメタ分析的に記すことで、冒頭で述べた社会の構成の変化と、そのなかでの協働や研究のあり方を検討する。

（3）プロジェクトの概要については http://www.cbi.osaka-u.ac.jp/innovation_sogo を参照。

　2018 年に実施したプロジェクトでは、行政の全面的な協力のもと、公共交通の担い手が少なくなった地域内での交通手段を考えるため、地元住民や交通事業者への聞き取りを中心に行った。そこでは、すでに記したように、バスを含むすべての交通事業（タクシー、病院、福祉有償等）の担い手が赤字経営をせまられているという逼迫した実態が明らかになり、近い将来に公共バスの本数や病院の送迎回数が削減されることになれば、買い物や介護といった日々の生活に直接的な影響が出ることも明らかとなった。

　こうした状況への打開策として、自動運転の導入可能性を検討することとなった。現在、政府が推進するイノベーション戦略には、自動運転の政策的ターゲットとして過疎対策が盛り込まれている。慢性的な人手不足のなか、ドライバーのいらないバスが路上を走り回ることが、地域に明るい未来をもたらすと期待されているのである。

　だが、そうした技術への素朴ともいえる期待がある一方で、そもそも現状から大きな変更を望んでいるわけではない住民の声が多くあることも、調査を通じてわかってきたことである。現在の生活環境に大きな不満を感じていないこと、新しい技術に特段の興味関心がないこと、新技術を導入するくらいなら既存の交通手段を強化してほしいといった声がしばしば聞かれた。市街地から伸びるバス路線の終着駅に住む 70 代のある女性は、ほとんど自分 1 人のために毎日バスが走っている現状が作り出す財政的な非効率を自覚しながらも、新しい仕組みを導入することを積極的に考えてはいなかった。むしろ、いまの生活がどうやって最期まで維持されるかが主要な関心となり、将来的に地域に何が起こるかということについて展望を語ることはなかった。

　そこには、自動運転の技術自体が、高度に複雑化した未来のテクノロジーであることや、新しい技術について自分の意見を語るために一定の知識と理解が前提とされることも関係しているだろう。政府が主導して策定しているロードマップでは、ドライバーのいないレベル 4 以上の車両が公道を走れるようになるのは、早くても 2030 年以降のことだとされている。今後の技術開発の進展や、さまざまな法整備や社会受容性に関わる課題を考慮し、さらに過疎化した山間地域への導入という要素を考えると、この土地での実用化はさらに先に

なってもおかしくない。実際、2030 年という数字も、この数年の間に徐々に後ろ倒しに変更されている。そうした未来の不確実な事柄について、最新の情報インフラ、機械による操縦の安全性、法制度の対応状況、交通ルールの変化などを理解したうえで意見をもつことはけっして容易いことではない。

　その結果、先に挙げた 70 代の女性が思い描く自身の未来と、2030 年を目指して描かれている技術と制度のシナリオ、そしてそれぞれの地域住民が思い描く将来の生活は、想定されている時間のスケールや感じ取られている社会のリアリティがまったく一致しないことになる。50 年後には人口が 1,000 人を切る——それ以前の段階で多くの集落が消滅する——という予測が公になされていても、その未来のために今やらなければならないのだという言説が、いつでも「現地のニーズ」やリアリティと整合するわけではないのだ。自動運転のような未来の技術の導入可能性と、いままさに困難に直面している地域の課題を結びつけようとする議論は、「現地の住民の視点」に立つだけでは成り立たなくなっている。そしてこのとき、社会の構成員（住民）以外の、さまざまな存在者の関わりがみえてくることになる。

　こうした社会についてのリアリティのずれは、現地調査のあり方にも変化をもたらす。調査の目的が、なによりそこに住む人たちの世界観を理解し、問題意識を理解し、それを記述したり主題化するものであるとしたら、たとえば先の女性の語りは、この地域の住民の本音や問題意識と、かなりの程度通底しているといえる。その一方で、地方創生にまつわる多くの言説は、未来に到来する社会への危機意識や希望という視点から語られることがほとんどである。そこで関心の対象となる事柄の多くは、50 年後の未来において存続しつづけるために、今行わなければならない施策だ。つまり、仮に地域が存続したとして、50 年後にこの地に住んでいるかもしれない人間のほとんどが、現在の調査対象者ではないという構図がはっきりあらわれていることになる。将来の人口推計や技術予測を前提にして物事を語ること自身は、ときとして現地のリアリティを知ることから明らかにずれてしまう。むしろ、「現地のリアリティ」は、異なる時間的・空間的スケールが交錯するものとしてしか捉えられなくなっている。

　このとき注意深く考えなければならないのは、未来の社会を代弁する言葉が、いかなる主体によって、何に向けて発せられているかということだ。たとえば、自動運転の導入可能性を探ろうとする国や行政が思い描く「われわれの社会」には、明らかに未来世代のイメージが含まれている。当事者が「次の世代」について具体的な考えをもたず、「いまだ生まれていない世代」について積極的な言葉を発していなくとも、さまざまな将来予測や技術予測に基づいて、いずれ構成員となるはずの存在者が営むであろう社会が構想されていく。そしてこうしたずれのなかでは、「当人はそう言っていない、だが正しい」というタイプの知識や言説が一定の意味をもつことになる。

　別のいい方をすれば、調査者が抱えるパターナリズムがこれまで以上にはっきりとあらわれるということだ。なぜなら、人口推計や未来予測に社会的なリアリティを感じ取るのは、多くの場合、当事者ではなく外部からやってきた新規参入者や調査者のほうだからだ。消滅という危機感を前提にしてなされる実践や調査において、介入なしにプロジェクトが成立するということはない。実際、著者自身、とりわけ行政の関係者から、大学が行う調査の成果、新しい技術の検討、外部組織とのネットワーキングを積極的に展開してほしいという要望を何度も耳にしている。この要望に真摯に向き合おうとすると、調査者が客観的な観察者を装うというある種の相対主義と、特定の判断を前提にした介入をいとわないパターナリズムを超えていくために、社会についてのどういった概念設定が必要になるかという問題を、調査者の立場や方法論に関わる問いとして引き受けざるをえなくなる。

　ここではそれを、「地域社会のリアリティ」が、いまある現実と、未来の時間に属する潜在的な位相の交差する場所で、現地の生活者のリアリティと異なるものとして現れうる事態にどう向きあうかという問題として捉えておきたい。社会が消滅したあとのイメージを介して異なる他者が立ち現れうること、また、各種の未来予測から「いまここにいない当事者」が想起されるといった問題は、ここで地域社会のリアリティと呼ぶものを考えるために、これまで想定されていなかった存在者が新たに社会の領域に参入しているという前提をとらざるをえないことを示している。この意味で、消滅の危機に向き合う社会を

理解するということは、社会についてのまったく新しい概念を必要とする作業となる。

　消滅に向きあう地域において共生を主題にしようとすれば、そこに従来の意味での当事者（人間）以外の、どんなアクターが互いに関与し、秩序を成り立たせているのかを注視しなければならない。それは、目の前にある自然環境を私たちがどう活用し共に生きていくかという問題でもなければ、山間地域と都市の関係を考えなおすという問題でもない。利害が一致せずときに敵対する相手との和解をどう試みるかという問題でもない。社会の構成要素そのものの変化に目を向けるということだ。それが、地域の消滅あるいは創生をめぐって繰り広げられるさまざまな活動を前にして、現代の共生のあり方を問う視座なのではないだろうか。

　動物、自然物、人間が作り出した人工物がそれぞれに権利をもちうるのかという議論は、さらにその先で、そうした存在者が社会のなかに潜在的な他者としてあらわれるリアリティをいかに理解し、それらを含みこんだ集合体の構成をどういった概念で捉えるべきかという問題に突き当たる。新たな社会のメンバーシップを考えるという議論は、人・モノ・情報の移動が社会を変化させるということとは別に、そもそも何が消滅し、何が新たに作り出されているのかという、社会の見方そのものの変化へと展開させていく必要がある。

4.　新たな社会体の構想に向けて

　近年、とりわけ英語圏を中心に、世界の終焉をとりあげる議論が広く関心を集めている。こうした議論の多くが、1990年代のグローバリズムや科学技術信仰の楽観主義がほころびをみせはじめたのちに姿を表していることは、念頭におくべきだろう。社会学者のアーリは、世界の終焉を語ろうとするこうしたアカデミズムの議論を「破滅主義」の潮流として整理している（アーリ2019）[4]。そしてここでも、世界のおわりを考えることは、逆説的ではあるが、新しい社会を構想することに結び付けられている。

　たとえば、アメリカ大陸先住民の世界観から独自の存在論を立ち上げようと

するダノウスキとヴィヴェイロス・デ・カストロは、人新世の時代にみられる
世界のおわりの言説にふれながら、エピグラフに引用した次のような印象的な
記述をしている。「世界がおわるとき、動物が人間になる。まるで神話的時間
のように。」(Danowski and Viveiros de Castro 2017)。本章の最後に、この一文
の意味を考えることをとおして、社会のおわりに向き合う学問の課題を検討し
ておきたい。地域の消滅を現実に考えはじめている「われわれ」は、今、アメ
リカ大陸先住民とともに同じことをいいうるのだろうか。

　まず、こうした思考が、アニミズムへの回帰として生じているわけではない
ということを確認しておこう。たしかに、人間でないものに対して人格を読み
込むような理解の多くは、アニミズムと一見よく似た論理を採用する。しか
し、世界のおわりにおいて思考されていることは、明らかにそれだけではない。
なぜなら、世界のおわりには必然的に人間のおわりが伴うのだから、仮にここ
で記されている理解がアニミズムであるとして、それは人間なきあとのアニミ
ズムにしかならない。それは、人間以外の対象に人間の内面を読み込むという
ような思考の操作とはまったく異なっている。むしろここに登場する動物が、
神話的時間を生きる存在者であり、それは「人間と動物がまだ区別されていな
かった頃の物語」(レヴィ゠ストロース 1991)、つまり決して実在したことの
ない過去の登場人物なのだということが重要であろう。

　本章でとりあげてきた日本の状況と、エピグラフの表現の間に重大な相違が
あるとすれば、それはまず、アメリカ大陸先住民において神話的想像力に賭け
られているものが、「われわれ」にとっては、むしろ近代的な権利拡張運動の
延長線上に垣間見えているということだろう。あらゆるものに尊厳と権利をみ
いだしうる世界は、あきらかに近代の限界点である。そこでは権利上、すべて

---

(4)この傾向は、2003 年以降に顕著になったとされる。それは、リース『今世紀で人
　類は終わる？』(2007 年［原著は 2003 年］)をはじめ、世界的なベストセラーとなっ
　たダイアモンド『文明崩壊』(2012 年［原著は 2005 年］)といった書籍が出版され
　る時期であると同時に、世界の主要な大学で社会の崩壊に関する研究センターやプ
　ログラム（たとえば、ケンブリッジ大学生存リスク研究センター、オックスフォー
　ド大学人類未来研究所、プリンストン大学におけるグローバルなシステミック・リ
　スク研究プロジェクトなど）が立ち上がった時期でもある。

が人間と同等の存在になりうる。それは、従来の社会や人間の概念の限界点として捉えられる問題なのである。

　逆に、共通する問題意識があるとすれば、未来の社会の姿を問うことが、自分自身がそこに含まれない時間を思考し、社会のあとに現れる時間を考えることに結びついているという意味においてであろう。このとき、人間と動物がまだ区別されていなかった頃の物語は、人間と動物が区別されなくなる来たるべき時代の物語とねじれた接続を果たす。現実社会に関わる学問が、この時間性にどう向き合うのかが、われわれにとっての方法論的な問題なのである。消滅や終焉をめぐる一連の警句のなかから、ただ社会の解体をいたずらに思い描いたり危惧したりするのではなく、新たな社会体の構想を立ち上げるには、さまざまな概念の再定義が必要となる。これは、社会のおわりに際して学問がとりくむべき課題といえるだろう。

　社会の内側と外側の境界がゆらぐのと同時に、リアリティのずれから潜在的な他者が立ち現れ、複数の時間的・空間的スケールが交錯しはじめる様子が、消滅に直面した社会においてみられる。このとき、社会の変化は、内から引き起こされるものでもなければ、外からやってくるものでもない。現代の共生の学問に問われているのは、こうした変化の別の軸を探求し、立ち現れる潜在的な他者との関わり方を捉えなおし、議論の遡上に載せ、ともに社会を作り上げる営みを探るということだろう。地域の創生（イノベーション）という時代において、学問による創生というものを考えうるとしたら、それは、社会が何から構成されているのかを注意深く取り出し、そのことで社会の捉え方そのものを創造的に更新していくということではないだろうか。共生という概念もまた、そうした取り組みの中で捉え直され、更新されていくものでなければならない。

（山崎吾郎）

【参考文献】

アーリ、ジョン（2006）『社会を越える社会学―移動・環境・シチズンシップ』（吉原直樹監訳）法政大学出版局

―――（2019）『〈未来像〉の未来：未来予測と創造の社会学』（吉原直樹・高橋雅也・大塚彩美訳）作品社

池上俊一（1990）『動物裁判』講談社

今井幸彦（1968）『日本の過疎地域』岩波書店

岩田重則（2009）『〈いのち〉をめぐる近代史―堕胎から人工妊娠中絶へ』吉川弘文館

京都市（2015a）「京都市過疎対策自立促進計画」https://www.city.kyoto.lg.jp/bunshi/cmsfiles/contents/0000098/98848/kasokeikaku.pdf（2019 年 9 月 30 日閲覧）

―――（2015b）「京都京北かがやきビジョン」https://www.city.kyoto.lg.jp/bunshi/cmsfiles/contents/0000098/98848/bijyonsassi.pdf（2019 年 9 月 30 日閲覧）

コーン、エドゥアルド（2016）『森は考える――人間的なるものを超えた人類学』（奥野克巳・近藤宏・近藤祉秋・二文字屋脩訳）亜紀書房

シンガー、ピーター（2011）『動物の解放　改訂版』（戸田清訳）人文書院

ストーン、クリストファー（1990）「樹木の当事者適格―自然物の法的適格について」（岡崎修・山田敏雄訳）『現代思想』第 18 巻 12 号　217-228 頁

ダイヤモンド、ジャレド（2012）『文明崩壊：滅亡と存続の命運を分けるもの』（楡井浩一訳）草思社

チン、アナ（2019）『マツタケ：不確定な時代を生きる術』（赤嶺淳訳）みすず書房

ドナルドソン、スー＋ウィル・キムリッカ編（2016）『人と動物の政治共同体：「動物の権利」の政治理論』尚学社

ヌスバウム、マーサ（2012）『正義のフロンティア：障碍者・外国人・動物という境界を越えて』（神島裕子訳）法政大学出版局

ボルタンスキー、リュック（2018）『胎児の条件：生むことと中絶の社会学』（小田切祐詞訳）法政大学出版局

山崎吾郎（2017）「消滅の無為の実践論：自然の人類学における翻訳の問題」『思想』1124 号　92-104 頁

山崎吾郎・平井啓（2018）「臓器提供の意思をどう示すか」大竹文雄・平井啓編『医療現場の行動経済学：すれ違う医者と患者』東洋経済新報社　185-199 頁

山村恒年・関根孝道編（1996）『自然の権利：法はどこまで自然を守れるか』信山社

ラフルーア、ウィリアム・R.（2006）『水子―"中絶"をめぐる日本文化の底流』（森下直貴・清水邦彦・遠藤幸英・塚原久美訳）青木書店

リース、マーティン（2007）『今世紀で人類は終わる？』（堀千恵子訳）草思社

レヴィ＝ストロース、クロード（1970）『今日のトーテミズム』（仲澤紀雄訳）みすず書房

―（1991）『遠近の回想』（竹内信夫訳）みすず書房

ワイズマン、アラン（2009）『人類が消えた世界』（鬼澤忍訳）早川書房

Callon, Michel（1984）Some Elements of a Sociology of Translation: Domestication of the Scallops and the Fishermen of St Brieuc Bay, *The Sociological Review* 32: 196-233

Cano Pecharroman, Lidia（2018）Rights of Nature: Rivers That Can Stand in Court, *Resources* 7, 13. Available online: https://doi.org/10.3390/resources7010013（2019 年 9 月 30 日閲覧）

Danowski, Déborah and Eduardo Viveiros de Castro（2017）*The Ends of the World*, Malden, MA: Polity Press

Descola, Philippe（2005）*Par-delà nature et culture*, Paris: Gallimard

Latour, Bruno（2007）*Reassembling the Social: An Introduction to Actor-network-theory*, Oxford: Oxford University Press（＝ブリュノ・ラ・トゥール（2019）『社会的なものを組み直す：アクターネットワーク理論入門』（伊藤嘉高訳）法政大学出版局）

―（2011）*Pasteur: guerre et paix des microbes*, Paris: La Decouverte

Lin P.（2015）Why Ethics Matters for Autonomous Cars, In Maurer M., Gerdes J., Lenz B., Winner H.（eds）*Autonomes Fahren*, Berlin, Heidelberg, Springer Vieweg, pp. 69-85

■ 第 12 章 ■

共に治す
—— 人新世における人間と植物の共生をめぐって

【植物との共生】

　近年、文理を問わず、人間を対象としたあらゆる学問で、「人新世」という地質史の区分概念に関する論争が盛況を極めており、地球を共に生きる人間と動植物との関係が再認識、再構成されつつある。原発事故の遺産から化学肥料の過剰使用による土壌の酸化まで、人間が作り上げてきた産業化の廃墟が、私たちの生活の基盤となったといえるかもしれない。本章では、西日本と北ベトナムの二つの薬草園における比較民族誌的調査をもとに、「人新世」という概念が人間と植物との相互関係への理解にもたらす展開を考察し、共生学としての応答の可能性を探っていく（サイエンス）。20 世紀の規格大量生産型の化学薬品製造に取り残された遺跡として考えられる薬草園は、「人新世」の状況におかれた知を追求できる特殊な場所である。薬草園を現場とする研究調査は、地球上において、人間の健康が、他の生き物たちと共に生きるなかでこそ保たれていることを常に思い出させてくれる（フィロソフィー）。さらに、薬草栽培や環境保全に関わる市民運動の中で、人間とその他の生き物たちとの関係がつくり直される（アート）。以下では、この関係性を「多種共生」と呼び、植物と人間がお互いの病を治し合っていくプロセスを模索することにしたい。

1. 人新世における「多種共生」

　人間は多種多様な動植物と共にこの惑星を生き、その未来を共に創っていく。しかし環境問題が顕在化する中、人間の活動が地球の気候に与える影響

は、こうした生態学が追究してきた相互関係を根本的に変えつつある。この変化を理解しようとする試みとして、近年「人新世」（Anthropocene）という概念が世界中で注目を集めている（たとえば、鈴木ほか 2016；Zalasiewicz et al. 2011 など）。地球環境を作り変えていくという現代人の営みは、人間以外の生き物たちとの共生関係を一方的に結び直すと同時に、自然と文化の分離を前提にした産業化時代の思想や、それに基づく社会制度へも予測し難い影響を及ぼす。人間の影響力が、これまでとは質的――より厳密にいえば地質的――に異なる段階に入ったことを警告するこの時代名称は、地質学を超えた学際的な共同研究、環境保護などの市民運動、人間の経済活動をめぐる論争などを生みだしてきた。2 章で檜垣が述べるように、「人新世」はグローバリゼーションの政治経済学的批判を超えて、21 世紀の巨大な物語の可能性を見出しているといえる（檜垣、本書、2 章）。

　この「人新世」という物語は、従来の意味でのフィクションでもなければ、純粋にノンフィクションとも言い難い。それどころか、農業や創薬に不可欠とされるイノベーションが、予期せぬ形で公衆衛生や食物連鎖などの人間と他の生き物との関係を地球規模で変化させていることは注目に値する。新薬開発における動物実験の廃止を求める社会運動や、ゲノム編集作物の健康被害を懸念する消費者の取り組みが例示するように、科学技術への期待と懸念との表裏が、多種共生そのものの存在論的な基盤となってきた。すなわち人間と動植物との関係は、実験所と化している畑や遺伝子実験室で書き直されつつある。自然と文化との分離を問い直そうとする「人新世」の論争を引き起こすパラダイムシフトは、生命科学の知識と実践に強く結びついているのだ[1]。

　こうした状況において、人間と動植物の相互作用に焦点を当てた「多種民族誌」（multispecies ethnography）とも呼ばれる試みが、国内外の人類学研究で改めて注目を集めてきた（Kirksey and Helmreich 2010；野田・奥野編 2016；van Dooren et al. 2016）。「多種民族誌」の研究は、人間や動植物など、微生物や新たに発生しつつある生命体を含む「生きもの」の絡み合いが、科学技術に介さ

---

(1)科学技術との融合を約束するオープンサイエンスにおける利他主義的なアプローチには、8 章を参照（稲場、本書、8 章）。

れるという点で、重大な政治的含意を持つことを指摘する。しかし、テクノロジーに焦点を当てる研究の弱点としてよく挙げられるのは、人間と動植物との諸関係を特徴づける情動性に対する配慮の乏しさである。

　本書が紹介する共生に関する研究において、人と人の社会文化的差異を共感し合う理念の根底には、多種の生物が相互関係を保つという共生（symbiosis）の概念が横たわっている（志水、本書、序章）。にもかかわらず、これらの研究の問題設定は、人間同士の地域社会や国家のレベルにとどまる傾向にある。気候変動の時代を多種の生物と共に生きる私たちが直面する諸課題を検討するためには、地球規模のレベルで「共生」の概念を学際的に展開する必要があるのではないだろうか。

　本章では、欧米人類学に強く根ざしている多種民族誌と、主に日本で展開されている共生研究という二つの異なるアプローチ間の対話を試み、それぞれを補う「多種共生」の概念に迫ることを目指す。2 章での檜垣の問いかけ、「自然環境や地球総体という、まさに「生きる場」をなぎ倒すような《巨大》な場面が迫ってくること、そしてそれに対して《共生》は何ができるのか」（檜垣、本書、2 章）を受けて、薬草園という、自分の体と環境を共に作り変えるという人間の営みを象徴する現場から探究しよう。

2.　惑星の健康、ヒトの健康──課題、現場、方法

プラネタリーヘルス

　人びとを動員するという意味で、大きな物語は確かに有利なものである。たとえば、2019 年の春以降に起きた、世界中で気候変動対策を求める大勢の若者たちの姿は、市民として、そして大人としても感動的な出来事であるし、また研究者として大きな刺激となることも事実である。とはいえ、序章でみてきたように、共生学を進める上では、研究テーマをもう少し絞り込むことが求められる（志水、本書、序章）[2]。人びとを動員するほど大きな物語ではないかもしれないが、ここでは医療や創薬のテーマに絞って、人新世における共生の特徴を捉えてみることにしたい。

　近年、国際保健の領域では、気候変動の時代性をつかもうとする理念として
「planetary health」（以下、プラネタリーヘルス）という言葉がしばしば用いら
れるようになってきた（たとえば、Seltenrich 2018）。主に保健医療制度に重
きをおいたこれまでのいわゆる「グローバルヘルス」の主張[3]に対して、「プ
ラネタリーヘルス」は次世代の健康を中心に、人間と地球環境、そして動植物
との関係性を前提とした研究と実践を促す試みである。英医学雑誌『The
Lancet』は、こう宣言している。

　　「プラネタリーヘルス」は生命に対する姿勢であり、さらに生き方の哲学
　　でもある。（略）このビジョンは、我々が共存し、依存し合う生命の多様
　　性を支えて維持する惑星への期待である。

（Horton et al. 2014）

地球そのものの健康と、人間の健康の間にある切っても切れない関係性に注目
すべき時期に来たといえよう[4]。
　新薬の開発を、プラネタリーヘルスの視点から具体的に考えることは、こう
した多種共生にも示唆を与えてくれるだろう。風邪薬からがんの治療薬にいた
るまで、薬剤は単なる化学物質のかたまりというイメージが強いかもしれな
い。さらに、薬局の棚に並んでいるさまざまな薬剤がいったいどこから来てい
るのかを聞かれたら、宇宙服のようなものに身を包み、無菌室で黙々と作業を
している研究者たちの様子を思い浮かべる人も少なくないだろう。しかし21
世紀の今でさえ、薬剤は単なる化学物質のかたまりではなく、何らかの形で天
然物に由来する、ないしは植物を含むものが市販薬の大半を占める[5]。微生

(2)ただし、共生学においては、「大きな物語」が動員する運動と研究者として掘り下
　　げ続ける「研究課題」の間を行き来するのは極めて重要なことになるのを忘れては
　　いけない。
(3)共生学における「グローバルヘルス」の観念と実践について、大谷（2016）を参照。
(4)気候変動における環境と健康の医療人類学研究のレビューには、Craddock and
　　Hinchliffe（2015）や Niewöhner and Lock（2018）などがある。
(5)インドにおける生物資源に関する科学と在来知の摩擦の事例は中空（2019）を参照。

物や植物などの天然資源から得られる化合物をはじめ、その活性や吸収性など
を改善するために植物の遺伝子構造を改変したバイオ医薬品
（biopharmaceutical）に至るまで、私たちの健康を支える薬は多様な生命に支え
られている。

薬草園という実験場

　こうした状況は決して過去の遺物ではない。近年、遺伝学の発展に伴い、植
物分子とその生合成のデザインをはじめ、薬用植物の分子育種の試みが実用化
されつつある（斎藤 2017）。たとえば、いわゆる「biopharming」（バイオ医薬
植物栽培）では、天然物の標的タンパク質を解明し、その情報をもとに人工の
化合物を創製して高価な医薬品を創り出す。つまり薬の成分が植物の中で生成
されるため、植物そのものが「製薬工場」になるのである。こうした近未来を
思わせる共生関係に対して、医薬品の産業化と植物遺伝資源学に先行する時代
の遺跡である「薬草園」という場所は、一見するとそれほど先端的な現場には
みえないかもしれない。しかし、そこでは未来の薬をめぐる自然と人間の試行
錯誤が日々繰り返されており、いわば植物と人間の共生をめぐるプラネタリー
ヘルスの実験場となっている。

　多種民族誌の視点から、植物学の現場での調査をもとに、人間と植物の関係
を論じる人類学者ナタシャ・マイヤース（Natasha Myers）は、次のように述
べる。

　　農場や森林、プランテーションと並び、植物園（garden）は、統治や生態、
　　産業、労働などのあり方への深い洞察を与え、社会・政治・経済生活の超
　　人間的な側面を追究する上で極めて重要な場所である。植物園は、人間が
　　自然との関係を演じ、また再演するという舞台なのである。

（Myers 2019: 125）

私はこの論点の延長線上において、薬用植物の耕作作物化を、人間と地球の健
康を関連づける実践としてみることができると考えている。生薬などの天然物

を利用する新薬開発は、植物と人間と地球の未来がどのように互いに関わり合うのかという、まさに根の深い問いを投げかける。この「多種共生」状況を明らかにするために、本章では比較の手法を用いることにする。

比較の民族誌

　過去数年間、私は人類学を学問上の背景として、日本とベトナムにおける薬用植物の栽培と開発に関する比較民族誌研究を行ってきた。そこで多種多様な医療体系と臨床実践を結びつけ、また時には切り離すという試行錯誤を観察し、前述した「多種共生」の課題にたどり着いた。新薬の臨床試験から伝統治療薬の草の根運動まで、創薬のさまざまな現場の参与観察をともなう民族誌的フィールドワークからは、人間を中心とした従来の人類学研究の限界が浮かび上がった。

　参与観察を心がける人類学者にとって、研究対象——たとえば「共生」というもの——は、学問的に定義された抽象的な概念に留まらず、研究活動そのものの暗黙の技法（modus operandi）となるのである。松村らがいうように、「文化人類学では、フィールドワークをとおして、対象にできるだけ近づく。ある土地に生きる人びとの息づかいや匂い、声、肌触りの中に身をおき、五感を働かせてものごとを理解しようとする」（松村ほか 2019: 1）。

　《共生》について調査を行うということは、大学と現場を行き来しながら、異なる人びとと一緒に活動し、お互いから学び合い、共に生きる環境を共に創るということであろう。そして当然ながら、多様な現場を対象とするフィールドワークにおいて、「比較」とは、人と人、人と制度、そして人と動植物を結びつける遭遇に他ならない。後述するように、西日本における薬園の歴史継承と自然保全活動も、北ベトナムの薬草園で展開される土壌解毒の実験も、それぞれ日本／ベトナムと中国の自然環境や医学的伝統を比べるという営みに根ざしている。共生の民族誌的比較検討は、「共に比べる」という実験から始まるのである（モハーチ 2019）。

3.　レジリエンスの史跡——森野旧薬園

　一つ目の事例は、現存する日本最古の私設薬草園として知られている森野旧薬園である。この薬草園を、ほぼ300年にわたって生成されてきた実験場として捉えてみると、「人新世」における共生の歴史性がみえてくる。その意義について、薬園に長年関わってきた生薬学者の髙橋京子氏は次のように語る。

　　　旧薬園は大和の自然環境を知るタイムカプセルに値する。江戸期、実際に栽培や自生していた有用植物の姿を現在に伝える実体物であると同時に、人と自然との共生関係によって成立した生物多様性の現況が分析できる後世に伝え残すべき医療文化遺産である。

（髙橋　2014 : 339）

　本節では、森野旧薬園の設立経緯について概観するうえで、こうした植物と人間との共生関係を形作ってきた二つの事柄に焦点を当てることにする。一つめは、学術研究調査から、日本独自の伝統医薬品（漢方薬）原料植物の栽培化と種苗の継承維持を果たした薬園の役割をみる。二つめは、市民活動から、どのように薬草とその栽培技法が保全されているのかをみる。両者は異なりながらも相互に関わりあっており、それぞれの取り組みは、上述の薬用資源としての生物多様性の発想を実践に移すという試みだといえる。

　森野旧薬園は、奈良県の中山間地に位置する。宇陀市を南北に通る旧伊勢街道に面した葛工場の裏山に広がる国指定史跡である。ここに生息する多種多様な薬草は、もはや生薬の原料として使用されておらず、過ぎ去った時代の遺品として、薬園の体裁を整えるべくかろうじて保護されてきた。2010～11年に実施された植物相調査では128科531種の維管束植物が確認されている[6]。

　数世紀にわたって森野家が支えてきた薬園は、歴史的視点からみると、江戸

---

(6)薬園内の植物の詳細は、髙橋・森野（2012）64-69頁を参照。

図1　森野旧薬園（著者撮影）

期に幕府指導で展開された「薬種国産化政策」の史跡である（Michel 2015）。森野家10代目当主・森野初代藤助通貞（号「賽郭」）は、薬種国際化政策のもと、幕府採薬使・植村左平次の国内薬用資源調査を補佐する機会を得て本草に関する研鑽を積んだ。そして薬草功労者として幕府から貴重な外国産薬種の種苗を下付され、1729年に宇陀松山の自宅敷地内で薬草の栽培を始めた。これが森野旧薬園の始まりである。その後も、賽郭は、本草学者や博物学者などの専門家たちとの交流を通じて栽培技術の工夫に努め、園内の薬草などの動植物の観察と写生を長年続けてきた。その成果を、晩年、10巻に及ぶ『松山本草』という彩色本草図譜にまとめることで、和種と唐（漢）からの薬種輸入品との比較研究にも大きく貢献した（髙橋・松永 2015）[(7)]。

　続く300年近くの間、森野家の子孫らは初代の志を引き継ぎ、本業の葛粉製造と薬園の維持を並行して努めてきた。こうして森野旧薬園における生薬国産化の歴史は、伝統殖産として確立された異地植物の導入帰化や野生種の家栽

化、生薬栽培・加工技術の発展と密接に絡み合っている。生薬品質に基づく薬
効は、常に土壌の質・地形や気象条件など外的栽培環境や加工技術に大きく影
響される。生存力を保ち西日本の気候に適応できる品種が求められる中、森野
旧薬園はいわゆる大和薬種生産の主導的役割を担い[8]、地域と共に歩んでき
た。その遺産は現在の園内で行われているさまざまな研究調査活動の中に根づ
いているのである。

　森野旧薬園を訪ねる時、植物たちと私だけの時間を極めて多くもつことがで
きる。薬園の入り口の役割を果たす小さな山荘（石水亭）から急な坂道を登っ
ていくと、まずは昭和6年に森野旧薬園保存会の支援で建てられた知止荘に辿
り着く。各種の薬草の畑は、その先に広がっている。200種以上の薬用植物の
日々の管理は、近くに住んでいる高齢の夫婦に任されている。葉っぱが蒸れな
いように風通しを良くしたり、多年草を細目に植え替えたりしてこの里山的な
生物多様性を維持し、二次的自然環境を再現しようという試みは、奇しくも薬
種廃業と薬園の維持管理を決断した森野家の意向が背景にある。薬園を定期的
に訪ねる研究者たちは、里山のような自然が残る旧薬園を、生薬遺産として後
世に伝えることを目指し、生薬学やマテリアルサイエンスの領域から、その啓
発に取り組んでいる。管理者を務める上野夫婦は[9]、「不要な雑草を取り除い
たり、日当たりを調整するために高木を意図的に残したりするなど、薬草類に
とって好適な環境の管理」を行ってはいるものの、それ以外は直接手をかけな
いことに強いこだわりを持って薬草畑を耕している。こうした栽培モデルは
「半栽培（半自然）」と呼ばれている（髙橋・森野 2012: 70-71）。近代的な農
業と異なるとはいえ、「半栽培（半自然）」の栽培は決して環境主義的な発想に

(7) 薬草は基原植物名・呼称が歴史的変遷や国によって異なり異物同名品が多数存在す
　　るため、名称表記は絶対的な指標ではない。『松山本草』に見る精緻な植物形態図
　　の存在が、文字のみの情報では困難だった基原植物の比較鑑別にも重要な意味を持
　　つ。
(8) 初代の名を冠した「藤助防風」所以が薬局方解説書に明記されているなど、森野家
　　は、現日本薬局方（『第十七改正日本薬局方（JP17）』2016年）に収載される複数
　　の生薬の種苗と品質を守り、今につないでいる（髙橋京子、口述）。
(9) 本章にて記載する全ての個人名は、自らの経験談を快く話してくれた人たちのプラ
　　イバシーを保護するために仮名にしてある。

限るものではない。薬草は集約栽培を重ねると連作障害を惹起し、同じ圃場での栽培ができなくなり、また薬効が弱くなってしまう可能性も指摘されている。「半栽培」の手法を取り入れてこうした「栽培化症候群」を抑制しようとすることは、旧薬園を多様な薬草の持続的な見本園として利用する取り組みを中心に、薬園の歴史的な遺産を未来につなぐ工夫ともいえるだろう。

　科学が「因果の解明をつうじて世界に秩序を与えている」（久保 2019）ものだとすれば、森野旧薬園で観察できる科学活動の成果は決して園内に留まるものではない。大和薬種の伝統知と生薬国産化を実践できる種苗の復活や篤農技術の因果を解明しようとする薬学研究において、「比較」は欠かせない方法の一つであろう。たとえば「生薬を国内で確保・供給できるシステムの実用化」を目指すある共同研究プロジェクトでは、森野旧薬園は、東南アジアなどとの比較研究を踏まえ、常に変化し続けるレジリエンスを想定した生薬栽培のモデルになる（髙橋 2015）。また、昔からの資料や『松山本草』の図を手掛かりに、圃場で生き生きと育つ季節の薬草の今と昔を比べることも、こうした研究活動の重要な使命である。

　一方、森野家のもとで引き継がれ、研究者たちによって慎重に検討されてきた「篤農家による栽培技術の暗黙知」（髙橋・松永 2015）は、思わぬ形でこの地域における人間と植物との関係を促している。薬園で植物の世話が主な日課となっているという上述の上野夫婦は、数年前に奈良県で始まった地域・産業活性化プロジェクトを機に[(10)]、この地域の栽培技術の伝承に取り組む栽培指導者の育成にも関わっている。そうした中に、最近、県のプロジェクトを少し違う形で受け継ごうとする住民たちが現れた。彼らは、森野旧薬園から2キロメートルほど離れた場所にあるより小さな薬草園（以下、「市民薬草園」）で、上野氏の指導のもと、数人の市民を中心としたボランティア活動として薬草の実験栽培を行っている。

　ここでは、森野旧薬園のような文化遺産とは多少異なる形で、薬草栽培の基本となる知識と技法が試されている。市民薬草園では、「保存」という明確な

目的を立てず、住民たちが空き地を使って、一緒に薬草畑を耕している。こうした取り組みが、試行錯誤を繰り広げながら、自然環境を共に分かち合うきっかけとなっている。ボランティアグループは、現地の人びとと別の地方から移住してきた若者たちで構成され、月1〜2回程度集まるという。ひとりひとりがもつ薬草栽培の経験はそれほど長くない。独学で薬草栽培の技を身につけた上野夫婦のアドバイスに従って、たとえば旧薬園で丁寧に育てられた大和トウキという薬用植物と、市民薬草園で育てられたトウキを見比べながら、薬草と共に生きる新しい世界を創ろうとしている。

　以上、森野旧薬園で代々引き継がれてきた、人間の病気を治すために海を渡って運ばれてきた植物たちの健康（＝生存）を維持する取り組みについて触れてきた。森野旧薬園とその周辺で行われている、持続的生育に関わる調査研究と市民活動は、興味深いことに、地球の未来に希望をもたらす「共生の装置」として浮かび上がってくる。

4. 未来を耕す──バイ ズーア（*Bãi Giũa*）

　森野旧薬園は、前述してきたように、東アジア大陸由来の薬用植物の導入帰化を達成した栽培方法を探るという、中国医学に対する日本独自の漢方薬原料の根幹として形成されてきた歴史的産物である。二つ目の事例は、同じ中国医学圏の西側に位置しているベトナムの小さな薬草園を舞台とする。森野旧薬園を人間と植物の相互関係がもたらした「継承保存」のためのタイムカプセルとすれば、以下に紹介する北ベトナムの薬草園は、人間と植物の相互関係が創り上げる未来の現場といえよう。

　ベトナムの伝統医学は、中国由来のものを「北薬」（*thuốc Bắc*）、ベトナム由来のものを「南薬」（*thuốc Nam*）と呼び、西洋医学と併用されながら、公的な医療制度に取り込まれている。ここでは、「薬」と「医学」は同じである（つまり、「北薬」とは「北（中国）の医学」、「南薬」とは「南（ベトナム）の医学」という意味である）。さらに注目すべきは、「《北薬》と《南薬》の違いは中国の薬草かベトナムの薬草か、という点が強調されることがほとんどで、《南薬》

は生の薬草であることを特徴としている」ことである（小田 2016）。医学の伝統を活かすには、単に文化を保存するだけでは済まない。薬草を持続可能な形で育てることがきわめて大切である。その舞台が、自然と文化の複合体となっている薬草園である。

　バイズーア（*Bãi Giữa*）は、ハノイ中心部を流れる紅河（ホン川）にかかる、植民地化と抵抗運動の矛盾した象徴であるロンビエン橋付近の中州の島である。船に暮らす日雇い労働者が集まる貧民街の隣に開拓された農耕地で、「都市農家」が市から借りた土地で農業を営む。島の中心部に広がるバナナ畑の奥には、ホームレスの人びとが暮らしていたり、橋の下では夕方から麻薬の密売人たちが出てきたり、週末は島の先端の砂浜でヌーディストたちが集まったりする。まるで冒頭で紹介した人類学者のアナ・チンが描いている産業化社会の「廃墟の中のオアシス」のような島である。

　　廃墟は私たちの楽園となった。この堕落した（「しなびた」）風景が私たちの暮らしを作っていくのだ。そこで最も希望に満ち溢れたオアシスの豊かな自然でさえ、巨大な介入の背後に維持されている。

　　　　　　　　　　　　　　　　　　　　　　　　（Tsing 2014: 87）[11]

バイズーアは、こうした比喩が適切な土地である。そこは、産業化社会から捨てられた廃墟であり、しかし、この廃墟を「オアシス」として生きる人びとが集まり、そして、後で述べるようにその中で作られる薬用植物は、ハノイの成長に不可欠な富裕層の健康を支えているのである。

　Hoàng Phat 氏は、近所で野菜などを栽培する農家たちと違って、島唯一の薬草園を営む「医師農家」である。Phat 氏は、ハノイ市街の学校でベトナムの

---

(11)人類学者のアナ・チンは、原爆投下後に最初に生えてきた生き物といわれる松茸（松茸は栄養が乏しい乾燥した土壌を好む）を描いて、産業化社会の「廃墟」が、ある種の生物にとっての「オアシス」になり、そのオアシスがまた、ある種の人びとにとって生活の糧となることを指摘した。彼女は、また、逆に最も豊かな自然が維持されるためには人間による膨大な介入が必要なことも記している。

図2　バイズーアの薬草園（**Bāi Giữa**）（著者撮影）

伝統医学を学びながら、バイズーアで多種の薬草を栽培している。収穫した実りの一部を自ら加工し、勉強中の治療でも使っているが、大半は製薬会社に販売され、健康食品エキスの原料として利用されている。水源が近く、風通しも良い畑だが、土壌は決して薬草向きではないため、定期的に火入れを行って薬草耕作にふさわしい土地にしなければならない。土地の地代も年々上がり、理想的な状況とは言い難い。とはいえ、Phat 氏は、学校を卒業してからハノイで医院を開く夢を支えるには、「この便利な場所でやり続けるしかない」と付け加える。続けて、「薬草は人間の病気を治すものでもあるけど、同時に土壌をよくする効果もあるよ」という。すぐには信じられない言葉に、私は思わず笑ってしまうくらい驚いたが、彼は近くのヨモギのような植物を指しながら、その根の土壌に対する解毒作用を熱く語った。財産のない Phat 氏にとって、この土地の活性に打ち込むことは、一人前の医者になるための唯一の手段でもあるため、土壌の解毒と患者の治療は表裏一体のようなものであろう。

　実は彼の営みを支える重要なアクターがもう一つある。それは VietHerb という、ベトナムの「社会的企業」制度に準じている、若手農業工学者や薬学者たちが集まって起業した小規模な医薬品メーカーである。彼らのビジョンは、ベトナム由来の薬草の栽培を、商機として取り込むことである。VietHerb は、全国にわたる現地調査活動を進めながら、山岳地帯の少数民族などの薬草に関する知識と伝統を、医師や起業家に提供する。他のグループが行っている薬草の保護活動とは異なって、彼らの目的は薬草を分類し、保存することだけに留まらない。さまざまな薬用植物を、実際に Phat 氏の薬草園のような畑に移植することで、植物の知識を次の世代に伝える実践を行うと同時に、いや、むしろそれをきっかけに、新薬の開発に取り組んでいる。

　たとえば、あるプロジェクトでは、中央ベトナムで土壌の堆肥活性剤として活用される薬用植物を、Phat 氏の庭で栽培してもらい、ベトナム国立薬物研究所（NIMM）と共同で植物と人間の「マイクロバイオーム」（微生物叢）の相互作用を実験的に調べており、環境と身体の連続性の新たな側面を見出そうとしている。彼らの研究をわかりやすく説明した英語の論文がないかと尋ねると、NIMM の若い研究者がある欧州の論文集を紹介してくれた。その序論には、次のように書かれている。

　　　今日、我々が知っているように、自然植生から農業生産や人間の健康まで、植物の表面と内臓組織の組織に定着する微生物は、地球の形を作る上で大きな役割を果たしている。

（Berg et al. 2014 : 5）

微生物を地球レベルにまでたどりつかせるこの文は、人類は多種多様な動植物と共にこの惑星を生き、その未来を共に創っていくことに気づかせてくれる。

　どこに手を伸ばしたとしても、「地球」を築く（あるいは壊す）ことになるだろう。これは惑星環境を積極的に管理すべきだという地球工学の主張である[(12)]。一方、Phat 氏と VietHerb が薬草を守ろうとする草の根活動は、地球環境の破壊と人間の病いを結びつける関係性を内在していることに注目すべき時

期に来ていることを示すといえよう。

　薬草園という実験場では、はたして、こうした持続不可能な関係性を改善できるのだろうか。これは次世代に残された大きな課題である。

5.　地球（の病気）を共に生きる

　従来の生物医学において、私たちを脅かすさまざまな病気の治療は、人体の普遍的な真理に基づいてきた。生物医学の視点でみると、私たちは同じ蛋白質からできており、同じ遺伝暗号に従っている。それゆえ、いわゆる「グローバルヘルス」が先導してきた、国際協力による人道支援活動などでは、保健医療制度を整え、医療技術を届けることに重点が置かれてきた。そして次々と登場する新薬は、どこででも使えるように開発されている――自宅でも、病院でも、森林でも。しかし、治療薬の原料を長年与え続けてきた森林は徐々に減少し、荒廃する傾向にある。グローバリゼーションに取り残されたこうした被害地帯は、私たちの「薬草園」になっているといっても過言ではない。

　この四半世紀に渡ってグローバリゼーション論の政治経済学に慣らされた多くの思想家にとって、今さら人間と植物の共生を訴えることは環境問題の政治性を取り除くように聞こえることもあるだろうが、実は本章の主張は、それとは真逆の狙いである。つまり、私たちが直面している気候変動などの環境問題は、これまでの人間中心の政治（あるいは学問）の手法では対応不可能な現象である。歴史学者のディペッシュ・チャクラバーティ（Dipesh Chakrabarty）が予測したように、気候変動の問題に取り込むには、それにふさわしい政治の観念が求められる（Chakrabarty 2008）。

　では、これに対して共生学は何ができるのか。栗原彬は『共生の方へ』の序論で、次のように述べる。

　　コモンズは、人間の営みの中でもっとも生命系の自律的かつ相互的な活動

（12）こうした地球工学の主張に対するローカル視点からの人類学的批判は、Nading
　　（2006）を参照。

> に近い。コモンズを源泉とする《共生》は、生命の次元における結び合い、
> 結び直しという論理と倫理を含む。しかし、そんな「結び合い」があり得
> るか。《共生》は、コミュニケーションへの疑い、むしろコミュニケーショ
> ンの不可能性から出発する交りの企て、といえる。《共生》は、コミュニ
> ケーションがしばしば導く同一化、同質化ということとは逆のベクトルを
> 示している。《共生》は、自律したもの同士の、つまり異なるコードをも
> つものの間の、《異交通》としてしか成り立たない。

（栗原　1997：25）

　人間と地球の健康を結び合わせるという薬草園は、まさに《異交通》として成
り立つ共生関係の場である。最後に、こうして私たちの未来を創る薬草園にお
ける政治性についてみてみよう。

　日本とベトナムで共生の二つの現場を通して論じてきたように、薬草園にお
けるさまざまなレベルでの比較を通して、人間と植物との相互作用が再秩序化
され、土壌の解毒と病気の治療、そして気候変動への応答は、共生関係の多種
多様なバージョンとして浮かび上がった。

　確かに、庭園の一種でもある薬草園は、気候工学の介入を正当化するメタ
ファーとして、人新世のグリーン近代主義版に対する批判の対象になることも
少なくない。こうした批判者にとって、地球規模で用いられる「ガーデン」
──つまり西洋の思想においていえば「楽園」──の隠喩は危険で、非倫理的
なものである。なぜなら、生命倫理学者グレゴリ・ケブニック Gregory
Kaebnick）がいうように、「園芸家の［自然に対する］見方に移ることが、何
でもできるという自由な心を与えてしまう」からである（cit. Keim 2014）。し
かし、薬草園という「身体化された環境」で行われている日々の試行錯誤に目
を向けると、それは何らかのメタファーより、むしろ多種共生の試験場のよう
にみえる。

　「地球」は何らかの全体性を想定したモデルであると同時に、そのモデルを
可能にする複合体でもある。薬草園で行われている試行錯誤において、人間の
身体と植物の共生を育む営みは、地球の健康を「知る」ことに他ならない。薬

用植物と人間が互いに互いを耕し合うという関係は、従来の人文社会学の人間中心主義という前提に異議を唱えると同時に、環境問題のいわゆる「状況におかれた知」（Haraway 1988）をめぐる政治性の特徴に気づかせてくれるのである。植物を「愛する」のは、生薬学の状況におかれた知だといって良いかもしれない。土壌の改善などの日々の世話は、治療効果を知るための技法でもあり、新薬を創り上げる欠かせない条件である。薬草の薬効発現メカニズムを見極めるために、植物を、森林や病院、実験室、体内などの間で行き来させながら、多様な文化や生態系、学問分野にわたってそれを実行することが求められている。中国医学やベトナム医学、漢方医学、西洋医学の多様な理解は決して互いを抑えるパラダイムではなく、植物の成長や治療の効果に伴って影響し合う知識実践である。すなわち多種共生は、薬草園の状況におかれた知を可能にする異質的な関係であるうえで、創薬や製薬の重要なきっかけとなっている。

　では、薬草の視点からはどうなるのか。自ら動けない植物は、種が生き延びるために他の生き物からの協力が不可欠である。昆虫による花の授粉は、共生関係のもっともわかりやすい例であろう。病気に対する治療効果も同様に、人間の体を介して地球を移動する植物との共生として考えられるのではないか。この意味で、森野旧薬園とバイズーアでもみてきたように、薬草園は薬の原型である植物とその移植を促す重要な実験場として、地球と人間の健康との関係を知るという特殊な視点を与えると同時に、人間の知覚の限界をも語る場所である。

　薬草園からみえてくる地球は、資源でもなければ、ブルーノ・ラトゥール（Bruno Latour）がいう「共通の世界（common world）」でもない（Latour 2004）。なぜならば、他の生き物との共生は、西洋の政治学が想定してきた同意や相互理解に基づいている協調の秩序ではなく、科学技術が媒介するという無限の試行錯誤のような関係性にあるからである。むしろイタリアの人類学者フィリッポ・ベルトーニ（Filippo Bertoni）が指摘するように、地球規模の環境問題にふさわしい政治性を論じるには、人類を中心としてきたコモンズの夢を諦め、産業化が残した廃墟を他の生き物たちと共に生きるという共生（＝togetherness）を問い続けること（Bertoni 2016）、それこそが「人新世」をめぐ

る諸議論の大きな使命ではないであろうか。それは、植物と私たちがお互いの病を治し合っていく未来でもある。

（モハーチ　ゲルゲイ）

【参考文献】

大谷順子（2016）「中国・中央アジアの健康格差と共生」河森正人・栗本英世・志水宏吉編著『共生学が創る世界』大阪大学出版会　169-183 頁

小田なら（2016）「南ベトナム（ベトナム共和国）における伝統医学の制度化——華僑・華人との関わりに着目して」『東南アジア研究』53 巻 2 号 217-243 頁

久保明教（2019）「呪術と科学——私たちは世界といかにかかわっているのか」松村圭一郎・中川理・石井美保編『文化人類学の思考法』世界思想社　44-56 頁

栗原彬（1997）「共生ということ」栗原彬編『共生の方へ』（講座差別の社会学 4）弘文堂　11-27 頁

斎藤和季（2017）『植物はなぜ薬を作るのか』文春新書　1119、文藝春秋

鈴木和歌奈・森田敦郎・リウ ニュラン クラウセ（2016）「人新世の時代における実験システム——人間と他の生物との関係の再考へ向けて」『現代思想』第 44 巻 5 号　202-213 頁

髙橋京子（2014）『森野藤助賽郭真写「松山本草」——森野旧薬園から学ぶ生物多様性の原点と実践』大阪大学出版会

————（2015）「森野旧薬園から発信する生薬国産化のストラテジー」『日本小児東洋医学会雑誌』28 号　3-14 頁

髙橋京子・松永和浩（2015）「温故知新——江戸享保期の薬草政策と森野旧薬園」髙橋京子・小山鐵夫編『漢方今昔物語：生薬国産化のキーテクノロジー』大阪大学出版会、23-40 頁

髙橋京子・森野燾子（2012）『森野旧薬園と松山本草——薬草のタイムカプセル』大阪大学出版会

中空萌（2019）『知的所有権の人類学——現代インドの生物資源をめぐる科学と在来知』世界思想社

野田研一・奥野克巳編（2016）『鳥と人間をめぐる思考——環境文学と人類学の対話』勉誠出版

松村圭一郎・中川理・石井美保（2019）「世界を考える道具をつくろう」松村圭一郎・中川理・石井美保編『文化人類学の思考法』世界思想社　1-13 頁

モハーチ　ゲルゲイ（2019）「共に比べる──岩手県野田村〜トロント市の往復 5 年間をもとに」『未来共生学』第 6 号　121-130 頁

Bertoni, Filippo（2016）*Living with Worms: On the Earthly Togetherness of Eating.* Ph. D. Dissertation submitted to the Department of Anthropology, University of Amsterdam.

Berg, Gabriele, Martin Grube, Michael Schloter and Kornelia Smalla（2014）"The plant microbiome and its importance for plant and human health," *Frontiers in Microbiology* 5（491）: 5-6.

Chakrabarty, Dipesh（2008）"The climate of history: Four theses," *Critical Inquiry* 35: 197-222.

Craddock, Susan and Steve Hinchliffe（2015）"One world, one health? Social science engagements with the one health agenda," *Social Science & Medicine* 129: 1-4.

van Dooren, Thom, Eben Kirksey and Ursula Münster（2016）"Multispecies studies: Cultivating arts of attentiveness," *Environmental Humanities* 8（1）: 1-23.

Haraway, Donna（1988）"Situated knowledges: The science question in feminism and the privilege of partial perspective," *Feminist Studies* 14: 575-599.

Horton, Richard, Robert Beaglehole, Ruth Bonita. et al.（2014）"From public to planetary health: A manifesto," *Lancet* 383（9920）: 847.

Keim, Brandon（2014）"Earth is not a garden," *AEON*, September 18, 2014. https://aeon.co/essays/givingup-on-wilderness-means-a-barren-future-for-the-earth（2017 年 5 月 20 日閲覧）

Kirksey, S. Eben and Stefan Helmreich（2010）"The emergence of multispecies ethnography," *Cultural Anthropology* 25（4）: 545-576.

Latour, Bruno（2004）*Politics of Nature: How to Bring Science into Democracy*, trans. Catherine Porter. Cambridge, MA: Harvard University Press.

Michel, Wolfgang（2015）"On the emancipation of materia medica studies（*honzōgaku*）in early modern Japan," *Proceedings of the 5th International Symposium on the History of Indigenous Knowledge*, 8-12 Nov, 2015, Shenzhen, China, pp. 93-106.

Myers, Natasha（2019）"From edenic apocalypse to gardens against Eden: Plants and people in and after the Anthropocene," In *Infrastructure, Environment, and Life in the Anthropocene*, Kregg Hetherington（ed.）, pp. 115-148. Durham, NC: Duke University Press.

Nading, Alex M.（2016）"Local biologies, leaky things, and the chemical infrastructure of global health," *Medical Anthropology* 36（2）: 141-156.

Niewöhner, Jörg and Margaret Lock（2018）"Situating local biologies: Anthropological perspectives on environment/human entanglements," *BioSocieties* 13（4）: 681-697.

Seltenrich, Nate（2018）"Down to earth: The emerging field of planetary health,"

Environmental Health Perspectives 126(7): 072001.

Tsing, Anna (2014) "Blasted landscapes (and the gentle arts of mushroom picking)," In *The Multispecies Salon*, Eben S. Kirksey (ed.), pp. 87–110. Durham, NC: Duke University Press.

Whitmee, Sarah, Andy Haines, Chris Beyrer, et al. (2015) "Safeguarding human health in the Anthropocene epoch: Report of The Rockefeller Foundation-Lancet Commission on planetary health," *Lancet* 386: 1973–2028.

Zalasiewicz, Jan, Mark Williams, Alan Haywood, and Michael Ellis. (2011) "The Anthropocene: A new epoch of geological time?," *Philosophical Transactions of the Royal Society A* 369: 835–841.

補論：共生学はどこからきて、どこへむかうのか

1. 共生学宣言の土台として

「共生」という言葉は日常用語として定着してきた。なにより行政用語として、ありとあらゆる分野で語られるようになった。しかし、共生は日常的な言葉であるにも関わらず、不確かで曖昧さがある。それでもなお「共生」を掲げ、学問として宣言されるのも、「共に生きる」ことの難しさがこれまで以上に生じているからである。

本書は「具体的にはどんな学問なのだろう」と捉えられがちな「共生学」の地図になることを目的としている。ただし、世の中に「完璧な地図」なるものが存在しないように、本書もまた、共生に関わる論点を網羅したわけではない。さらには、共生を標榜する・しないに関わらず、私たちが共生の課題とみる関連領域の研究蓄積は膨大である。そこで補論では、本論で触れることができなかった論点をフォローすることで、「共生学の宣言」を補完することを目指したい。

まず、2節では共生学が土台とする文献を紹介する。ここで示す土台とは、共生に真正面から取り組んできた研究と、そこから派生し、精力的に論議されるようになった「多文化共生」領域に関する研究である。多文化共生を特に扱うのも、この言葉が行政用語として編入されたことで、流行語にすぎなかった「共生」がありとあらゆる領域で語られるようになっていったからである。しかし、行政用語として多文化共生が扱われることで、そもそも共生の理念が換骨奪胎されてきたという指摘もある。ここで紹介する文献を端緒とし、共生研

究の懐の深さに触れるとともに、その言葉が現実社会に与えたインパクトを
知っていただきたい。

　序論で強調されたように、共生学は現場に出向くことを重視する。現場に出
向くのも「当事者」の声に真摯に向き合うきあうことが、共生を考える上で必
要不可欠だからである。しかし、当事者ではない研究者が、ある種の生き辛さ
を抱える当事者に向き合うことは容易ではない。そもそも共生における当事者
とはなにか。当事者に向き合うとはなにか。3節では、現場に出向く前に通読
していただきたい「当事者論」を紹介する。

　続いて、4節では「当事者」が声をあげることで明らかになっていった共生
の諸課題に関して、特に「フェミニズム」に注目した論考を紹介する。2節で
触れるように、共生は必ずしも耳触りの良い言葉ではない。そこには、共に生
きるための困難さがあるがゆえに、時に論争を巻き起こし、闘争と呼びうる社
会運動が必要となったからである。さらには、共に生きることを目指す社会運
動であったはずが、その内部においてさまざまな葛藤や苦難を抱えることにも
なった。もちろん、そうした葛藤や課題を引き受けていった研究がある。4節
を通じて私たちが発したいメッセージとは、フェミニズム研究を学ぶ必然性と
ともに、共に生きる運動が常に葛藤や課題を引き起こすことであり、その困難
や闘いを引き受ける研究が今後も必要になっていくということである。

　ここまでの議論は、今日の共生学が「どこからきた」のかを紹介するもので
あった。そこで5節では、共生学が「どこへむかうのか」について、特に「環
境」に関わる議論を展開したい。たとえば、植物や動物、科学技術との共生は、
人類社会にとって最も基本的なことである。とりわけ、これまでの共生論にお
いては、環境との共生に関する議論が積み重ねられてきた。しかし、環境と人
間社会を取り巻く状況は刻一刻と変化を続けており、事態はより切迫したもの
となっている。本書が目指す共生の宣言とは、人を中心とした関係にのみ向け
られるものではない。私たちが生活する「地球」もまた、共生の論を必要とし
ている。5節ではそうした本書の最も広角な視野を基礎づけるための文献を紹
介する。

　なお、補論で紹介する文献のほとんどは「書籍」である。書籍に絞ったのも、

論文については紙幅の関係から触れられなかったという理由の他に、大学院に入学した学生にはここで紹介するやや重厚な文献に向き合って欲しいという積極的な理由もある。なお、大阪大学大学院人間科学研究科共生学系では共生学に関する文献・論文の整理を進めている。公式ウェブサイトでの公開を予定しているので、より詳しい文献・論文の紹介はそちらに譲りたい。

（山本晃輔・宮前良平・藤高和輝・モハーチ ゲルゲイ）

2. 共に生きる

　本節では、日本における共生論に先鞭をつけた論者の文献を紹介する（黒川1987、井上 1986、花崎 2001、尾関 2015）。これらの議論は、日本独特の言葉として位置づけられがちな「共生」を思想として鍛えていこうとしたものである。そして、戦後の資本主義社会やグローバル化の進展を背景とし、共同性の喪失や弱者の搾取、持続性が失われつつある自然など幅広く「共に生きる」ことの困難さを示し、それを乗り越えようとするアイデアが示されている。いずれも、現在の社会を共生の観点から分析したものであるし、共生社会の実現に向けて捧げられた論考である。これらを、私たちの共生学の土台として読者にも触れてもらいたいと考える。

　そのうえで、本節の後半では「多文化共生社会」に関する論考も若干ながら紹介した。なぜなら、外国人をめぐる社会運動のなかで「共生」は語られ、「多文化共生」という言葉によって定着し、行政によってキャッチアップされていった言葉だからである（金 2007、崔・加藤 2008）。共生論は多元的（尾関2015）で、各領域において議論が重ねられているが、ここで多文化共生に触れるのも、マイノリティ住民からの「共に生きさせろ」という語りかけと、それに連帯しようとした日本人という構図において芽吹いたものであったからである。しかし、今日の「多文化共生」は、行政語として流通するなかで、奇妙なねじれを内包するようになった。たとえば、外国人の権利を共生によって語りながらも、朝鮮学校への差別的な施策やヘイトスピーチの蔓延は放置されたま

まである。そこで、今日の共生論のなかでも多文化共生を批判する論考が参考になる（本節では触れられなかったが、植田他 2011『「共生」の内実―批判的社会言語学からの問いかけ』、岩渕編 2006『多文化社会の"文化"を問う―共生/コミュニティ/メディア』、馬渕編 2011『「多文化共生」は可能か―教育における挑戦』なども参考にされたい）。これらの議論をまとめるならば、日本社会はある時点からマイノリティ住民に対して「共に生きよう」と語りかけるようになったが、マイノリティからの「共に生きさせろ」という語りを黙殺しているということになろう。

■黒川紀章（1987）『共生の思想―未来を生きぬくライフスタイル』徳間書店

　黒川は日本を代表する建築家の1人である。戦後の経済成長期にあって、黒川はメタボリズム運動に取り組んでいた。メタボリズム運動とは、都市の拡張期にあって無思考的に乱開発するのではなく、都市や建築が生命のように代謝・循環することを目指した建築思想である。黒川は 1950 年代から「機械の時代」から「生命の時代」への変容を展望していた。そして、生命の時代においてもっとも重要となる思想として「共生」を位置づけた。

　こうした黒川の共生論は、仏教における「ともいき」をベースに形作られているという。そのコンセプトは「生かし生かされ共に生きる」というものである。これは、欧米的で二元論的な価値観とは違うとされる。それとともに、日本的とされてきた「集団の論理」に個性が埋没することも批判する。黒川が共生を論じるにあたって重視したのは、異文化やイデオロギーが対立するなかでも、「中間領域」が必要であるということ。そして、互いに不可侵とする「聖域」を相互尊重することから共生が実現するというものである。「中間領域」については、多文化主義の行き詰まりや、民族的・宗教的な対立を鑑みたとき、今日においても通用するものであろう。そうした対立にあって、相互交流を模索していくことが共生の実践といえるからである。「聖域」について、黒川は 1996 年に本書を改定（『新・共生の思想―世界の新秩序』徳間書店）した際に、日本における「天皇制」を強調している。令和という新時代を迎えた私たちにとって、天皇制は論争的でありながらも「いまだ語り難い制度」である。世界を例にとっても、「聖域」を通じた序列化や分断、

紛争のほうが課題となっている。むしろ、共生の争点として「聖域」はいまも議論の中心にある。このように、黒川は、日常生活から歴史、経済、環境問題、世界の秩序に至るまで、ありとあらゆる議論で共生を論じており、広大な共生の諸課題を提示した論者として位置づけられる。

■井上達夫（1986）『共生の作法—会話としての正義』創文社

　本書はジョン・ロールズによる正義論を背景とし、社会における「正義の基底性」をめぐる議論を展開している。序章でみたように、生態学的な共生（symbiosis）は相互利益や目的的な関係が中心にある。対して、井上が議論する共生（conviviality）は、多様な生が肯定される関係である。では、多様な生が肯定されうる共生社会において「基底」に据えるべきものはなにか。井上が議論を展開するために参照したのが、イギリスの政治哲学者マイケル・オークショットである。オークショットは社会的な結合関係を、共通の目的意識をもった人びとからなる「統一体（universitas）」と、多様な利害を追求する人びとからなる「社交体（societas）」に区別した。統一体における日常生活は、政治権力によって統治されており、管理的で訓練的である。他方で、社交体において政治権力は「為政者」として振る舞う。この為政者は、いわば異質な人びとが交わる「宴」の主催者のようなものである。宴にとって重要なことは、人びとが交流し「会話」が継続されることであり、参加資格も問われない。統一体は自己完結的で閉鎖的であり異質性を排除するが、社交体は開放的であり多様な生を肯定しうるし、相互の違いを受け入れることができる。しかし、共生の宴がいかなる「会話」を行うことができるとしても「人が互いに相手を、自分とは異なる独自の観点をもった自律的人格として尊重し配慮しあう作法（井上・名和田・桂木 1992『共生への冒険』毎日新聞 p. 26）」がなければ、「会話」を抑制される人びとが生じてしまう。そこで、「会話としての作法」をオープンエンドで議論し、「会話」によって社会を基礎づけていくことを構想した。

　このように、社会的結合の根幹に日常的な人間の営為である「会話」を据えることで、私たちはどのような他者であっても宴に巻き込まざるを得なくなる。こうした井上の共生論は「そんな社会が実現できるのか」「参政権のない外国人は政治的「会話」に参加できないではないか」「障害をもつ人びととの会話とはどのようなも

のか」など、さまざまな議論を喚起した。もちろん、こうした論争こそが、まさに
井上が構想した共生の宴の営みなのである。

■花崎皋平（2001）『（増補）アイデンティティと共生の哲学』平凡社

　花崎は哲学者であるとともに社会活動家として、時代のうねりにコミットし続け
てきた。花崎にとっての共生は、多様性と同義である。そして、その多様性が水平
的な関係に基づくものではなく、垂直的な社会的不平等や不公正のただなかにある
という。本書では、環境問題、民族問題、人権論、フェミニズムなど多様な社会運
動が扱われている。他方、花崎は日本人であり、男性であり、大学教員という日本
社会における特権的な立場にあった。そこで、花崎は自ら大学教員を辞し、これら
の社会運動に参与していった。

　花崎は「共生のモラル」「共生の哲学」「共生の倫理」（花崎 2001）など、共生の
理念的側面を語ることもあれば、「異文化との平和で多様性を祝福する共生の社会
づくり（花崎 2002『〈共生〉への触発』みすず書房）」というように、社会的実践
を語ることもある。全てに共通する基本的コンセプトは、「私と他者がいつでも加
害と受苦の関係になる可能性と必然性、その歴史的被規定性を承知したうえで、し
かもその場から『共に生きる』関係をめざす（花崎 2001 p. 385）」という点にある。
そのために、花崎は私たちに「ピープルの思想」を提案する。ピープルは、互いの
共感に基づく同等の関係を志向する。マジョリティ―マイノリティ、支配―被支
配、強者―弱者があるとしても、私たちはどのような立場においても「加害可能性
と受苦可能性」のうちにある。こうした、「加害可能性と受苦可能性」に共感し、
共有することによる人間関係が、共生社会の実現に必要であるという。この「ピー
プルの思想」は論争的である。なぜなら、花崎は共生を「水平的な関係」としてで
はなく、たとえば支配―被支配といった「垂直的な関係」において把握しようとし
てきた。にもかかわらず、基礎的な人間関係を、垂直的な関係を超えたところに据
えようとしたからである。

　確認しておきたいことは、共生を「思想」として鍛えるため、花崎は思想に殉じ、
自らを社会に投じ、当事者の受苦に寄り添おうとしてきたし、ときに批判されるこ
とを甘受してきた。そして自らの生き方を問い続けてきた。序論（志水）で書かれ

たように、共生学では「現場にでる」ことを重視している。しかし、ただ「現場」にでるだけでは充分ではない。他者の「生き方に関わる」その当事者である共生学徒は、自らの生き方を問わないわけにはいかないからである。そして「問う」ことを通じて必然的に見出される私自身の「加害可能性と受苦可能性」のジレンマに戸惑うとき、花崎の一連の論考がヒントを与えてくれるはずである。

■尾関周二（2015）『多元的共生社会が未来を開く』農林統計出版

尾関は人と自然、環境といった観点から共生を論じてきた。また、いちはやく共生を論じる研究者を束ね「共生社会システム学会」を結成するなど、流行り言葉として埋没してしまいそうな共生を、強固に取りまとめていった。本書では過去の共生論を概観し、人間と自然関係に関する「自然共生社会」と人間と人間関係に関する「多文化共生社会」の両論があるとし、そのどちらかに注目するわけではなく、両者を包括する「多元的な共生論」を打ち出した。

尾関の人間と自然における共生論については5節で記載しているため、ここでは尾関が示す共生論の課題についてみておきたい。本節でも触れているように、共生に関する議論は積み重ねられてきた。尾関はこれらの議論を「聖域的共生論」「競争的共生論」「共同的共生論」に整理する。黒川の聖域的共生論は、多文化社会において各文化の本質を指し示すものであり、素朴にこれを認めあい保守・維持することを志向する。しかしそうした保守・伝統的立場は、互いの違いを巡る争いは避けがたく、歴史的には抑圧や同質化を招いてきた。つぎに聖域的共生論の対極に井上の共生論を位置づけ、これを競争的共生論と呼ぶ。井上の共生の宴は参加資格を問わない寄り合いである。伝統的な共同体を批判するリベラリズムの立場を堅守することで、強く自由を擁護することができる。そしてオープンな議論でルールを策定していく。そうしたなかで、それぞれが切磋琢磨していけば良い。実際、井上は健全なる競争については奨励する立場にあった。これら二つの共生論に対峙したのが、共同的共生論である。黒川の共生論が共同体における抑圧や同質化を生じさせかねない一方で、井上の共生論では競争原理が生じてしまう。強い個人にとって自由な競争は居心地が良くとも、だれにとっても居心地が良いとは限らない。宴における議論の方向によっては、好まざるともその状況に参与しなければならなくな

る。そこには花崎が指摘するような「水平的関係」は見出せたとしても、結果的に生じる「垂直的関係」が背景化してしまう。共同的共生論は伝統的な共同体における共生や、リベラリズムの立場から導かれる共生論のいずれをも超えていこうとした議論である。

こうした整理のうえに尾関が打ち出した議論が、多元的共生社会論である。まず、過去の共生論は歴史性を強調しながらも、それは現在からみた過去であって、実のところ人類社会がプロセスの途上にあることを見落としていたのではないかという。そして今日のプロセスの先端にあるのは資本主義社会に絡め取られた社会である。私たちの社会は「異文化共生社会」の摩擦、自然破壊における「自然共生」の喪失、経済主義によって失われた「農工共生」など、多方面で「共生」の困難さが生じている。しかしそれらは独立した問題ではなく、グローバル化や資本主義社会がもたらし続けている状況である。であるならば、このプロセスを前にすすめるために共生社会の多元性を包括的に検討する必要があるとした。これらの議論は日本における共生社会論のひとつの到達点であり、尾関はそれらに目くばりしながら、自らの専門性を超えて共生の議論を深めようとしている。そうした取り組みは、私たちの共生学にとって学ぶべきことが数多く、本書に併せて尾関周二・矢口芳生監修『共生社会Ⅰ―共生社会とは何か』『共生社会Ⅱ―共生社会をつくる』などにも触れてもらいたい。

■金侖貞（2007）『多文化共生教育とアイデンティティ』明石書店

ここからは、共生論から派生した多文化共生論に関わる書籍を紹介する。本書は神奈川県川崎市における在日朝鮮人の苦闘を描いた著作である。川崎の歴史は一方で外国人と日本社会の共生を公的水準で問う契機になったが、他方で今日の行政における「共生」の繁用の出発点に位置づけることができる。本書は多文化教育に焦点をおき、民族差別撤廃運動や民族教育に携わってきた、青丘社「ふれあい館」の誕生と活動を取りまとめている。川崎における共生の経緯は、崔・加藤（崔勝久・加藤千香子編 2008『日本における多文化共生とは何か――在日の経験から』新曜社）も詳しい。

在日朝鮮人の集住地だった川崎では、戦後の劣悪な生活環境が残されたままで

あった。これを民族的な連帯によって声をあげ、福祉を整備し、教育環境を整えていった。こうした在日朝鮮人の「共闘」には日本人も連帯していく。地域住民として軒を並べる人びとは、事実として「共に生きて」きたからである。こうした現場において当事者から日本人へのラブコールとして、「共生」が語られるようになっていった（金 2007）。金は「権利の所有、個々人の多様性の尊重、主体者としての自覚を踏まえた上で、水平的で開かれた韓国・朝鮮人と日本人の共生、ひいては、国籍や人種、文化の違いを超えての関係性の構築こそが、川崎の実践から我々が導き出せる『共生』の理念にほかならない（金 2007 p. 175)」と、共生のうねりを記している。

それでも、崔・加藤（2008）が指摘するように、多文化共生は日本社会で流通し、行政用語でも語られることで「ねじれ」が生じていった。たとえば、川崎では「外国人代表者会議」が設置されたものの、そこでの議論はあくまで提言であって、市政に反映されるわけではない。「川崎市在日外国人教育基本方針」を通じて在日朝鮮人の教育に光があたったものの、「国旗・国家法」の成立以降、教育委員会は当然のように日の丸を仰ぎ、君が代を歌うことを学校内で指示し続けてきた。崔は「『多文化共生』は、原理的にマイノリティのナショナリズムを肯定するものでありながら、マジョリティのナショナリズムとも融和的です。『共生』の主張は、日本のナショナリズムの攻勢と闘うことはできない」と看過する（崔・加藤 2008 p. 169)。このように共生社会の実現は、ミクロな連帯だけでなく、私たちの社会の変容を必要とする。しかし、その実現に際しては、共生の脱文脈化や理念の喪失とも背中合わせなのである。いずれにしても、本書はまずもって戦後の日本社会において差別に曝されてきた在日朝鮮人の苦闘を知るうえで必読の文献である。

■梶田孝道・丹野清人・樋口直人（2005）『顔の見えない定住化—日系ブラジル人と国家・市場・移民ネットワーク』名古屋大学出版会

本書は、外国人の実態を鋭い分析と膨大な調査データによってまとめた、日本の移民研究を代表する一冊である。1990 年の改正入管法の施行以降、急増した日系ブラジル人の多くは、日本人労働者が手薄になった産業に参入していった。当時、外国人労働者は「日本人労働力の代替」と表現されてきた。しかしその実態は、景

気動向によって就労が左右される「フレキシブルな労働力」として「部品」のように扱われる状況にあった。しかし、そうした日系ブラジル人の苦境は、私たちにとって身近なものとして感じられていなかった。梶田らが明らかにしたことは、外国人の就労が、社会から覆い隠され見えないようにされているということである。たとえば、日系ブラジル人は工場では日本人とは別の時間帯やレーンで働き、出勤や帰宅の送迎もある。手厚いように思えるが、いずれも日系ブラジル人を情報弱者にすることで、日本人との関係も最小限にとどめてきた。自ずと、日本語能力向上の機会も失われる。増加する定住外国人との「多文化共生」が行政用語となっていく一方で、外国人の就労実態は覆い隠されており、本書のタイトルの通り「顔の見えない定住化」が静かに日本社会に広がっていった。

そのうえで、梶田らは安易な「多文化共生論」に対して、今日に通じる厳しい批判を加えている。第一に、共生という響きの良い言葉は不平等や差別を見えないものにする。共生社会の実現を謳いながらも、他方で外国人を取り締まることや、外国人への差別的な処遇など、都合の悪い現実を覆い隠してしまう。第二に、「多文化共生」という言説は、問題を文化的なものにすり替えてしまう。たとえば、ブラジル人の過酷な労働状況は、必ずしもブラジル人だけの問題ではない。不安定な就労状況を許容し、労働者の権利を侵害し続けるという政策そのものに問題があり、日本人を含めた幅広い文脈から検討しなければならない。「ブラジル人の就労」というように問題が「文化」や「エスニシティ」に還元されてしまうことで対処療法的な政策を引き出されるだけである。事実、今日においては「非正規雇用」「外国人研修生」など、過酷な労働環境に晒されている人びとがいる。日本社会における労働力の搾取という問題の本質は変わっていないからである。

■塩原良和（2012）『共に生きる―多民族・多文化社会における対話（現代社会学ライブラリー3）』弘文堂

本節で最後に紹介するのは、多文化共生に関する議論を精力的に展開してきた塩原（2014）の論考である。塩原（2014）は、国内では多文化共生の歴史的経緯を整理し、国外では多文化主義に関わる政策的、理論的議論を総括している。ここで語られる共生は「変わりあい」である。多文化共生の出自は在日朝鮮人による権利獲

得運動であった。そうした運動において、日本人を巻き込まんとするために語られた言葉が「共生」であった。ところが日本社会は、「日本人と外国人」の不平等な関係を残存させてきた。あるいは、支援される側として外国人を位置づけ続けてきた。平等な関係がもたらす多文化共生社会とは、お飾りであるのかもしれない。そこで塩原は、井上（1986）による、「会話としての正義」を参照し、会話による社会構想を発展させ、「変わりあい」のための「対話」を主張した。マイノリティ側からすれば、常に参加資格を確認されるような日本社会において、悠長に対話などできないと考えることは自然なことである。しかし、マジョリティとマイノリティの間に権力的な不平等があるとはいえ、両者の対話が継続できなければ社会の変容は難しくなる。グローバル化した世界においては、国家・領域内を超えて世界全体での経済的搾取や構造的な不平等が進行している。ある国におけるマジョリティ・マイノリティ関係も、グローバル化した社会において、立場性は目まぐるしく変化する。ここで問われるのは、マジョリティ側が自らの加害性に思いを寄せる「批判的想像力（テッサ・モーリス＝スズキ 2004『批判的想像力のために——グローバル化時代の日本』）」であり、自らの変化を前提とした対話をおこなう覚悟である。

　加えて塩原（2017『分断と対話の社会学——グローバル社会を生きるための想像力』）では、この「変わりあいの対話」に「聴くこと」の重要性を付記している。井上や花崎の共生論は、個人を出発点として、いかにして「会話」し、差別に「応答」するかが問われていた。しかし塩原は、主体的応答の重要性に留意しつつも、「対話」である以上は「聴くこと」へ注意をはらうべきだという。そして「聴く」姿勢は、自らを反省するものでなければなし得ない。振り返れば多文化共生もまた、どのように共生を実現するかがスタート地点にあったが、そこに問われているのは、苦境にある人びとの「当事者の声」を、マジョリティ側が「当事者」としていかに受け止めるかであった。塩原の論考は、本来の共生が志向してきた基本的な理念を確認するための格好の著作である。

（山本晃輔）

3. 共に渦まく

「当事者」という区分をされることがある。たとえば、黒人、女性、障害者、性被害者、被災者、あらゆるマイノリティの人たち。そして、当事者という線引きは、必然的に「非当事者」というカテゴリーを構築する。白人や男性、健常者、加害者、そして多くのマジョリティたち。本節では、その中でも、研究という営み——その大半は、「非当事者」が「当事者」を調査するという形式をとる——において、「当事者—非当事者」関係がどのように捉えられているのかについて見通してみたい。もちろん、この分野は、フェミニズムやポストコロニアリズムなどの「古典的作品」から連綿と連なる問題群ではあるが、比較的新しい文献をもとに現代の研究者たちの苦闘を追っていくことにしよう。冒頭で紹介する『環状島＝トラウマの地政学（新装版）』は、私たちに当事者概念の解体を要求する。それは、研究という「非当事者が当事者について調査介入する」という営みの権力性・暴力性を顕わにもする。このことに生活史の観点から応えたものが『マンゴーと手榴弾—生活史の理論』であり、歴史学からの応答として『ラディカル・オーラル・ヒストリー——オーストラリア先住民アボリジニの歴史実践』、障害学からは『障害学——理論形成と射程』を紹介する。次に、「当事者非当事者」の境界自体があいまいであり、「当事者になる」というダイナミズムを捉えることも必要であろう。このことについて論じられているものの中でも『〈被爆者〉になる——変容する〈わたし〉のライフストーリー・インタビュー』を本節では取り上げる。最後に、非当事者が当事者について著すのではなく、当事者が当事者について研究するということにも触れなければならない。先駆的な実践として『べてるの家の「当事者研究」』を取り上げ、日本の障害学の源流となった『母よ！殺すな』のうちにも、当事者性の発露が見出されることを示してみたい。

　本節で紹介する文献は、どれも、単なる方法論を論じたものではない。何かわかりやすい結論を明示しているわけでもない。しかし、どれも、自らの研究や実践を進めていくうちに悩みを抱えたとき、こころのよりどころにすること

ができる、そんなテクストである。

■宮地尚子（2018）『環状島＝トラウマの地政学（新装版）』みすず書房

　当事者とは何か。さまざまな定義が積み重ねられている。素朴に「その出来事を経験した人」ということもあれば、当事者と非当事者のあいだにはグラデーションがあり、当事者性の「割合」に着目すべきだという議論もある。どちらが正しいというわけではないが、少なくとも、当事者と非当事者の境界がどこかにあることは確かだろう。精神科医でもあり医療人類学者でもある宮地尚子は、当事者を環状島のメタファーによって理解しようとした。環状島とは、島の中心部が窪んでいて、そこに内海を湛える、ドーナッツ状の島のことである。私たちは、当事者というと、発言する資格や能力、正統性があり、その声があまねく届いていきやすい人のことを想像してしまう。しかし、宮地は、この素朴な考え方を批判し、当事者の語りは、「中空構造」（p. 9）を有すると論じる。つまり、当事者であればあるほど、語ることができないのである（スピヴァクの名著『サバルタンは語ることができるか』も読んでおくべきだろう）。トラウマに苦しんでいる被害者、抑圧に苦しんでいるマイノリティは、「当事者にも関わらず声をあげられない」のではなく、「当事者であるがゆえに声をあげられない」のである。翻って考えれば、声を出すことのできるわたしたちは、そのような当事者の代弁者であることが求められる。では、声を出すことができる位置にいる非当事者として、研究者は、どのように当事者の声を拾い上げることができるだろうか。語りを聞くこと、それを要約すること、代弁すること、これらにはつねに「それを他者がしてしまうことの暴力性の問題」がつきまとう。声を出せない当事者に向き合う、声を出せるわたしたちという非対称性こそ、当事者についての研究の最も大きな問題なのである。

■岸政彦（2018）『マンゴーと手榴弾—生活史の理論』勁草書房

　調査の俎上に乗せられる「当事者」は、なんらかのマイノリティである場合が多い。そのとき、研究者がかれらを調査することは、一種の権力作用を持ち込むことになるし、端的にいえば、それは暴力となる。たとえば、当事者が語りえなさの中からかろうじて取り出した語りを、それを聞いた研究者が自ら依拠する概念枠組み

の内部で解釈することは、いわば、ひとりひとりの語りをマジョリティの理論に飲み込んでいることに他ならない。それゆえ、研究者は、当事者の「語り」の解釈を避け、「何が語られたか」ではなく、「どのように語っているのか」という「語りの構造」の分析に走った。それに対して、生活史を専門とする社会学者の岸政彦は、このような姿勢を「『事実性』へと至る回路をすべて閉ざ」（p. 109）すものであると批判した。つまり、語りの構造にばかり焦点を当てるということは、語り手の話す内容の軽視につながり、したがって、語り手が実際に経験した事実に耳を傾けるという姿勢さえ失われることへと帰着する。そうではなく、研究という暴力性を解除するには、語りを「ストーリー」として構築されたものであると見なすのではなく、語り手にとっての固有の事実であるという点に立脚しながら、わたしたちの理論枠組みのほうを変更していかねばならない。言い換えれば、当事者の語りが理論のために存在するのではなく、理論こそがかれらの語りをいきいきと引き出すようでなければならない。当事者が私たちに差し出す語りは、分析のための道具ではない。それは、紙に印字されるためのものではない。語り一つ一つの物理的な重みを忘れてはならないと岸は投げかけるのである。

■保苅実（2018）『ラディカル・オーラル・ヒストリー──オーストラリア先住民アボリジニの歴史実践』岩波書店

　歴史は、いったい誰によって作られているのだろうか。この問いは、歴史というものに本来的についてまわる問いである。わたしたちが、「事実」として信じている歴史は、マジョリティ（たいていの場合は西洋的な歴史観）によって承認されたものにすぎない。では、歴史の権力性を解除するための実践をわたしたちはどのように構想すればよいだろうか。本書『ラディカル・オーラル・ヒストリー』は、この問いに対して、とあるアボリジニたちの極めてローカルな歴史実践を「真実の歴史」であると徹底的にみなすことで答えようとする。たとえば、ダグラグ村の長老たちは、著者である保苅に「ケネディ大統領がここに来たのだ」という。しかし、資料を調べれば簡単にわかることだが、ケネディはこのとき他の場所にいた。つまり、長老たちは「歴史的事実とは異なること」を語っている。このような語りは、歴史学においてどのように扱われるのだろうか。ダグラグ村の長老の言い分を「間

違った歴史」であると棄却するのだろうか。あるいは、「かれらの歴史観の中においてのみ真実である」という留保をつけて包摂するのだろうか。保苅は、どちらの姿勢も取らない。「もしかしたら、ケネディ大統領はグリンジの長老に出会ったのではないか」（p. 17 強調原文）と問い直す。その姿勢は、歴史学者が「歴史的」に正しいと思っていることの裏側にある権力性、つまり、西洋の歴史学で認められた歴史の見方こそが正しいのだとする権力性を鮮やかにひっくり返す。「ケネディが来た」というダグラグ村の歴史も正統な歴史なのである。このことによって、ようやく、一方が片一方に包摂することによって編まれる歴史ではなく（包摂もまた権力作用の一種である！）、開かれた対話（本書の言葉では「共奏」）の可能性が萌されるのである。

■杉野昭博（2007）『障害学—理論形成と射程』東京大学出版会

　非当事者（たとえば、男性、健常者）が当事者（たとえば、女性、障害者）のことを研究するとき、コンフリクトが生じる場合が多い。このことについて、1990年代イギリス障害学で展開された「非障害研究者」論争が参考になる。杉野昭博著『障害学』による紹介をもとに見ていこう。非障害者研究者であるロバート・ドレイクは、健常者による障害研究および障害運動への参加は、制限されるべきと主張した。なぜなら、健常者が多数を占めている集団において、障害者が実質的な発言権や権限を得ることは難しいからである。それに対して、女性障害者のフラン・ブランフィールドは、非障害者であるドレイクが障害者について発言すること自体が抑圧としてはたらいていると批判した。この 2 人に対して、ポール・デュケは、「障害者 vs 健常者」の二項対立そのものが障害者差別のディスクールであり、ブランフィールドによるドレイク批判は、障害者に対する抑圧のディスクールを健常者に向けて反転しただけであり、結果的に抑圧の見方を助長していると批判した。そして、デュケは自らの障害アイデンティティを明かさずにいる理由を、「あらゆる言説は自由であるべきだから」と説明する。杉野は、この論争を「研究と運動の線引き問題」であると整理する。つまり、「運動」においては、非障害者の参加が何らかの形で制限され、当事者が前面に立つことも必要だが、「研究」においては、障害の有無は問われるべきではない。さて、このような整理では、当事者と非当事者

には境界線が引かれているという認識から抜け出すことができない。われわれは「当事者ではない」「当事者にはなりえない」と、どうして言い切れるだろうか。

■高山真（2016）『〈被爆者〉になる——変容する〈わたし〉のライフストーリー・インタビュー』せりか書房

　聞き取り調査として当事者の語りを非当事者が聞くという構造を取る以上、当事者と非当事者は分離される。しかし、このような見方は、あまりに静的ではないだろうか。むしろ、非当事者は、当事者の語りを聞くことによって、当事者になっていく、という動的な捉え方もまた可能ではないだろうか。このような視点からライフストーリー・インタビューの分析を行ったのが高山真による『〈被爆者〉になる』である。高山は、長崎の被爆者のライフストーリー・インタビューを行った。通常であれば、かれらの言説を分析さえすれば、その質はさておき、研究として成立する。しかし、高山は、被爆者の語りを聞いていくことによって生じた、自らの変容について、一種のオートエスノグラフィのように描写していく。なぜなら、「私たちは、彼ら（被爆者※筆者注）の心理を理解することができないという前提にたち、彼らの『語りえない』経験に触れたときに生じる〈わたし〉の心理的な、あるいは感情的な揺れを冷静にみつめ、彼と〈わたし〉のコミュニケーションのありようを記述する方法を探求することにある」(p. 161)からである。非当事者である高山は、当事者の語りの中にいくつかの違和感を覚えるが、しかしながら彼は、その違和感を上手く表出できずにいる。あるいは、被爆を経験していない自分自身には何がいえるのかという戸惑いさえも描写していく。本書はそのような高山自身の逡巡をもって、全体が貫かれている。最終的に、インタビューとその分析によって、高山自身が「被爆者にな」っていく過程が描かれていく。その過程自体が、伝承という実践のプロセスをありありと描き出しているのである。誰かの生きてきた人生を聞くということは、聞き手もまったくの非当事者ではいられなくなるということである。そのことに研究者は自覚的でなければならないだろう。

■浦河べてるの家（2005）『べてるの家の「当事者研究」』医学書院

　当事者について一番よくわかっているのは当事者である。たとえば、障害者運動

の有名なスローガンである "Nothing about us without us!"（私たち抜きに私たちのことを決めるな）は、当事者を排除するパターナリズム批判を簡潔に表したものである。しかしながら、現実には、当事者には語る能力が無いという想定のもと、非当事者が当事者について代弁することが少なくない。特に、精神医療の現場においては、医師こそが患者の愁訴を把握できるという規範が蔓延していた。このような、医師によるパターナリズムに抗し、自身の症状を自身の下に取り戻す実践は、「当事者研究」として北海道浦河町にある「べてるの家」で花開いた。べてるの家の「当事者研究」とは、精神病を持つ人びとが自らの内的体験（それは医師からは大抵「症状」と見なされる種類のものだ）を、自らによって理解しうまく向き合おうとする実践である。研究とは、ひとつに、言葉を与えることである。たとえば、本書においても、幻聴を「幻聴さん」と呼びかけ、幻聴と仲良くなる（！）という驚きの治療法が記されている。言葉を与えることによって、いままで捉えどころのなかった幻聴を理解することが可能となる。そして、当事者が自らに言葉を与えるということは、それ自体がすでに当事者による実践となっている。べてるの家では、「苦労を取り戻す」という有名なスローガンがある。自らの知られざる部分を解き明かすこと（＝研究）によって得られる苦労にこそ、実践の核があるということをかれらは、すでに知っているのである。さらにラディカルに、マイノリティがマジョリティについて研究するという実践もある（『ソーシャルマジョリティ研究』）。こちらも併せてお勧めしたい。

■横塚晃一（2007）『母よ！殺すな』生活書院

当事者が声をあげることは、マジョリティが権力を持つ社会においてはむずかしい。その中でもなお、声をあげてきた当事者団体に「青い芝の会」がある。著者である横塚晃一は、「青い芝の会」（正式には「青い芝の会神奈川県連合会」）の中心メンバーである。「青い芝の会」とは、脳性麻痺者たちの当事者グループであり、日本の障害者運動の運動的先鋒であった。かれらの運動は、1960年代に数多くの現代にも通ずる議論を巻き起こしていたことを考えれば、日本のみならず世界の障害者運動の最も急進的な団体であった。「青い芝の会」の主な主張は、かれらの五つの行動綱領にまとめられている。極めて重要であるのですべて引用する。

一、われらは、自らが脳性マヒ者であることを自覚する。

　一、われらは、強烈な自己主張を行なう。

　一、われらは、愛と正義を否定する。

　一、われらは、健全者文明を否定する。

　一、われらは、問題解決の路を選ばない。

　この中でも特に、「われらは、愛と正義を否定する」というフレーズについて確認してみたい。1970年に神奈川県で、重度心身障害を持つ子どもを母親が絞殺するという事件があった。この母親に対して、世間では、減刑嘆願運動がおこった。というのも、この母親は、介護の苦労を悲観し、わが子の将来を案じて仕方なく殺したのだと世間が捉えたからである。ここで青い芝の会は問うのである。「われわれは、生きていてはならない存在なのか」と。障害者は憎くて社会から排除されているのではない。そこにあるのは、健全者から障害者に向けられた「愛」と「正義」による社会排除である。このような「愛」と「正義」を許していては、障害者は、殺されることを正当化されかねない。本書のタイトル『母よ！殺すな』は、ただ単にセンセーショナルな響きを持っているだけではない。そこには、「母よ！殺すな」とさえいえず、殺されていった無数の障害者たちがいる。健全者の母は、愛と正義の名のもと、障害者を殺してしまう。それを許す社会を否定した先に、ようやく、かれらの生がはじまるのである。

（宮前良平）

4. 共に闘う

　「共生」という言葉が発せられ、探求された歴史的背景には、いわゆる「新しい社会運動」あるいはアイデンティティ・ポリティクスの展開がある。1960年代以後、それまで主流だった労働者運動とは異なるさまざまな社会運動が登場した。ウーマン・リブや同性愛者解放運動、学生運動、障害者運動、反戦運動など、さまざまなアイデンティティやバックグラウンドをもった当事者が運動を組織化し展開した。「共生」とは、これらの運動のあいだに「横のつなが

り」を創り出そうとする試みだったといえる。

　だが、歴史が示しているのは、マイノリティ間の「連帯」あるいは「共生」
ほど難しいものはないということである。ここで紹介するフェミニズムに引き
つけていえば、その歴史が教示しているのもまさに「他者とともに生きること」
の困難さである。一口に「女性」といっても、レズビアン、バイセクシュアル、
トランスジェンダー、在日朝鮮人、障害者、有色人種など多様である。しかし、
フェミニズムという対抗運動のなかでさえも、上に挙げたような「他者」ある
いはマイノリティが生み出され、周縁化されてきた歴史がある。そのような
「共生」という困難な課題を引き受けたフェミニズムの文献を紹介していこう。

　以下ではまず、1960 年代以降にはじまる第 2 波フェミニズムの思想／歴史
についての文献（田中 2004、吉原 2013）を紹介する。その上で、フェミニズ
ムの内部から、フェミニズムに向けられた異議申し立ての声を伝えるテクスト
を紹介する。それは、性暴力サバイバーからの声であったり、第三世界女性か
らの、黒人女性からの、レズビアンからの、トランスジェンダーからの声であ
る。これらの著作は、「共生」の困難さと、その可能性とを真剣に考える上で
ひじょうに示唆に富む著作である。

■田中美津（2016）『いのちの女たちへ——とり乱しウーマン・リブ論（増補新装版）』パンドラ

　本書は、ウーマン・リブの思想的なリーダーであったといえる田中美津のテクス
トを集めたものである。ウーマン・リブがいかにして生まれたかを知る上で欠かす
ことのできない歴史的著作であるとともに、彼女の言葉はいまもなお私たちを強く
打つ力強いものである。彼女のテクストはどれも、「女である」という自らの実存
に深く迫ったものである。「とり乱しウーマン・リブ論」と副題にある通り、まさ
に田中は自らの「とり乱し」に向き合っている。たとえば、田中は「リブを運動化
して間もない頃、それまであぐらをかいていたくせに、好きな男が入ってくる気配
を察して正座に変えてしまった」（p. 69）経験に触れて、次のように述べている。
「あぐらから正座に変えた、そのとり乱しの中にあるあたしの本音とは〈女らしさ〉
を否定するあたしと、男は女らしい女が好きなのだ、というその昔叩き込まれた思

い込みが消しがたくあるあたしの、その二人のあたしがつくる「現在」に他ならない」(p. 70)。〈ここにいる女〉とは、〈女らしさ〉——それを田中は〈どこにもいない女〉とも言い換えている——を叩き込まれて作られた「あたし」と、それに抵抗しようとする「あたし」という矛盾を生きる「生ま身の女」の存在を指している。この二つの「あたし」のあいだの「とり乱し」に、田中はあくまでも定位する。そして、田中がこのような「とり乱し」にこだわるのは、その「とり乱し」を通じて他者とつながる可能性である。「とり乱し」を通じた「共闘」の可能性——それは「共生」を考える上できわめて重要な視座を与えているだろう。

■吉原令子（2013）『アメリカの第二波フェミニズム——一九六〇年代から現在まで』ドメス出版

　本書はアメリ合衆国の第 2 波フェミニズムに関する研究書である。「第 2 波フェミニズム」はアメリカ合衆国では 1960 年代に始まった。第 2 波フェミニズムは「個人的なものは政治的である（The personal is political)」のスローガンに象徴されているように、「私的領域」であり、「個人的な問題」とみなされていた身体や結婚、家族、セクシュアリティなどの日常的な経験の内部に働く「性差別」の構造を見抜き、批判した。しかし、第 2 波フェミニズムは、「中産階級の白人異性愛女性」が中心的な役割を担っていたという問題があり、すでに運動の初期からそのことがさまざまな立場の女性たちから異議を唱えられていた。本書は、そのような第 2 波フェミニズムの問題点と同時に、それに異議を申し立ててきたフェミニストの試みを丁寧に追っている。吉原は、第 2 波フェミニズムの歴史が示しているのは「性差別と闘う時、その抑圧の複雑性・重複性・同時性を考え」ることの大切さであると指摘している（吉原 2013）。フェミニズムの歴史は「共生」について考える重要な手がかりを提示しているといえるだろう。本書は、フェミニズムの歴史を深く学ぶための一冊である。竹村和子『フェミニズム』（岩波書店）も併せて読まれたい。

■高橋りりす（2001）『サバイバー・フェミニズム』インパクト出版会

　本書は、性暴力サバイバーである高橋りりす自身の性暴力の経験と、それを訴える「裁判闘争」とに関するエッセイ集である。というと、読者は「性暴力に立ち向

かった勇気あるサバイバーのドキュメント」をイメージするかもしれない。しかし、まさに高橋が問うたのは、そのようにサバイバーに「勇気」を出すよう駆り立て、説明責任を負わせる暴力のメカニズムである。その批判は、サバイバーを「支援」する側のフェミニストをはじめとした人たちにも向けられていく。それに対して、高橋は「サバイバーよ、勇気を出すな」と訴えた。それは、暴力を受けた後でさえサバイバーたち自身に何重もの負担を強いる社会の構造的暴力への批判であり、「あなたが生きていることが、あなたの勇気の証なのだ」という励ましである。現在、#MeToo 運動が広まり、多くのサバイバーたちが声を上げている。そして、もちろん、その背後には、声を上げることができない傷つけられた無数のサバイバーたちが存在している。本書はいまこそ読まれてほしい一冊である。また、「支援-被支援」のあいだにも権力関係が存在するのならば、「共生」とはどのようなものであるべきなのだろうか。そのような問いを考察する上でも、本書は重要な視座を投げかけている。

■ガヤトリ・C・スピヴァク（1998）『サバルタンは語ることができるか』みすず書房

　スピヴァクが本書で論じたのは、「代弁＝表象（representation）」につきまとう構造的な問題である。たとえば、西洋のフェミニストが「女性」全体を「代弁＝表象」しようとしても、そこから零れ落ちる「第三世界の女性」のような他者——彼女はそのような他者を「サバルタン」と概念化した——がつねに存在することを、スピヴァクは明らかにしたのである。「共生」に引きつけていえば、「他者と共に生きる」というまさにそのとき、私たちの視界から零れ落ちる「他者」が存在するということを、彼女の議論は警告しているだろう。そのような他者を抹消する暴力の問題や、その暴力に対峙し、他者とどのように向き合うかという問題を考察する上で、本書はきわめて重要な古典である。スピヴァクと同様、「第三世界フェミニズム」ないし「ポストコロニアル・フェミニズム」を提唱したチャンドラー・タルパデー・モーハンティー『境界なきフェミニズム』（法政大学出版局）も併せて読まれたい。

　フェミニズム内部におけるこのような「表象＝代弁」の暴力は、第三世界女性の問題であるだけでなく、有色人種の女性たちが直面した問題でもあった。たとえ

ば、フェミニズムのなかで「白人女性」が中心的な役割を担うことで「黒人女性」
の存在が周縁化され黙殺されてきたことを、黒人女性フェミニストのベル・フック
スは明らかにした。フックスの著作として、『フェミニズムはみんなのもの』（新水
社）『アメリカ黒人女性とフェミニズム』（明石書店）『ベル・フックスの「フェミ
ニズム理論」』（あけび書房）などがおすすめである。また、日本のフェミニズムに
対して在日朝鮮人女性の立場から批判を加えた鄭暎惠『〈民が代〉斉唱——アイデ
ンティティ・国民国家・ジェンダー』（岩波書店）もおすすめしたい。

■ジュディス・バトラー（1999）『ジェンダー・トラブル——フェミニズムと アイデンティティの攪乱』青土社

　『ジェンダー・トラブル』は、まさにバトラーがそれを執筆していた80年代当時
のフェミニズムの問題に応えるものだったといえる。すでに述べたように、第2波
フェミニズムは、「中産階級の白人異性愛女性」が中心的な役割を担っていたとい
う問題があり、すでに運動の初期からそのことがさまざまな立場の女性たちから異
議を唱えられていた。まさに、このような問題に介入したのが『ジェンダー・トラ
ブル』だったといえる。そこでバトラーは、「ジェンダーは、人種、階級、民族、性、
地域にまつわる言説によって構築されているアイデンティティの様態と複雑に絡み
合っている〔……〕。その結果、ジェンダーをつねに生み出し保持している政治的
及び文化的な交錯から「ジェンダー」だけを分離することは不可能である」（p. 22）
と主張した。バトラーは「ジェンダー」だけを他のさまざまな差別から切り離して
考えるのではなく、それらの複合性・交錯性を考えようとしたのである。そして、
バトラーは次のような「連帯」あるいは「共生」のあり方を問いかけた。「連帯とは、
その内部の矛盾を認め、それはそのままにしながら政治行動をとるはずのものでは
ないか。また、おそらく対話による理解が引き受けねばならない事柄のひとつは、
相違や亀裂や分裂や断片化を、しばしば苦痛を伴う民主化のプロセスのひとつとし
て引き受けることではないか」（p. 42）。「相違や亀裂や分裂や断片化を、しばしば
苦痛を伴う民主化のプロセスのひとつとして引き受けること」こそ、「共生」の実
践に求められているものではないだろうか。したがって「共生」を考えるとき、バ
トラーのテクストがその強力な参照項の一つになることは間違いないだろう。

　また、『ジェンダー・トラブル』はクィア理論の古典としても読まれている。クィア理論について知りたい人には、森山至貴『LGBTを読み解く』（ちくま新書）が入門書として大変優れている。

■竹村和子（2002）『愛について──アイデンティティと欲望の政治学』岩波書店

　本書は、バトラーのテクストを翻訳し紹介した竹村和子の主著である。しかし、本書は、バトラーについての単なる概説書ではなく、竹村和子という個人の思想が縦横に展開されたものであり、2002年に出版された本ではあるが、そのアクチュアリティはいまだに衰えていない。本書にはさまざまな重要な議論が行われているが、「共生」との関連でいえば、フェミニズムを背景にアイデンティティの問題に深く切り込んだ点がその一つとして挙げられるだろう。本書で竹村が議論しているのは、アイデンティティ（同一性）は差異あるいは他者を排除する構造をもつものであるが、しかしながら同時に、私たちはアイデンティティなしには生きられない、それでは、どのような「アイデンティティの倫理」が求められるのか、という問いである。「私」をいかに「他者」へと開くことができるのだろうか。それは、「共生」を考えるときに私たちが引き受けるべき問いでもあるだろう。このような問いを考える上で、本書は必読書である。

■掛札悠子（1992）『「レズビアン」である、ということ』河出書房新社

　本書は、1990年代にマスメディアではじめて「レズビアン」としてカミングアウトした掛札悠子による著作である。フェミニズムとの関連でいえば、掛札は「レズビアン」がフェミニズムのなかで誤解され、ある種のイデオロギー的存在として誤って表象されてきたことを批判した。彼女は次のように述べている。「「レズビアン＝女の間の共感の形」という、フェミニズムの一部にある図式にはうなずくことができない。この図式は、「レズビアン」にまとわりついていた〔ポルノグラフィティなどの：引用者注〕マイナスのイメージを払い落とすためには一役かってきたかもしれない。だが、そのかわりに今度は「レズビアン」をフェミニズムのなかに封じこめかねないのである」（p. 40）。掛札は、レズビアンがフェミニズムのなかで

周縁化され、誤って表象されてきた状況に批判的に介入したのである。本書のなかには、「レズビアン」の立場から「共生」について考察した章もあり、現在読んでも大変示唆に富んだ著作である。

　また、掛札が提示した問いを現在どのように引き受けるかを追求した堀江由里『レズビアン・アイデンティティーズ』（洛北出版）も是非読まれたい。堀江由里は「レズビアン」という自らのアイデンティティから出発して、アイデンティティと共同性の関係について考察している。ときにアイデンティティが時代遅れの概念とされる現代の雰囲気のなかで、堀江はそれでもなお「アイデンティティ」や「カミングアウト」の意味にこだわりつづけている。90年代にカミングアウトした掛札は、レズビアンの存在を社会的に「抹消」する暴力のなかで、それに抗して、レズビアン・アイデンティティを引き受けた。この引き受け、「抹消（抹殺）されることへの怒り」のスピーチ・アクトのなかに、しかし、堀江は「「レズビアン」の怒り」に還元されない「私たちの怒りとしてつながっていく可能性」、彼女が「怒りの共同性」と呼ぶものを見出そうとする。アイデンティティを引き受け、「怒り」を表明する掛札のスピーチ・アクトのなかに「私たちの怒りとしてつながっていく」共同性が立ち上がる、そのような可能性が開かれているのだとすれば、私たちはいま一度アイデンティティと共同体の関係を再考することを通して、堀江が「怒りの共同性」と呼んだものを考察する必要があるだろう。

■田中玲（2006）『トランスジェンダー・フェミニズム』インパクト出版会

　現在、日本では、ツイッターを中心としたインターネット上でトランスジェンダーに対する差別的な言説が吹き荒れている。そのような言説を発信する者のなかには、フェミニストを自称していたり、性差別を憂慮する女性たちも数多く存在する。したがって、まさにいまこそ、トランスジェンダーとフェミニズムの連帯の可能性が問われているといえるだろう。そのような可能性を追求したのが本書である。田中は本書で、トランスジェンダーの経験がフェミニズムをより実り豊かにすることを主張し、「トランスジェンダー・フェミニズム」を提唱した。

　トランスジェンダーの歴史を知る上では、パトリック・カリフィア『セックス・チェンジズ』（作品社）が有用である。本書には、アメリカ合衆国で誕生したトラン

スジェンダー・スタディーズのパイオニア的論文としてしばしば挙げられるサンディ・ストーンの論文「帝国の逆襲」も所収されている。なお、トランスジェンダーとフェミニズムの関係を考察する上では、ゲイル・サラモン『身体を引き受ける——トランスジェンダーと物質性のレトリック』（以文社）も読まれたい。

（藤高和輝）

5.　共に変わる

　最後に、これまでの共生学において本線であつかわれてこなかった、文学や芸術作品を含む諸文献を検討しよう。

　特に4章（木村）と11章（山崎）で見てきたように、食文化から人口構成まで、変化は共生関係に不可避の側面である。共生社会の実現を目標として位置付ける際に、この当然とも思えるテーマを見失うことはできない。なぜなら、共生を実現したとしても、それはつかの間の共生に過ぎないからだ。共に生きることを論じる学者であれ、共に渦まく当事者であれ、共に闘う活動家であれ、共生に向けて運動や研究を展開しながら、私たちが常に共に変わっていく。概して以下の七つの文献は、こうした「共生における変化」について示唆的であろう。

　さて、現場を重視する共生学が、当事者が問い続ける生き方に寄り添う学問を目指すならば、いかに人々の生が共に変わるのかを追求することが重要な課題となっている。共に生きて、共に変わることは、人間以外の存在物を欠いた「社会」や「文化」の問題ではない。さまざまな生き物が関わっている。犬と猫。腸内細菌とロタウイルス。薬草と菌類。共生を実現することに、彼らがどのような影響を与えるかは、それぞれの現場によって決まるものである。さらに、本書の2章（檜垣）と12章（モハーチ）で触れた「人新世」という新しく提案されている時代区分をめぐる論争からも明らかなように、人間が惑星規模での変化のエージェントになった現在、私たちは地球との共生を考えることもまた中心テーマとなってくる。

ここで紹介する著書は（矢口・尾関 2007 を除いて）、「共生」という概念を自覚的に考察してきたわけではないが、共生の諸課題に対してコミットしてきたといった方が良いかもしれない。そこでは、人と人の相互関係として語られてきた「共生」が徐々に開き、共進化や高齢化、防災や気候変動のような複雑な現象を理解するため、動物や植生、ロボット、地球などとの共存が問われていく。ここで共通点として浮かぶのが、本書の第Ⅳ部で取り上げてきた、人間以外のさまざまな存在物との共生のあり方である。人と動植物、また人とモノ、生者と死者が共に生きるのは、時には暴力を含む権力性の歴史を得て共に変わっていくというプロセスでもある（宮前、10 章）。こうした権力性を明らかにし、常に不正を批判し続けるという闘いは、共生学の学問としての生命線であろう。

■今西錦司（1972）『生物の世界』講談社文庫

　序章で紹介されているように、共生という問題意識には「人と人との共生」と並び、「人と自然との共生」をめぐる問いが投げかけられるのである。日本の霊長類社会学の先駆者である今西錦司（1902-1992）は、まさにこの二つの共生との相互関係の総括を試みる研究者であった。日中戦争の最中、37 歳の若さで執筆した『生物の世界』は、遺書の意味をも込めた書籍である。同時代の生物学において、相利共生（つまり、symbiosis）を分析した学者が国内外にたくさんいた。それに対して、今西が主張するのは、何らかの利益ではなく、常に変化しつつある中でも生き物との結びつきを可能にするという《環境》の存在である。たとえば、「相似と相異」という第一章ではこう述べる。「この世界を構成しているすべてのものが、もと一つのものから分化発展したものであるというのであれば、それらのものの間には、当然またこの関係が成り立っていなければならない」（16）。哲学の京都学派の影響を受けて、当時の進化論に全体主義の思想を積極的に与えた今西は、「共生」という言葉を一切使わないものの、異なった生き物たちの進化に内在する共存の普遍性を探る。論考の中心をなす第四章では、蟻などの例を挙げながら、生物の「社会について」の考察を展開する。同種の個体の共同生活は、繁殖のためだけではなく、「営養」を共にする社会性に基づく、と今西が当時の生物学の前提をひっくり返す。

同じ生活様式を持つ生き物たちが集まって環境を棲み分け、また環境を作り上げていく中で共に生きるということは、生物の世界を構成する「種社会」（127）としての共生関係である。

■石牟礼道子（2004）『苦海浄土　わが水俣病』講談社文庫

　生物学者として民俗学の共同体に対する関心に新たな風を吹き込んだ、日本思想に深く根を張っている今西と対照的に、作家として知られている石牟礼道子（1927-2018）は、『苦海浄土　わが水俣病』という世界中で広く読まれている小説で、熊本県の不知火海沿岸に暮らす漁民たちの民俗文化を踏まえ、人間と自然環境との親和性を描き出した。この本のきっかけとなった水俣病の被害とそれに続く患者たちの闘いは、2節で触れたように、反差別としての共生を語る上で欠かせない歴史的な出来事である。市民運動の当事者でもあった石牟礼が描いている共存の世界は、海や山などの生き物たちと共に変わっていく身体感覚として浮かび上がるといえる。周辺の海がメチル水銀に汚染されていることをわかったとしても、魚を食べ続ける漁民たちの姿は、身に染みてきた共生の現れであろう。長年、『苦海浄土』の多くの評論家が関心を持っていたのは、近代化の中で徐々に壊れてゆく共同体そのものであった。これを民俗学研究の対象とすることで、近代化に対する批判ともなる。一方、この本から見えてくる幻想の世界は、神と海、自然と文化、人間と他の生き物たちとの共生関係を再構築する舞台となることも考えられる。後者は、共生のアートまで宣言する本書において極めて重要なポイントであろう。いわば『苦海浄土』では本書の2章で檜垣が述べた「大きな物語」と「小さな物語」が互いに崩壊していくように読みえるからである。

■ベイトソン、G.（2000）『精神の生態学』新思索社

　イギリス出身の人類学者グレゴリー・ベイトソン（Gregory Bateson, 1904-1980）は、1930年代でパプアニューギニアでも現地調査を行い、戦後はサイバネティクス運動に関わりながら、精神分裂病やイルカの学習過程を研究し、晩年は生態学という視点から、西洋文明と科学の「目的意識」を批判し、当時のカウンターカルチャー運動の賢者となった。『精神の生態学』（原題：Steps to an Ecology of Mind）

の著者が非常に多面的な人物だったことは、このごく簡単な紹介からもわかるだろう。本の目次をサッと読んでみると、そこで「コミュニケーション」という言葉が目につく。特に人間以外の有機体との共生まで視野を広げる上で、非言語的なコミュニケーションの要素に光をあてることは刺激的である。本書の1章で栗本が不断の交渉を例に挙げながら、他者との対面的相互作用を共生の基盤として扱っている。こうして他者との関係の基本的な前提を揺るがす違和感や不快感を、ベイトソンが《ダブルバインド》（二重拘束）と呼び、この概念を中心に、分裂生成を修正する相互相補のメカニズムを明らかにした。「ダブルバインド、1969」という章では、次のように述べている。「すべての生きたシステム（略）に共通の特性として《適応》の能力がある。（略）これらのシステムにあっても、適応が起こるためにはフィードバック回路の存在が前提となる。（略）［また］フィードバックがなされる以上、そこには試行錯誤のプロセスと比較のメカニズムが働いていなければならない」（376）。ここで問われている共生とは、相互理解を前提とするのではなく、葛藤とコンフリクトに適応しながら、共に変化／調節していくという関係性である。日本の共生社会システム論の分野にも大きな影響を与えた一冊であり、人新世を共に生きる上で徐々に奥深くなっていく読み物であることには違いない。

■ラブロック、J.（1984）『地球生命圏——ガイアの科学』工作舎

　人新世において、地球の自己調節能力を提唱したイギリスの化学者ジェームス・ラヴロック（James Lovelock）が 1979 年に出版した『地球生命圏——ガイアの科学』（原題：Gaia: A New Look at Life on Earth）は欠かせない名作である。「ガイア」はギリシャ神話で地球あるいは大地を象徴する女神のことだ。そしてラヴロックが提案した「ガイア仮説」によれば、太陽系の他の惑星と異なり、地球はひとつの生命圏の統制システムであり、その最大の特徴は、絶え間なく変化を繰り返す生命そのものを支えるということである。「クジラからヴィールスまで、樫の木から藻類まで、生きとして生けるものすべては全体でひとつの生命体をなしているという仮説であった。そしてその生命体は、みずからの総体的必要に応じて地球の大気をコントロールする能力をもち、構成要素ひとつひとつのそれはるかに超えた機能としからをそなえているのである」（33-34）。つまり、人間を含む動植物などの有機体は

単なる一方向的な関係によって地球の多種多様な環境に適応するのではなく、地球全体に存在する全ての生命は、自らの生存に適するように地球そのものを変えていくのである。このように環境に対して負荷の少ない共生関係を模索することがこの論考の趣旨である。ガイア仮説を文字通りに受け止めるのであれば、近代社会の存在論的な基盤をなしてきた「自然」（地球）と「文化」（人間）の分離を問い直すことがますます重要になっていくと考えられる。地球と人間の未来が複雑に絡み合っていく中で、ひとつの自然原理に対して多様な見方を尊重してきた多文化主義の政治は擁護しづらくなった。そこで、一部の論者は、科学者たちと草の根運動との協働の場を広げる政治への展開を求めている。では、ガイアの政治、つまり人間と地球との持続可能な共生は可能であろうか。

■矢口芳生・尾関周二編（2007）『共生社会システム学序説──持続可能な社会へのビジョン』青木書店

　人と自然の共生という課題は、従来の環境共生学や共生社会システム学などの分野ではしばしば論じられ、また本書で紹介する共生学とも多くの共通理念を有している（序章）。『共生社会システム学序説』は、共生社会システム学会が設立された2006年の翌年2007年に出版され、新学問分野の誕生に合わせて「共生型持続社会の構築を目指す文理融合研究」の成果をまとめた編著である。異なる学歴を持つ2人の編者──農業経済学者の矢口芳生および環境哲学者の尾関周二──はこの学際性を重視したビジョンに訴える。尾関が1章で述べるように、20世紀後半のやや狭く捉えてきた「安定した閉鎖系による相利共生」（19）を超えて、不公平な社会関係まで視野に入れた動的な枠組みの構築が問われている。こうした社会システム学の共生概念において《持続可能性》の発想は、自然環境への負荷を最低限に抑えた、農業や福祉の共同に基づいた社会経済システムを志向していくプロセスといえる。伝染病の予防や原発事故、気候変動などの問題に取り組むと、自然と社会はもはやはっきりと分離して語られる領域ではなくなってきた。公平な人間社会と汚染されていない自然環境は密接に絡み合い、《持続可能性》は人と自然の共生を実現する上で大きな課題となった。《持続可能性》を日本の共生社会システム学の理念にすることは、自然と社会の分離を土台とした西洋科学の伝統を脇に押しやること

であるといっても過言ではないからである。

■田辺繁治（2008）『ケアのコミュニティ——北タイのエイズ自助グループが切り開くもの』岩波書店

2008年、社会人類学者の田辺繁治は『ケアのコミュニティ——北タイのエイズ自助グループが切り開くもの』を出版した。この本は、地域社会における助け合いを共助するコミュニティの変化を、北タイのエイズ自助グループへの参与観察を踏まえたものであり、3章で河森が論じてきたテーマと共通する。1990年代、グローバル化の進展のなかでエイズの感染爆発は、グローバル・サウスの地域社会にさまざまなレベルで危機をもたらし、支援と共生の新たな形を見出すというきっかけとなった。そこで、著者が焦点をあてるのは、地域の福祉制度と保健医療システムから離脱し、共に学びながら、「素人のエクスパート」として自らの病気と向き合う貧困層の感染者たちの草の根活動である。エイズ自助グループが行う治療向上や情報交換などの実践からは、生の包含と排除の反復がともなった、絶えず変化するコミュニティの形成が見えてくる（3章）。この点は、共生のあり方をめぐる、より一般的な展開でもある。感染者同士の「コミュニティはあくまで生社会のなかに作動する、人間の生そのものを標的とする権力とそのテクノロジーの作用の結果あるいは効果として発生する」（183）と《生政治》の概念を創り出したミシェル・フーコーと協調しながら、田辺は述べる。公共性は、もはや「生」から離された領域として捉えることはできない。病気の治療が生成する未来を問い続ける場を他者と共に生き、互いの苦悩への共感と配慮から生命の維持と管理に関わる社会性を捉えるには、従来の《共同体》の範囲を越える動的な手法が求められる（4章）。したがって本書の中心を成している《生社会コミュニティ》という概念は、病気を生きる当事者と生命科学の知識が共に変わっていくという考え方から派生している。

■ Kalle Hamm and Dzamil Kamanger（2019）Immigrant Garden: A Work of Environmental Art. Helsinki: Kiasma Museum of Contemporary Art

最後に取り上げる本も、未来を開く歴史の可能性を探っていく一冊である。カッレ・ハム（Kalle Hamm）とザミル・カマンゲル（Dzamil Kamanger）という2人

のフィンランドの実験的アーティストの芸術作品が掲載された『Immigrant Garden』（移民のガーデン）という図録では、庭は多種共生の現場となっている。ヘルシンキ現代美術館（キアズマ）で2019年に開催された『Coexistence/ Yhteiseloa』（共生）という展示会で展示された26枚の絵は、26の観賞植物と有用植物を並べて、とても容易なストーリーを語っている環境芸術である[1]。その話は次のようなものである。胡瓜や菊などは東アジア、大麻や玉ねぎなどは西アジア、トマトやひまわりなどはアメリカ、そしてミゾカクシやアーティチョークなどはアフリカから由来し、長い道のりを得てフィンランドにやって来た。そして、遠く離れた起源を持っているにもかかわらず、彼らがフィンランドの庭の土壌に根を強く張り、活着することができた。植物たちがこうして場所を移動し、徐々に形と性質を変えつつあり、新しい場所で共生の新しい可能性を開いてきた。実に美しい隠喩だ。世界各地の植物たちが共に生きるように、私たち人間も多様性を共に生きることができるのではないか。だが、話はこれで終わりではない。植物の種は確かに、風や水によって運ばれ、遠くまで移動することもあるが、一方ここで紹介される多くの植物は、戦争や貿易、軍事征服や科学探検などの歴史的出来事によってフィンランドという庭にたどり着いた。共生は必ずしも正義の歴史を前提としない。しかし、それでもなお、『移民のガーデン』の26本の植物が示すように、「共生のアートは、気温の上がり下がりや風雨といった外的環境の変化から住民を守る外壁や屋根の役割を果たす部分」でもある（志水、序章）。

（モハーチ　ゲルゲイ）

---

(1)展示された作品の詳細は、展示会の公式サイトを参照
　　https://guide.kiasma.fi/en/artworks/immigrant-garden/（2019/9/28 アクセス）。

おわりに

　「共生」という用語が、日本語を母語とする人びとのあいだで、社会・文化・政治的意味合いを付与されて使用されるようになったのは、過去30年ほどのことにすぎない。その意味で、共生は新しい概念である。新しい概念ではあるが、現在ではこの概念はさまざまな文脈で広く使用されるようになっている。共生は、人間同士、および人間とある事象との望ましい関係にについて言及する概念である。社会におけるマジョリティと、たとえば移民や障がい者などのマイノリティの関係から、人間と人間以外の生き物や自然との関係までが含まれる。生きている人間と死者との共生が研究上のテーマとなることもある。極端な場合には、政治的文脈において、多数の人びとが望ましくないと思っている原発や米軍基地との共生が語られることもある。政府や地方自治体にとっては、共生は政策の柱のひとつであり、実現されるべき社会課題となっている。

　このように共生という概念が幅広く使用され、多様な文脈において流通しているからこそ、そして人間のあるべき未来について言及する概念であるからこそ、この概念を学問的な課題として正面から取り上げる必要があると考える。その学問的営為には、共生の思想的基盤を検討することから、共生が実現している、および共生が実現されておらずマイノリティや弱者が排除されている社会のあり方を実証的に分析すること、そして国家や社会のあるべき姿を構想することまでが含まれる。私たちは、この学問的営為の総体を共生学と呼んでいる。そこでは、日本という枠組みを越えて、人類全体を射程に含む視野が必須であり、動植物を含む、人間以外のさまざまな主体との関係を主題化する視点も必要である。

　共生学という新しい学問が目指しているのは、一般的には漠然と良いことと認識されており、「皆が仲良くいっしょに暮らす」といったレベルで理解されている共生という概念を、現実に即しつつより深く理解すること、および批判的で分析的な概念として鍛え直すこと、そしてその作業を通じて、ひとりひとりの人間が、より人間らしく生きていけるあり方を構想し、その実現に貢献することである。

共生学の必要性は、日本の高等教育機関でも認知されており、その結果、共生の名称を冠した学部・研究科、講座や教育プログラムが、さまざまな大学に設置されるようになっている。しかし、独立した学問分野としての共生学は、いまだ萌芽的な状態にとどまっている。

　大阪大学大学院人間科学研究科に「共生学系」が設置されたのは、2016年4月のことであるから、ちょうど丸4年が経過したことになる。人間科学研究科における「学系」とは、二つの大講座から成る単位であり、現在は、行動学系、教育学系、社会・人間学系、そして共生学系の4学系がある。共生学系には兼任も含めて26名の教員が所属している（2019年度）。

　他の3学系が、心理学・行動学、教育学、社会学・人類学等、既存のディシプリン（学問分野）を基盤にしているのに対して、新しい共生学系では、ディシプリンではなく、共生という共通の教育と研究上の課題と取り組むという旗印のもとに教員と学生が集まっている。私たちは、新学系が設置される以前から共生学という学問分野の開拓に取り組んだ。その成果が、学系設置と同時に刊行された『共生学が創る世界』（大阪大学出版会、2016年）である。この論文集が、学部新入生向けの教科書であったのに対して、本書『共生学宣言』は博士前期課程の大学院生、および大学院で共生について学ぶことを志望している学部生を読者として想定している。両者を読み比べていただくと、この4年間に共生学構築の営為がいかに進展したかがおわかりいただけることと思う。その進展は微々たるものかもしれないが、私たちは、『共生学が創る世界』は共生学構築の第1歩であり、この『共生学宣言』は第2歩であると考えている。今後も、この歩みは続いてゆくだろう。

　本書の編集刊行は、2019年のはじめに共生学系の会議で承認され、志水宏吉、河森正人、檜垣立哉、モハーチ ゲルゲイ、および私の5名の教員が責任を担うことになった。本書の編集にさいしては、大阪大学出版会編集部の川上展代さんにたいへんお世話になった。彼女の適切なコメントと助言、およびプロフェッショナルな編集事務上の貢献がなかったら、本書は予定どおり刊行できなかっただろう。記して謝意を表したい。

栗本英世

執筆者紹介（執筆順。＊は編者）

志水　宏吉（しみず　こうきち）＊

人間科学研究科共生学系未来共生学講座（共生社会論）・教授
教育社会学、教育文化・学校文化の比較研究、格差社会における教育の公正

栗本　英世（くりもと　えいせい）＊

人間科学研究科共生学系グローバル共生学講座（コンフリクトと共生）・教授
アフリカ民族誌学、紛争の人類学的研究

檜垣　立哉（ひがき　たつや）＊

人間科学研究科共生学系未来共生学講座（共生の人間学）・教授
人間学、現代フランス哲学、日本哲学、生命哲学

河森　正人（かわもり　まさと）＊

人間科学研究科共生学系グローバル共生学講座（地域創生論）・教授
地方創生、コミュニティ・イニシアチブ形成に関する国際比較、東アジアの高齢者福祉

木村　友美（きむら　ゆみ）

人間科学研究科附属未来共創センター・講師
公衆衛生学、フィールド栄養学、地域の食と高齢期の健康に関する研究

藤目　ゆき（ふじめ　ゆき）

人間科学研究科共生学系グローバル共生学講座（多文化共生学）・教授
日本近現代史、アジア女性史、ジェンダー論

山本　ベバリーアン（やまもと　べばりー・あん）

人間科学研究科共生学系未来共生学講座（共生教育論）・教授
高等教育の国際化研究、比較・国際教育学、思春期の健康教育に関する研究

澤村　信英（さわむら　のぶひで）

人間科学研究科共生学系グローバル共生学講座（国際協力学）・教授
比較国際教育学、国際教育開発論、アフリカにおける教育開発・国際協力に関する研究

稲場　圭信（いなば　けいしん）

人間科学研究科共生学系未来共生学講座（共生社会論）・教授
利他主義・市民社会論、ソーシャル・キャピタルとしての宗教に関する研究

渥美　公秀（あつみ　ともひで）

人間科学研究科共生学系未来共生学講座（共生行動論）・教授
災害ボランティア行動のグループ・ダイナミックス研究

宮前　良平（みやまえ　りょうへい）

人間科学研究科共生学系・助教
災害心理学・グループ・ダイナミックス・災害と記憶・被災写真に関する研究

山崎　吾郎（やまざき　ごろう）

COデザインセンター・准教授、人間科学研究科共生学系未来共生学講座（共生の人間学）・准教授（兼任）
人類学、科学技術社会論、身体と技術の人類学的研究

モハーチ　ゲルゲイ（もはーち　げるげい）**＊**

人間科学研究科・准教授
人類学、共生学、科学技術社会論。薬草の栽培および開発における人間と植物の共生における比較民族誌研究

山本　晃輔（やまもと　こうすけ）

人間科学研究科附属未来共創センター・講師、人間科学研究科共生学系未来共生学講座（共生社会論）・講師（兼任）
教育社会学、多文化共生、マイノリティと教育

藤高　和輝（ふじたか　かずき）

人間科学研究科共生学系・助教
フェミニズム、クィア理論、トランスジェンダー・スタディーズ

共生学宣言

2020 年 3 月 26 日　初版第 1 刷発行　　　　　［検印廃止］

編　者　　志水宏吉　河森正人　栗本英世
　　　　　檜垣立哉　モハーチ ゲルゲイ

発行所　　大 阪 大 学 出 版 会
　　　　　代表者　三成賢次

　　　　　〒 565-0871　大阪府吹田市山田丘 2-7
　　　　　　　　　　　　大阪大学ウエストフロント
　　　　　TEL 06-6877-1614
　　　　　FAX 06-6877-1617
　　　　　URL：http://www.osaka-up.or.jp

印刷・製本　　尼崎印刷株式会社